Um novo dia para Amar

Somos associados da **Fundação Abrinq** pelos direitos da criança.
Nossos fornecedores uniram-se a nós e não utilizam mão de obra infantil ou trabalho irregular de adolescentes.

Um novo dia para amar

Copyright by © Petit Editora e Distribuidora Ltda., 2016
1-3-16-12.000

Direção editorial: **Flávio Machado**
Coordenadora editorial: **Isabel Ferrazoli**
Capa: **Júlia Machado**
Imagens da capa: **Dmitrijs Bindemanis | Shutterstock**
Projeto gráfico e editoração: **Ricardo Brito | Estúdio Design do Livro**
Produtor gráfico: **Vitor Alcalde L. Machado**
Preparação: **Maiara Gouveia**
Revisão: **Maria Aiko Nishijima**
Impressão: **Expressão e Arte Gráfica e Editora**

**Ficha catalográfica elaborada por
Lucilene Bernardes Longo – CRB-8/2082**

Paulo Hertz (Espírito).
    Um novo dia para amar / pelo Espírito Paulo Hertz ; psicografia de Célia Xavier de Camargo. – São Paulo : Petit, 2016.
    392 p.

ISBN 978-85-7253-304-1

    1. Espiritismo   2. Psicografia   3. Romance espírita   I. Camargo, Célia Xavier de.   II. Título.

CDD: 133.93

Direitos autorais reservados.
É proibida a reprodução total ou parcial, de qualquer forma ou por qualquer meio, salvo com autorização da Editora.
(Lei nº 9.610, de 19 de fevereiro de 1998)
Traduções somente com autorização por escrito da Editora.

Prezado(a) leitor(a),

Caso encontre neste livro alguma parte que acredita que vai interessar ou mesmo ajudar outras pessoas e decida distribuí-la por meio da internet ou outro meio, nunca deixe de mencionar a fonte, pois assim estará preservando os direitos do autor e, consequentemente, contribuindo para uma ótima divulgação do livro.

Célia Xavier
de Camargo

Um novo dia para Amar

pelo espírito
Paulo Hertz

Rua Atuaí, 389 – Vila Esperança/Penha
CEP 03646-000 – São Paulo – SP
Fone: (0xx11) 2684-6000
www.petit.com.br | petit@petit.com.br

SUMÁRIO

1. Um novo dia, 7
2. Confusão na escola, 17
3. Novas ideias, 25
4. Desabafo de mãe, 35
5. Problemas, 45
6. Pesquisando, 55
7. Experiência extraordinária, 65
8. Reencontro, 77
9. Novo caso, 89
10. A visita, 101
11. Mais confusão, 111
12. A reunião, 121
13. Novos planos, 131
14. Em regiões inferiores, 141

15 Ataque espiritual, 153
16 Providências, 163
17 Reunião mediúnica, 173
18 Ato de vandalismo, 185
19 Decisões acertadas, 197
20 Surpresa, 209
21 Depois da festa, 221
22 Enfrentando problemas, 233
23 Tomando decisões, 247
24 O problema das drogas, 257
25 Reencontro, 269
26 Conversa com jovens, 279
27 Ameaça das trevas, 291
28 Ajuda espiritual, 303
29 O susto, 313
30 Atitudes, 323
31 Socorro espiritual, 335
32 Programando ação, 347
33 Ação decisiva, 359
34 Decidindo o futuro, 369
35 Epílogo, 381

1

UM NOVO DIA

A campainha do despertador soou insistente. Valéria levantou o braço e, sonolenta, apalpou o criado-mudo até encontrar o relógio, desligando-o. Virou-se para o outro lado e, sem abrir os olhos, tentou lembrar-se das obrigações para aquela manhã. De repente, sentou-se no leito, arregalando os olhos:

— Meu Deus! Estou atrasada! Tenho um compromisso daqui a pouco.

Pulou da cama e correu para o banheiro. Ligou o chuveiro enquanto escovava os dentes. Tomou um banho rápido, enrolou-se na toalha e voltou para o quarto. Nisso, tocou o telefone na mesinha de cabeceira.

— Alô?

— Valéria, sou eu! Estou com um problema e preciso da sua ajuda — falou uma vozinha conhecida.

— Bom dia, Carla! O que está acontecendo?

Escutando a voz serena da amiga, a outra explicou:

— Ah, desculpe-me, Valéria. Bom dia! Meu carro não quer pegar, e preciso sair com urgência. Tenho consulta marcada com um médico e não posso faltar. Caso contrário, só conseguirei outro horário daqui a meses! Você pode me ajudar, amiga?

Do outro lado da linha, Valéria pensou que seu compromisso iria por água abaixo, porém não havia outro jeito. Suspirou, concordando:

— Sem dúvida, Carla. Passo na sua casa em meia hora, tudo bem?

— Obrigada. Que seria de mim sem você, Valéria? Beijos!

Valéria ouviu o ruído do telefone desligando e colocou-o na base a pensar: "Carla sempre tem um jeitinho de conseguir que eu faça o que ela quer, mas não lhe posso negar nada. Somos amigas há tanto tempo... O que vou vestir?".

Sem parar o que estava fazendo, começou a recordar-se de quando havia conhecido Carla na escola. Moravam quase vizinhas e frequentavam a mesma escola, em turmas diferentes, porque Carla era alguns anos mais nova do que ela. Sua mãe, Vitória, a levava todas as manhãs para as aulas. Como Edite, a mãe de Carla, trabalhava alguns dias da semana no horário da manhã, ela pediu à Vitória que levasse Carla para a escola nesses dias, e, nos seus dias livres, ela própria levaria as meninas. Por isso estavam sempre juntas e se tornaram muito amigas. Depois, fizeram curso superior em áreas diferentes, mas nunca se perdiam de vista. Por ser um pouco mais velha que Carla, ela sempre fora a confidente, a professora de plantão, o ombro amigo e a companheira de passeios e programas, porque Edite sempre afirmava: "Confio em você, Valéria. Só deixo Carla sair se você for junto".

Enquanto se lembrava do passado, Valéria abriu o armário e pegou a primeira roupa que encontrou, vestiu-se apressada e voltou ao banheiro, fez uma maquiagem ligeira, penteou os longos cabelos e correu para a cozinha. Aqueceu uma xícara de leite, acrescentou uma colherinha de café solúvel, algumas gotas de adoçante e, após mexer bem, tomou a bebida em goles rápidos. Pegou as chaves do carro e saiu apressada.

Àquela hora, parecia que a cidade inteira estava na rua. Procurou um trajeto menos concorrido e, com ligeiro atraso, chegou à casa da amiga, que já a esperava, ansiosa. Carla abriu a porta e entrou, dando-lhe um ligeiro beijo no rosto.

— Valéria, pensei que você não conseguiria chegar a tempo. O trânsito hoje está um horror!...

— Parece que aconteceu um acidente numa das avenidas mais movimentadas, o que causou essa confusão. Porém, não se preocupe, Carla. Qual é o endereço do médico?

A outra passou os dados, e Valéria balançou a cabeça concordando:

— Sei onde fica. Logo chegaremos lá, fique tranquila. Mas, afinal, o que você tem, Carla? Está sentindo alguma coisa? Sente dor?

A outra riu, achando graça:

— De jeito nenhum! Não tenho nada. Estou querendo fazer uma cirurgia corretiva e me disseram que esse médico é ótimo! Sinto-me ansiosa para conhecê-lo.

Valéria, que mantinha os olhos fixos no movimento do trânsito à frente, virou-se para a amiga sem poder acreditar. Ela deixara um compromisso importante, julgando que Carla estivesse doente, e agora ficara sabendo que se tratava apenas de um capricho dela.

— Não acredito! — exclamou em voz quase inaudível.

— Em que você não acredita, Valéria?

— Que estou aqui, levando-a para uma consulta sem a menor importância, quando deixei compromisso, ao qual eu não poderia ter faltado, só porque você me pediu.

A outra, de olhos arregalados, gaguejou:

— Mas... você... você não me disse nada!...

— Tem razão, a culpa é minha. Porém, pelo seu pedido, julguei que a consulta fosse urgente. Afinal, sendo mais velha, sinto-me responsável por você.

— Pare com isso! A diferença entre nós é de três anos apenas. Sou bem crescidinha. Já completei 27 anos no mês passado!... Mas desculpe-me, Valéria. Não sabia que você estaria ocupada hoje...

— Não se preocupe, Carlinha. Tudo bem. Ah! Estamos quase chegando ao endereço do médico.

Logo viram a clínica, muito elegante e de bom gosto, com bem cuidado jardim na frente. Valéria estacionou o carro e desceram. Duas senhoras, elegantes e bem-vestidas, aguardavam na sala de espera. Carla dirigiu-se à secretária, passando seu nome, e a atendente solicitou que ela aguardasse. Logo o doutor Maurício iria atendê-la.

— Vai demorar muito? — indagou Carla, preocupada com Valéria.

— Não. O doutor atenderá rápido. As duas pacientes que esperam é apenas retorno. Aceitam um café, uma água? — ofereceu às recém-chegadas.

Elas declinaram, agradecendo. Acomodaram-se nas poltronas, pegaram uma revista e se puseram a folhear. Cerca de vinte minutos depois, a secretária chamou Carla. A atendente perguntou se Valéria iria entrar também, e Carla disse que sim.

Dentro do consultório, tudo tresandava a limpeza e luxo. O médico as aguardava de pé, com a mão estendida.

— Seja bem-vinda, Carla!

Como não conhecesse Carla, cumprimentou Valéria pensando que fosse ela a cliente.

— Eu sou Valéria, doutor. Carla é ela.

Enquanto ele agora estendia a mão para sua candidata a paciente, Valéria o observava, surpresa com a aparência dele. Deveria ter em torno de quarenta anos, cabelos castanho-escuros e olhos da mesma cor, nariz bem-feito. Parecia ter saído do banho àquele instante. Solicitou que se acomodassem, sentando-se também, depois indagou:

— O que posso fazer por você, Carla? Parece-me muito bem...

Agitando-se, Carla respondeu:

— Dr. Maurício, é que não gosto do meu nariz. Acho-o um pouco grande e largo e gostaria de mudá-lo. O que o senhor acha?

O médico levantou-se da cadeira e contornou a mesa aproximando-se da sua paciente e examinando-a por todos os ângulos, depois considerou:

— Bem, na verdade, Carla, talvez tenha certa razão em relação ao tamanho do seu nariz, porém ele parece-me adequado ao seu formato de rosto... E até atraente — disse olhando para a jovem. Depois se virou para Valéria, buscando-lhe a opinião: — Não concorda comigo?

— Perfeitamente, doutor. Aliás, não sei o que Carla veio fazer aqui. Para ser franca, não vejo defeitos nela.

— Valéria! — exclamou a outra horrorizada. — Eu sei o que me incomoda!

— Amiga, o doutor pediu minha opinião, e eu dei. Só isso.

O médico sorriu, mostrando uma fileira de belos dentes.

— Está vendo, Carla? Com certeza, para mim seria ótimo que você tivesse problemas estéticos, porém não é o caso. Talvez daqui a uns dez anos, quem sabe? Cirurgias representam sempre riscos para a saúde, e os médicos não devem fazê-las só para contentar suas pacientes. Quando se faz necessária a correção em algum ponto do corpo, é diferente. Vocês não fazem ideia dos casos graves que atendo aqui na clínica; problemas congênitos, outros causados por acidentes no lar, queimaduras extensas e profundas que causam piedade; acidentes automobilísticos que deixam o corpo e o rosto completamente comprometidos, exigindo várias cirurgias reparadoras para reconstituir a região... do rosto, por exemplo. Sou médico e tenho visto coisas horríveis, que provocam profunda compaixão. Nesses casos, se as pessoas não podem pagar, inclusive, atendo-as sem nada cobrar, porque sinto que é meu dever. Meu compromisso como médico é aliviar a dor do meu próximo.

Ele parou de falar por alguns instantes, fitando-a, depois concluiu:

— Entende, Carla? Gostaria muito de tê-la como paciente, porém fico mais satisfeito por saber que você não precisa dos meus préstimos.

Carla concordou com a cabeça e despediu-se, com tristeza.

— Obrigada, doutor. Agradeço-lhe a atenção e a franqueza. Quem sabe, algum dia...

— Se precisar, não deixe de me procurar. No entanto, espero que continue bonita como agora. Passar bem!

Ambas saíram do consultório com sentimentos diferentes. Carla sentindo-se decepcionada e chateada, por achar que tinha feito papel de boba. Valéria, satisfeita e com outra opinião a respeito do médico. A imagem dele crescia em seu conceito. Ao chegar àquele consultório tão elegante, julgara que o doutor era um caçador de tesouros, enxergando nas mulheres sempre novas vítimas para depenar. Depois, ele deixara ver um pouco do seu íntimo, da sua maneira de pensar e de agir, gerando nela profunda admiração por ele.

— Valéria, você pode me deixar no serviço?

A outra, pensando no médico, só então se lembrou de que estavam saindo da clínica médica e precisava escolher o melhor trajeto para o retorno.

— Ah, sim. Sem problema. Tenho de ir para aquele lado mesmo. Vou passar na escola, quero ver como está tudo por lá. Agora cedo íamos receber uma pessoa importante, que queria conhecer nosso Instituto de Educação, e preciso saber como transcorreu a visita.

A outra se lembrou do que a amiga dissera, desculpando-se de novo:

— Valéria, perdoe-me. Se o compromisso era tão importante, sua presença era necessária. Você deveria ter-me avisado, e eu chamaria um táxi! Entre nós, pela amizade que nos une, temos liberdade suficiente para sermos francas uma com a outra.

— Não se preocupe. Minha substituta pode representar-me a contento. Mas, mudando de assunto, gostei do seu médico! Fazia uma opinião dele só por ser um cirurgião plástico e vi que estava sendo injusta.

Carla fez um muxoxo, de quem não está contente:

— Pois não gostei nada do dr. Maurício. Pareceu-me arrogante e desinteressado. Nunca mais ponho os pés naquela clínica! — completou com raiva.

Valéria virou-se para a amiga e, vendo-lhe a expressão decepcionada, caiu numa gargalhada.

— Você está rindo de quê?

— Da sua carinha, Carla. De que mais? Você esperava que ele se ajoelhasse aos seus pés, agradecendo-lhe por procurá-lo para fazer uma cirurgia plástica. E como não foi isso que aconteceu, você ficou muito irritada e um tanto decepcionada por um médico tão interessante não se esforçar por tê-la como sua paciente. Estou errando na minha análise?

Carla baixou a cabeça, sem responder. Valéria não insistiu e continuaram o trajeto de volta. Depois de algum tempo,

Carla indagou, voltando no tempo e mostrando que se lembrava de tudo o que fora dito:

— Afinal, qual era a ideia que você fazia dele?

— A de uma máquina registradora — Valéria respondeu sem olhar para a amiga.

Ambas trocaram um olhar e, de repente, caíram na risada, quebrando o ambiente pesado que se estabelecera. E, como sempre acontecia nessas ocasiões, elas não conseguiam parar de rir.

— Bem, estamos chegando ao seu destino. Até outra hora, Carla!

— Obrigada, querida Valéria! Beijos! Depois nos falamos.

O carro arrancou, e ela tomou o trajeto mais curto que a levaria à escola. Sentia-se ansiosa para saber o que a visita achara do seu Instituto de Educação Bem Viver.

2

CONFUSÃO NA ESCOLA

Chegando à escola, Valéria não pôde deixar de admirar as mudanças que haviam sido implantadas para adequar o prédio às realidades funcionais do momento. Acompanhara as reformas, porém delegara a alguém a resolução de todos os problemas; assim, somente agora, vendo tudo pronto e limpo, se dera conta de como o colégio ficara bonito, apreciando as melhorias que foram implantadas!

Várias salas foram acrescentadas, permitindo aumentar o número de alunos matriculados. A aparência era outra com a pintura nova e o nome da escola, escrito com tinta azul brilhante, que realçava a cor palha das paredes. Mas isso não era tudo. O jardim, que uma professora, entendida em jardinagem, fora escolhida para organizar, estava lindo! O gramado estendia-se por uns quinze metros, do portão até a grande varanda de entrada, cortado por uma calçada de pedras claras, as mesmas utilizadas no piso da varanda. Em espaços, elegantemente escolhidos, apareciam árvores cercadas por tufos de folhagens e misturadas com graciosas flores, de espécies variadas, o que, à noite, dava uma aparência incrível, com a iluminação direcionada a gerar um efeito encantador.

Mas agora ainda era manhã e estava tudo apagado. A luz do Sol dominava no alto, trazendo um calorzinho agradável.

Valéria entrou pisando firme e, atravessando a varanda, deu entrada no vestíbulo, onde se localizava a administração da instituição educacional. Cumprimentou o porteiro, um senhor de idade avançada, que, ao vê-la, sorriu satisfeito.

— Bom dia! Como vai, seu Jorge? Tudo bem? E as dores na coluna?

— Bom dia, dona Valéria. Vou bem, graças a Deus! Estou bem melhor — respondeu o velhinho com grande e afetuoso sorriso.

— Que bom! Fico feliz, seu Jorge. O senhor sabe onde está Denise?

Ele pensou um pouco e respondeu:

— Eu a vi indo lá para o corredor das salas de aula. Parece que estava havendo um problema com um dos alunos.

— Problema? Que aluno será?... — murmurou mais para si mesma.

— Lamento, mas não sei dizer, dona Valéria.

— Obrigada. Vou procurá-la.

A diretora caminhou rápido, atravessando o prédio até chegar a um grande corredor com umas dez portas. Foi avançando até encontrar quem estava buscando. Ao vê-la, a outra sorriu satisfeita:

— Valéria, não imagina como o nosso visitante gostou da escola. Levei-o para conhecer todos os lugares. Ele ficou encantado!

— Ah, graças a Deus! Precisamos de ajuda financeira. Caso contrário, enfrentaremos momentos bem difíceis. Mas, fiquei sabendo que estamos com um aluno dando problema. Quem é ele, Denise? — indagou a diretora, preocupada.

— Vamos para a diretoria que eu lhe conto, Valéria. Não é prudente falar sobre isso aqui; não quero gerar inquietação nos demais alunos.

— É tão sério assim? — perguntou Valéria, preocupada.

— Espere e você mesma julgará.

Valéria fez sinal de entendimento, e caminharam ambas de volta até a sala da diretoria, onde se acomodaram, após fechar a porta. Atrás da mesa, sentada na cadeira estofada e alta, tendo a auxiliar à sua frente, com seriedade, Valéria pediu, demonstrando a preocupação que a dominava:

— Muito bem, Denise. Por favor, conte-me o que está acontecendo.

A vice-diretora, que a auxiliava nas tarefas, respirou profundamente e, parecendo estudar bem as palavras disse:

— Valéria, hoje, logo cedo, um dos garotos começou a brigar na sala de aula, e a professora mandou me chamar. Ao chegar lá, vi que ele estava alterado, falando coisas que ninguém entendia. Falava com autoridade, com o dedo em riste, como se estivesse... Talvez dando uma aula ou fazendo uma palestra! Alguns alunos começaram a rir. Bem, você sabe como são as crianças. Então, ele ficou muito bravo, o que provocou mais risos ainda. Sabe o que ele fez?

Diante da negação de Valéria, que ouvia sem poder acreditar, Denise prosseguiu:

— Ele mostrou-se muito ofendido e disse que, como ali ninguém estava interessado em aprender, iria embora! E, com toda a compostura, encaminhou-se para a porta da sala!

— Meu Deus! E o que vocês fizeram?

— Fomos atrás dele, pois não poderíamos deixar que ele fosse para a rua. Só que, para nossa surpresa, logo ele sentou-se num banco e pareceu estar mais calmo. Aproximei-me dele e, colocando a mão em seu ombro, perguntei:

— Luizinho, você está bem? Quer ir para casa?

Surpresa ao ouvir o nome do aluno, Valéria arregalou os olhos:

— Luizinho? O Luizinho do 1º ano?!...

— Sim, ele mesmo! — respondeu a outra.

— Então prossiga, Denise. O que ele disse?

— Ele respondeu: "Agora não tem ninguém lá. Estou com sono, tia Denise". Então, perguntei se ele gostaria de descansar um pouco na enfermaria, onde poderia ficar até se sentir melhor. Ele concordou. Nós o levamos até lá, e ele está dormindo até agora. Veja, são dez horas da manhã!

Valéria saiu quase correndo, seguida por Denise, que mal conseguia acompanhá-la. Ao entrar no cômodo a que chamavam de enfermaria — uma sala simples com um leito hospitalar e um armário com alguns remédios —, Valéria estava com o coração aos saltos. Aproximando-se do leito, olhou para o garoto e levou um susto. Luizinho virou a cabeça e sorriu para ela.

— Oi, tia Valéria! Por que me deixaram aqui?

— Oi, querido! Tudo bem? Você não se lembra de quando veio para cá?

— Não. Mas acho que estava com sono, porque dormi e acordei só agora! Estou surpreso de não estar na sala de aula. Como vim pra cá?

Valéria abraçou o aluno e sorriu para ele, sem responder à pergunta que ele fizera.

— Que bom! Então está bem descansado agora. Vamos para a aula, Luizinho?

— Vamos! Lembro que a tia Berenice estava dando aula... Ué! Mas não me lembro de ter saído de lá!

Valéria trocou um olhar com Denise, que afirmou:

— Acho que você estava com tanto sono que dormiu na sala. E a professora Berenice pediu que o trouxessem à enfermaria para repousar.

—Ah!... Então, quero voltar pra aula.

Novamente trocando um olhar com Denise, Valéria demonstrou dúvida quanto a ele retornar à sala de aula. Fatalmente os colegas iriam comentar o que acontecera, pois todos ficaram certamente muito surpresos com as atitudes dele. Então, ela sugeriu:

— Luizinho, creio que o melhor seria você ir para casa. O que acha? Eu mesma posso levá-lo, pois vou para aquele lado.

O garotinho deu de ombros e concordou:

— Ah! Tudo bem, tia Valéria.

— Ótimo! Vou avisar sua mãe que não precisa vir buscá-lo. Venha comigo até a diretoria.

O garoto a acompanhou, e Denise respirou aliviada. Agora o problema estava com a diretora.

"Ufa! Que coisa estranha aconteceu!", pensou Denise.

Valéria telefonou para a mãe de Luizinho e avisou-a de que o levaria até em casa, visto que precisaria ir exatamente para aquele bairro. A mãe concordou, aliviada por não precisar deixar sua casa para buscar o filho. Estranhou apenas que ele retornasse tão cedo, ao que Valéria disse que depois explicaria o motivo.

Alegremente o garoto dirigiu-se ao carro da diretora, sentindo-se importante por ser levado para casa por ela. No trajeto, Valéria procurou conversar com ele, tentando analisar seu estado mental e emocional, porém o pequeno falava o tempo todo, rindo e contando-lhe sobre suas aventuras. Ao chegar à casa dele, Valéria estava surpresa: ele estava absolutamente normal, como uma criança de cinco anos!

Caminhando do portão até a porta de entrada, ela refletia sobre a conveniência de contar à mãe o que acontecera com o filho. Ao abrir-se a porta, contudo, estava resolvida a manter-se calada.

— Valéria! Que bom vê-la! Entre, por favor. Ainda bem que você trouxe meu filho; eu estava apurada com o serviço e talvez me atrasasse para buscá-lo. Sente-se, vamos conversar um pouco.

Luizinho correu para dentro, carregando sua mochila, pesada para um menino tão pequeno. Valéria, diante da mãe que esperava uma explicação, disse:

— Marta, Luizinho sentiu sono durante a aula e foi levado para a enfermaria, de modo que pudesse descansar melhor deitado. Dizia-se cansado. Como seu filho tem estado ultimamente?

A mãe, surpresa, considerou:

— Estranho você dizer isso de Luizinho, Valéria. Justamente ele que nunca se cansa, que está sempre pronto para brincar, passear, enfim, não entendo!

Notando que a mãe estava muito preocupada, Valéria sorriu tranquilizando-a:

— Não aconteceu nada, Marta! Talvez seu filho só quisesse sair um pouco da sala. Você sabe como é criança. Às vezes gosta de flautear. Talvez a aula estivesse chata, quem sabe? Não se preocupe. Você viu, Luizinho está normal, como sempre foi.

A mãe deu um suspiro, soltando o ar preso no peito.

— Tem razão, Valéria. Meu filho está muito bem. Ele é uma bênção dos Céus. Gosta de estudar e faz as tarefas de casa direitinho, sem que eu precise lembrá-lo.

— Está vendo? Bem, tenho de ir. Também preciso cuidar do meu apartamento. Até outra hora, Marta!

— Vá com Deus, Valéria!

Ao sair pelo portão, ouviu a porta se fechando. Respirou aliviada. Ainda bem que nada dissera sobre o comportamento do menino na escola. Mesmo porque, nunca tinha acontecido e provavelmente não aconteceria mais. Além disso, talvez o garoto, entediado com a aula, tenha querido fazer um showzinho particular. Quem sabe?

Resolvida a esquecer o assunto que lhe tomara boa parte da manhã, Valéria tomou o rumo do seu apartamento. De repente, achou melhor ir comer em algum restaurante. Afinal, morava sozinha, teria de fazer o seu almoço e não estava com disposição para isso. Não depois de tudo o que acontecera.

Mudou novamente de rumo, tomando a direção de um lugarzinho agradável, aonde sempre ia com as amigas, não muito longe da escola. A comida era boa, o valor era razoável e o ambiente, muito simpático.

3

NOVAS IDEIAS

Quando Valéria chegou ao restaurante, o proprietário, que estava atrás do balcão atendendo no caixa, sorriu ao vê-la.

— Bem-vinda, professora Valéria! Eu estava sentindo sua falta! — disse o dono com seu vozeirão, ao mesmo tempo fazendo sinal a um garçom para atendê-la.

— Bom dia, Vitório! — disse ela sorrindo também. — Tenho tido muito serviço.

O garçom se aproximou simpático, encaminhando-a até uma mesa em local discreto, onde ela gostava de ficar. Agradeceu ao rapaz e sentou-se, pedindo um suco. Depois, olhando em torno, viu uma amiga que acabara de entrar no salão e estava sozinha. Levantou a mão e fez um gesto, convidando-a a sentar-se com ela. Mesmo porque, àquela hora, quase todas as mesas já estavam ocupadas.

— Como vai, Celeste? Que bom vê-la! Pelo menos, nos faremos companhia! — cumprimentou-a, ao mesmo tempo em que chamava o garçom. — O que quer tomar?

A amiga pediu também um suco, e, como ambas já conhecessem os pratos, fizeram os pedidos sem consultar o cardápio e continuaram a conversar.

— Também estou contente, Valéria. Mal temos nos falado e sinto falta das nossas conversas, de estar com você, sempre ponderada e serena.

Ouvindo isso, a outra estranhou, perguntando:

— Está com algum problema, Celeste? Você me parece bem.

— Estou bem, sim. Agora. Confesso que passei por momentos muito difíceis — respondeu a recém-chegada.

— Mas... O que houve? Aconteceu alguma coisa com você?

— Nada que seja tão sério, mas me deixou completamente confusa...

Celeste parou de falar por alguns instantes, pensativa, depois indagou:

— Você acredita em "almas do outro mundo", Valéria?

A outra arregalou os olhos e respondeu num murmúrio, observando em torno para ver se alguém tinha ouvido a pergunta da amiga:

— Que pergunta, Celeste! Não sei. Nunca pensei nisso. Você sabe, sou católica, e minha religião não admite esses assuntos. Mas por que quer saber?

Nesse momento, o garçom chegou com os pratos, e elas pararam de falar até que ele se afastasse. Depois, Celeste sugeriu:

— Vamos almoçar antes que esfrie. Depois eu lhe conto. Não é conversa rápida, e talvez seja melhor falarmos em outro lugar. Na minha casa ou no seu apartamento, quem sabe?

— Você tem razão. Se o assunto é sério, melhor um lugar mais reservado. Pode ser no meu apartamento. Faz tempo que você não vai lá.

— Ótimo. Então, irei hoje à tardezinha. Pode ser? Hum! Este prato está realmente uma delícia!

— O meu também está ótimo. Então, está marcado. Tomaremos um lanche, e você me contará tudo. Confesso-lhe que estou curiosa.

Ambas terminaram a refeição, e o garçom aproximou-se perguntando se aceitavam sobremesa.

— Para mim, não. Só um café — respondeu Valéria.

— Então, dois cafés — completou Celeste.

Conversaram mais um pouco e, após pagarem a conta, se despediram prometendo se encontrar mais tarde.

Valéria tinha contas para pagar, alguns problemas a resolver, mas nada a faria desmarcar o lanche da tarde com a amiga. Assim, levou algumas horas para fazer tudo o que precisava na rua; depois, antes de voltar para casa, passou numa padaria perto do seu prédio, comprou uma torta doce que ela apreciava muito e pães frescos.

Passava um pouco das dezoito horas quando ouviu o interfone tocar. Era Celeste chegando. Deixou a porta entreaberta para que ela pudesse entrar sem tocar a campainha.

Com olhos críticos, examinou a mesa para ver se faltava alguma coisa, mas tranquilizou-se. Estava tudo em ordem. Só deixou o café para coar mais na hora, de modo que estivesse bem quente quando fossem tomar, e aguardou.

Ouviu o elevador chegando, e logo Celeste entrou, com um sorriso. Abraçaram-se, contentes de estarem juntas de novo. A visita chegou até a grande janela da sala e sorriu:

— Adoro a vista que você tem daqui, Valéria. Veja que pôr do sol mais encantador, que tonalidades belíssimas!

— É verdade. Também me sinto feliz com essa vista, que me encanta todos os dias. Celeste, vou passar o café. Volto logo. Fique apreciando a vista e aproveite que não cobro nada — disse Valéria dando uma risada.

Logo um cheiro bom de café espalhou-se pela casa. Valéria voltou da cozinha trazendo a garrafa térmica com café e um bule de leite. Sentaram-se, e a dona da casa serviu a amiga, depois se serviu também.

Celeste saboreava o pãozinho fresco com manteiga e o café passado na hora. Depois, servindo-se de um pedaço de torta de maçã e nozes, confessou:

— Esta torta está divina! Se eu pudesse, a comeria inteira! Que delícia!

— Mas você pode, Celeste! Eu é que preciso me cuidar. Experimente estes brioches com geleia de morango. Também estão ótimos.

Comeram e conversaram bastante. Depois, no último cafezinho, Valéria lembrou o motivo de estarem novamente juntas e voltou ao assunto:

— Celeste, qual a razão daquela pergunta que você me fez na hora do almoço? Isto é, se acredito em almas do outro mundo. Por quê?

Respirando fundo, a outra respondeu:

— Bem, passei por um período bastante tumultuado, Valéria. De repente, sem nenhum motivo, comecei a sentir minha casa invadida! Horrível!

— Como assim? — indagou a outra, surpresa.

— Eu comecei a ver pessoas que passavam pela minha sala, crianças sentadas nos sofás! Coisas desse tipo. Já imaginou como ficou minha vida? De cabeça para baixo!

— Mas entrarem assim... Não eram pessoas conhecidas? — indagou Valéria, assustada.

— Não. Eu não conhecia nenhuma delas. Agora, imagine ver minha casa invadida desse jeito. Fiquei completamente perturbada, apavorada, sem rumo. Não que eles me fizessem algo, porém, ter pessoas estranhas dentro de casa tira o equilíbrio de qualquer pessoa, não acha? Você acredita que não respeitavam nem o meu quarto? Pior! Nem o banheiro, imagine!

Valéria, de olhos arregalados acompanhava, perplexa, o relato da amiga, até que perguntou:

— Mas... tudo isso é verdade mesmo? Parece loucura! Como pessoas vão entrar na casa da gente sem serem convidadas?

— Claro que é verdade! Acha que eu estou mentindo para você?

— Não. Evidentemente que não, mas... Poderia, talvez... ser sua... imaginação.

— Não. Não era imaginação minha! E não eram pessoas reais, como nós. Eram espíritos!

Valéria respirou fundo, engoliu em seco tentando entender, enquanto sua cabeça dava voltas. Sempre racional e ponderada, considerou:

— Ah! Não eram pessoas como nós. Está bem. E daí? O que você fez?

Celeste levou a xícara aos lábios, tomou um gole de café e continuou:

— Não queira nem saber! Foi um inferno! Depois, fiquei sabendo que uma conhecida minha lidava com "essas coisas". Então, fui procurá-la. Ela me explicou o que estava acontecendo, afirmando que eu tenho vidência, isto é, um tipo de "mediunidade" — espécie de dom, entende? — em que a pessoa tem a possibilidade de enxergar os que já partiram daqui para o mundo espiritual. Orientou-me para manter sempre o pensamento em oração e encaminhou-me para um centro espírita, após dar-me um exemplar de *O Evangelho Segundo o Espiritismo*, para que eu o lesse. Agora sei por que essas coisas acontecem, aprendi a me ajudar e estou me sentindo muito bem.

Valéria, que ouvia com atenção as palavras da amiga, perguntou:

— Você diz que aprendeu por que essas coisas acontecem. Então me explique: qual a razão, Celeste?

— Bem, os espíritos desencarnados —, isto é, as pessoas que já morreram aqui na Terra, mas que continuam vivendo do "outro lado" —, aproximam-se de nós pelo teor do nosso pensamento. Então, se meu pensamento é negativo, tenho raiva das pessoas, por exemplo, se aproximam os desencarnados que pensam da mesma maneira. Se penso coisas boas, os bons espíritos estarão ao meu lado. Dá para entender?

— Sim. Semelhante atrai semelhante — considerou Valéria, usando a lógica.

— Isso mesmo, perfeito! Você resumiu muito bem. Então, passei a cuidar do ambiente espiritual da minha casa, fazendo orações sempre que necessário, isto é, quando o ambiente lá não estava bom eu via os espíritos. Depois, com as preces e a frequência ao centro espírita, tudo melhorou e pude ter paz em minha casa. Assim, passei a orar pela manhã e ao me deitar, controlei meus pensamentos parando de pensar bobagens, de contar piadas de mau gosto como gostava de fazer e, com isso, melhorei minha vibração mental e não vi mais os espíritos em casa.

Valéria estava pasma. Ela já ouvira falar no tal Espiritismo, porém tinha uma ideia errônea sobre isso, o que a amiga contou era completamente diferente do que pensava! Mas, prudentemente, mantinha-se calada, pensando. Olhava a amiga do outro lado da mesa e refletia. Como Celeste estava mudada!

— Diga logo o que você está pensando de tudo isso, Valéria.

— Eu estava pensando exatamente em como está mudada, Celeste. Sinto-a mais tranquila, ponderada, mais sensata. Não fala mais tanta bobagem como fazia antes. Se o Espiritismo fez tudo isso com você, deve ser uma coisa boa. Qual o centro espírita que a aconselharam a frequentar?

— É um local pequeno, mas bastante simpático. Se quiser conhecer, posso levá-la até lá. Creio que não se arrependerá, Valéria.

A dona da casa abriu leve sorriso e, com um gesto característico, inclinou a cabeça e respondeu:

— Vamos devagar. Não sou como você, que aceita tudo. Tenho de estar segura do que quero e do que penso. Preciso entender como as coisas funcionam para poder aceitar. Não me deixo levar à primeira vista. Quer mais um pouco de café, Celeste?

— Aceito. Seu café está ótimo, Valéria!

Celeste estendeu o braço com a xícara, e a dona da casa despejou o líquido. Depois de acrescentar açúcar e mexer com a colherinha, tomou um gole, e só então fitou a amiga do outro lado da mesa e, balançando a cabeça, considerou.

— Entendo suas reservas, Valéria. Você é uma professora, acostumada a estudar tudo muito bem para poder entender. Também penso assim. Todavia, amiga, a situação em minha casa foi algo que sacudiu minha vida. Algo que nunca tinha visto acontecer com ninguém! Tudo para mim era novo. Nunca havia pensado que essas coisas poderiam acontecer! Jamais imaginei viver o circo de horrores em que se transformou minha casa. Será que você tem ideia do que isso foi para mim, que moro sozinha, como você? Pense! Coloque-se no meu lugar!

Valéria examinava a amiga enquanto falava, pensando:

"Realmente, e se acontecesse comigo? Como eu iria reagir, que atitude tomaria? Não quero nem pensar! Tenho problemas suficientes na escola para pensar em outras coisas. Além disso, nunca vi nada semelhante acontecer com ninguém. Só com Celeste, que nunca foi um modelo de equilíbrio!"

De repente, ela ouviu a amiga dizer:

— Valéria, preciso ir embora. Amanhã terei de levantar cedo para trabalhar. Adorei estar aqui com você, podermos conversar. Enfim, acho que precisamos repetir a dose. Obrigada pelo lanche, estava ótimo!

Trocaram um abraço, e Valéria levou-a até o elevador.

— Obrigada pela visita, Celeste. Realmente, precisamos nos reunir mais vezes. Mas não faltará oportunidade. Quanto ao que você me contou, prometo que vou procurar saber. Enfim, vou pensar no assunto.

Despediram-se com um abraço, e Celeste entrou no elevador, que fechou a porta. Valéria retornou para seu apartamento, pensativa. A situação de Celeste a preocupara, suas novas concepções religiosas, sua nova maneira de ser. Tudo nela estava mudado, e quase não a reconhecia mais.

Verdade é que ela havia mudado para melhor. Admitiu para si mesma. Ponto para Celeste.

Valéria estava muito cansada; seu dia fora agitado. A começar pela ida ao médico com Carla. Depois, o problema na escola com um garoto que era bom, nunca causara problemas e que a tinha deixado bastante preocupada, a ponto de ir conversar com a mãe dele. Enfim, estava exausta pela correria da tarde, porém contente com a oportunidade de se reunir com Celeste, amiga de muito tempo.

Valéria resolveu que não faria mais nada naquela noite. Tomaria um bom banho, depois se enfiaria no leito com um livro interessante e leria até adormecer com ele nas mãos. Ela adorava fazer isso.

Então, apagou as luzes do apartamento, verificou se as portas estavam trancadas e foi para seu quarto.

4

DESABAFO
DE MÃE

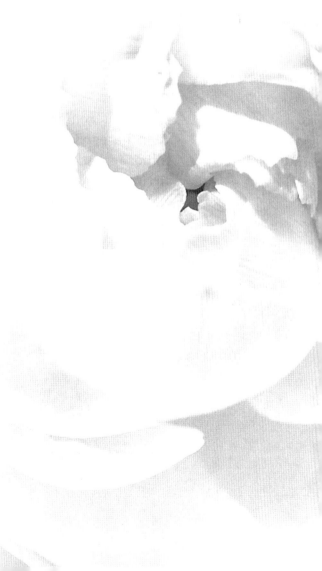

Como sempre, Valéria acordou com a campainha estridente do despertador. Ainda de olhos fechados, bateu a mão no relógio, e o som irritante parou. Virou-se para o outro lado, ajeitou o travesseiro, puxou a coberta e estava mergulhando de novo no sono quando, alertada pela consciência, sentou-se assustada dizendo para si mesma:

— Ai, meu Deus! Tenho problemas urgentes para resolver hoje na escola!

Jogou a coberta de lado, pulou fora da cama e correu para o banheiro. Tomou um banho rápido, vestiu-se e foi para a cozinha. Fez uma xícara de café solúvel e comeu alguma coisa que sobrara do lanche da noite.

Meia hora depois, saía do estacionamento com seu carro, ganhando a rua já bem movimentada naquele horário. Tomou o rumo da escola e, após quarenta minutos, entrou no estacionamento do Instituto de Educação Bem Viver.

Caminhou até sua sala, como sempre não deixando de admirar o belo jardim. Acomodou-se e abriu a gaveta procurando alguns papéis aos quais precisava dar andamento, quando a vice-diretora chegou.

— Bom dia, Valéria. Ainda bem que está tudo calmo hoje, pelo menos até agora.

Levantando a cabeça, Valéria cumprimentou-a e perguntou por Luizinho.

— Chegou alegre, como sempre. Vamos ver o que vai acontecer durante o período. Temo que os colegas comecem a falar sobre o que houve ontem.

— Vamos ver. Fique atenta, Denise. Se algo acontecer, avise-me imediatamente.

— Certo. Porém, temos outros problemas hoje. Dois garotos do 4º ano andaram brigando na rua, e as mães querem saber o que vamos fazer, pois ambos julgam estar com a razão. Disse-lhes que fora da escola não é mais problema nosso, mas que vamos chamar os garotos e conversar com eles na diretoria.

— Muito bem. E aquele aluno, o Carlinhos, que estava criando problemas na sala, outro dia? Você falou com a mãe dele?

— Sim, Valéria. Ela disse-me que ele está muito nervoso, diferente, e que não escuta quando ela fala.

Valéria ficou pensativa por alguns instantes:

— Estranho... Carlinhos sempre foi bom aluno, bom colega, nunca tivemos reclamação dele. Preciso conversar com a mãe. Isso é problema familiar, pode acreditar, Denise.

— Também penso assim. Os colegas gostam muito dele, e não é apenas porque é bom jogador de futebol. Ele sempre foi alegre, brincalhão, divertido — concordou a outra.

— Bem, mande chamar a mãe dele. Quero conversar com ela.

Denise saiu para cuidar de suas tarefas, deixando Valéria a dar andamento a várias questões que lhe exigiam a atenção. Assim, a manhã passou, e Valéria nem percebeu. Saiu para almoçar e voltou logo para resolver alguns problemas. Quase ao final do turno da tarde, avisaram que a mãe de Carlos estava na escola e a aguardava. Pediu a ela que entrasse e levantou-se para cumprimentá-la com um abraço:

— Como vai, Neide? Sente-se, por favor!

Após ambas se acomodarem, a diretora começou a conversar:

— Não a tenho visto e sinto falta das nossas conversas! Quando você traz o Carlinhos, ainda não cheguei. Enfim, como vai sua vida?

A mãe abaixou a cabeça, e a diretora viu que ela estava com os olhos úmidos.

— Você está com algum problema, Neide?

— Creio que você ainda não sabe, Valéria. Meu marido e eu vamos nos separar.

— Mas vocês sempre se deram tão bem! Estão mesmo decididos? — indagou Valéria com tristeza.

— Pois é. Meu marido quer se separar de mim; diz que não me aguenta mais. O que posso fazer?

— E Carlinhos, está sabendo?

— Está. E culpa a mim. Ele não sabe que o pai dele está caído por outra mulher, mais jovem do que eu. Na verdade, não sei o que fazer!

— Fique calma, Neide. Vamos estudar o assunto e, quem sabe, haja uma solução melhor? Porque a separação de vocês vai atingir duramente seus filhos, gerando inconformismo, revolta, tristeza, raiva, insegurança. O mundo parece estar caindo na cabeça deles, especialmente de Carlinhos, que, apesar de criança, é o mais velho e entende o que isso significa.

— Eu sei, Valéria. Carlinhos está revoltado, pois não sabe o que vai acontecer com ele e o irmão.

— Bem, deixe-me conversar com Carlos; vamos ver se consigo ajudá-lo. Se precisar de alguma coisa, conte comigo, Neide. Afinal, sempre fomos amigas.

— Obrigada, Valéria. Manterei você a par da situação. Agora preciso ir. O sinal já tocou, e meu filho deve estar saindo.

Abraçaram-se, e Neide saiu, deixando a diretora preocupada com a situação da família dela. Quanto à Neide e ao Roberto, não poderia interferir na decisão deles, uma vez que eram adultos e donos da própria vida. Em relação a Carlinhos, porém, como aluno da escola, tinha a obrigação de ajudar.

"Amanhã vou conversar com ele", pensou.

Despediu-se dos professores que saíam naquele momento e foi até o estacionamento; abriu o carro, colocou a chave no contato e o pôs em movimento. Nesse instante, lembrou-se de que precisava fazer compras e mudou de rumo; ali perto havia um supermercado muito bom. Chegando ao supermercado, colocou o carro no subsolo e estava envolvida com suas compras, quando ouviu que alguém a chamava:

— Valéria!

— Marta! Como vai? — cumprimentou ao reconhecer a mãe de Luizinho.

— Que bom encontrá-la aqui, Valéria. Precisava mesmo conversar com você.

Continuando a escolher tomates, a diretora sorriu e disse:

— Pode falar, Marta. Como vai Luizinho? Olhe, seu filho é um garoto tão especial, tão simpático, que todos gostam dele. Incrível como faz amigos com facilidade.

A mãe olhou-a, e seus olhos lacrimejaram:

— Valéria, é justamente sobre ele que preciso conversar com você. Mas aqui é difícil, tem muita gente, e o ideal seria um local mais reservado.

Entendendo que era assunto sério, Valéria concordou:

— Tem razão, Marta. Que tal tomarmos um café ou um chá ali na lanchonete? Veja, está quase vazia.

Marta concordou, e ambas, empurrando os carrinhos, se dirigiram até a lanchonete, onde pediram cafés. Enquanto aguardavam, Valéria indagou se estava acontecendo algo com o menino, ao que Marta respondeu preocupada:

— Valéria, diga-me você o que acha. Vou contar-lhe o que aconteceu ontem à noite. Ouça-me.

E narrou para Valéria:

— Luizinho chegou da escola bem, como sempre. Todavia, à noite, após o jantar, assistíamos a um programa de televisão, quando o repórter começou a falar sobre certa descoberta importante que fora feita em um país qualquer, do qual não gravei nem o nome, tal o susto que levei.

Marta parou de falar por alguns segundos, depois, respirando fundo, prosseguiu:

— O importante foi a reação de Luizinho, que brincava com seus carrinhos no tapete e que não parecia prestar atenção ao programa de adultos. Com muita naturalidade, sem tirar os olhos dos brinquedos, ele disse: "É verdade o que eles estão dizendo na televisão. Mas há séculos os estudiosos já sabiam disso! Não há novidade alguma; eles são ignorantes, isso sim!". Meu marido e eu trocamos um olhar, pois as palavras dele nos causaram espanto. Como não tínhamos entendido direito o que ele dissera, eu perguntei: "Sobre o que você estava falando, filho? Ouvindo o que era dito na televisão, seu pai e eu não entendemos suas palavras!". Sem afetação, naturalmente, empurrando um carrinho para frente e para trás, Luizinho respondeu: "Eu falei sobre isso mesmo que vocês ouviram. Esses estudiosos que dizem ter feito uma descoberta científica demonstram apenas ignorância, pois tais fatos já eram conhecidos há muitos séculos!". E pasme, Valéria!

Aquele menino de cinco anos passou a discorrer sobre os fatos, narrando experiências e dando nomes de várias pessoas ilustres, como se nos explicasse o que estava sendo "descoberto" na atualidade, o que, na realidade, ele já conhecia de muito tempo.

Valéria estava perplexa, porém, ao mesmo tempo, fazendo ligação entre o acontecimento ocorrido em casa e o outro, no colégio. Sempre controlada, discreta, seus olhos fitavam a mãe do garoto, pensando em como responder. Marta, com as mãos no rosto a segurar a cabeça, esperava. Então, Valéria sentiu-se obrigada a falar alguma coisa, porém não sabia o que dizer.

— Você tem certeza, Marta? Não há engano? Afinal, as crianças de hoje são tão ativas, gostam de computador, de internet... Não terá sido algo que ele tenha ouvido na internet? — sugeriu.

A outra respondeu balançando a cabeça negativamente:

— Não. Engano nenhum, Valéria. Os nomes que Luizinho citou são de pessoas do passado e que ficaram conhecidas por suas pesquisas! Não, impossível! Ah! E tem mais! Ele, quando falava os nomes antigos, dizia como se os conhecesse, com a pronúncia do idioma correta.

— Valha-me Deus! E depois? — indagou Valéria.

— Luizinho voltou aos seus brinquedos como se nada tivesse acontecido. Como dorme cedo, sentiu sono, e o coloquei no leito para dormir; depois lhe levei um copo de leite morno com café, como ele gosta. Ele dormiu logo. Pensamos em fazê-lo repetir de manhã o que dissera à noite, mas no dia seguinte ele já não se lembrava de nada.

Valéria levou aos lábios a xícara de café, tomou um gole, como se meditasse na melhor atitude a ser tomada, mas nenhuma ideia lhe vinha à cabeça. Sentia-se vazia de pensamentos. Completamente vazia.

— E agora, o que faço, Valéria? — indagou a mãe, ansiosa.

— Dê-me tempo para pensar. Deixe-me pesquisar, Marta. Quem sabe encontro alguma coisa semelhante. — Olhou no relógio de pulso e completou: — Creio que devemos terminar nossas compras. Está ficando tarde.

— É verdade, Valéria. Agradeço-lhe muito ter-me ouvido o desabafo. Como você é mais culta do que eu, se encontrar resposta para esse caso do meu filho, avise-me, sim?

— Sem dúvida. Vou pesquisar e depois lhe comunico se achar alguma coisa. Até logo, Marta!

Ambas tomaram rumos diferentes, e Valéria, que não precisava comprar muitos itens, deixou o supermercado cinco minutos depois. Na verdade, teria de comprar outras coisas, porém estava abalada demais com o que ouvira da mãe de Luizinho.

De retorno para casa, fez o trajeto sem parar de pensar no assunto.

"Que loucura! Mas a verdade é que o fato que tanto a tinha impressionado fora semelhante àquele outro acontecido no colégio!", pensava.

Chegando ao prédio, Valéria deixou o carro no estacionamento e apertou o botão do elevador; depois, foi direto à cozinha levar as compras. Com mania de limpeza e arrumação, sempre guardava tudo na mesma hora. Nesse início de noite, porém, largou as sacolas sobre a pequena mesa, pegou um copo de suco de maracujá e jogou-se no sofá. Não conseguia relaxar. A cabeça martelava sem parar: toc... toc... toc... Sempre que algo a incomodava, a primeira reação era uma tremenda dor de cabeça.

Valéria não sentia vontade de comer nada. Ao entrar no supermercado, tinha o estômago vazio e a cabeça cheia de desejos: iogurte, chocolate, bolo, tortas. Agora, não conseguia comer nada.

Cansada de tanto pensar, resolveu deitar-se. Tomou um analgésico para a dor de cabeça e enfiou-se debaixo das cobertas.

Mas o sono não vinha. Conseguiu dormir um pouco quando as primeiras claridades do dia já surgiam no céu, entrando por sua janela. Teve a sensação de que tivera sonhos tumultuados, confusos, porém não se recordava de nada.

5

PROBLEMAS

Chegando ao colégio, ainda meio zonza de sono, Valéria entrou e foi direto para sua sala. O barulho dos alunos no pátio inundava todo o ambiente. Valéria abriu a porta de seu gabinete e, largando a bolsa e o casaquinho no cabide, a um canto perto da mesa, jogou-se na cadeira estofada de espaldar alto. Depois, respirando fundo, recostou a cabeça e fechou os olhos pensando:

"O que vou dizer a Marta? Preciso pesquisar na internet! Será que vou encontrar algo sobre esse assunto? Bem, se não conseguir na internet, é sinal de que não há possibilidade de essas coisas acontecerem!".

Nesse momento em que estava assim pensativa, Denise entrou na sala.

— Bom dia, Valéria. Hoje o dia começou bem. Precisei apartar uma briga, mandei para a enfermaria um aluno que, ao chegar, caiu na calçada e se machucou, e separar duas mães que discutiam à entrada do colégio. Está bom assim ou quer mais? — desabafou, caindo sentada na cadeira defronte da diretora.

— Pelo que vejo o dia começou a todo vapor! — respondeu Valéria, com um meio sorriso, completando: — Então, vou lhe contar o que ouvi de Marta ontem no supermercado. Continue sentada, é importante! — ordenou à auxiliar, que, após dar seu recado, se levantara.

Denise acomodou-se, interessada, e Valéria relatou o que ouvira de Marta, a mãe de Luizinho, no dia anterior, deixando a auxiliar literalmente de boca aberta.

— E o que você disse a ela, Valéria?

— O que poderia dizer, Denise?... Que vou pesquisar! Afinal, nada sei sobre o assunto! E, para isso, conto com você. Sei que aqui no instituto fica difícil, pois temos muitos serviços para dar andamento e problemas a resolver. Talvez tenhamos de fazer isso em casa, o que acha?

— Se não tiver outro jeito! Muitas vezes levo serviço para fazer em casa; mais um não tem problema.

— Bem, então faça um arquivo com tudo o que for pesquisando, e farei o mesmo. Depois, confrontaremos os resultados. Combinado? Agora, por favor, mande-me o Carlinhos, do 4º ano. Preciso conversar com ele.

— É pra já, Valéria.

Não demorou muito, o aluno chegou. Era um garoto bonito, de pele morena e cabelos pretos, sorriso aberto, sempre simpático e conversador. Nessa manhã, porém, Valéria notou que ele estava calado, introspectivo.

— Bom dia, Carlinhos. Como vai?

— Bem, tia Valéria — respondeu, tratando-a como sempre fazia fora da escola.

Ela sorriu para ele, fez um muxoxo e considerou:

— Pois você não me parece muito bem. Está com algum problema?

— Não — respondeu ele, balançando a cabeça.

— Como estão as coisas em sua casa?

O aluno agitou-se na cadeira, olhou para os lados, para o alto, depois baixou os olhos, fixou as mãos que trazia apertadas no colo. À diretora não passaram despercebidos esses sinais. Ele estava incomodado com a pergunta. Então, com voz carinhosa, ela explicou:

— Carlinhos, você sabe que gosto muito de você. Conheço-o desde que era um bebê e sempre o considerei como o filho que ainda não tive. Sempre nos demos bem, não é verdade?

O garoto balançou a cabeça concordando, e a diretora prosseguiu:

— Fiquei preocupada com você, porque ouvi dizer que andou brigando no pátio! Confesso-lhe que não acreditei. Sempre foi um bom aluno, tem muitos amigos, enfim, todos o estimam. Conte-me, meu filho, o que está acontecendo?

O garoto, ainda de cabeça baixa, começou a falar com a voz embargada:

— Meus pais vão se separar, tia Valéria, a senhora está sabendo? Eu não consigo aceitar a separação dos dois! Não quero que isso aconteça, entende? Sinto como se o mundo estivesse desabando sobre minha cabeça! O que será de nós? Outro dia, vieram me contar que meu pai está com outra mulher. Não sei o que fazer para ajudar minha mãe! — E o garoto começou a chorar sentidamente.

O problema não deveria estar sendo fácil para ele. Valéria aproximou-se, puxou uma cadeira e abraçou-o com carinho, cheia de compaixão.

— Querido, essas coisas acontecem entre casais... E não temos como evitar. Porém, precisa saber que seus pais vão continuar amando você e seu irmão! Nada mudará no relacionamento deles com os filhos, muito amados.

— Eu não penso assim... Meu pai vai acabar tendo outros filhos e se esquecerá de nós! Além disso, ele nos deixará na miséria! Minha mãe não trabalha. Como manterá a nossa casa?

— Carlinhos, esse não é um problema para a sua cabecinha, meu bem. Deixe que os adultos resolvam! Além disso, a lei determina que o pai dê uma pensão para a mulher e os filhos, em caso de separação. Não se preocupe tanto. Seu pai é um advogado bastante conceituado, ganha muito bem, não deixará de lhes dar o que for justo!

— Os pais de um vizinho se separaram, e o pai dá o maior trabalho para pagar a tal pensão! Eles vivem com muita dificuldade...

Condoída da situação do garoto, Valéria animou-o:

— Não pense assim, Carlinhos. Seu pai sempre foi um bom homem, cumpridor de seus deveres, e não deixará que falte nada para vocês, acredite. Tenha confiança, meu filho! Além disso, sua mãe poderá voltar a dar aulas, sempre foi boa professora. Acalme-se, meu bem. Confie em Deus.

O menino foi parando de chorar, até que enxugou o rosto com as mãos. Valéria lhe deu um lencinho, que ele passou nos olhos, e depois ele disse:

— Se minha mãe quiser ser professora de novo, a senhora dá um lugar para ela?

— Claro, querido! Gosto muito de sua mãe, e ela é ótima professora. Fique tranquilo. Você está melhor agora?

Ele balançou a cabeça, tentando sorrir. Depois, se abraçaram de novo, e ela afirmou:

— Carlinhos, conte comigo para qualquer coisa. Se precisar de mim, estarei sempre à sua disposição. Pode me telefonar a qualquer hora. Tudo bem?

— Obrigado, tia Valéria. Fiquei bem melhor depois de falar com a senhora. Posso voltar para a sala agora?

— Pode, mas não tenha pressa. Vá até o banheiro, lave o rosto; depois, sente num banco do pátio. Quando estiver realmente bem, volte à aula para que seus colegas nada percebam, está bem?

Ele sorriu, entendendo a sugestão da diretora, e saiu com um aceno. Valéria balançou a cabeça, cheia de compaixão pelo garoto ainda tão pequeno e com problemas tão grandes na cabecinha.

Estava assim pensativa, tentando voltar aos papéis que examinava antes, quando Denise entrou.

— Valéria, uma das professoras mais novas, a Adelaide, não quer mais continuar. Alega não estar aguentando os alunos.

A diretora, com expressão fechada, respondeu:

— Pois diga a ela que pode sair quando quiser. É só nos dar o tempo de arranjar uma substituta para a turma dela. Estou cansada desse tipo de professora que espera só encontrar alunos bonzinhos e quietinhos. Eles são crianças e precisam de ajuda, de informações, de carinho!

— Eu sabia o que você iria dizer, por isso adiantei-me e disse a ela o mesmo que você. É só o tempo de arrumarmos uma substituta.

— Muito bem, Denise. — Em seguida, Valéria olhou o relógio e se assustou: — Como o tempo passa rápido! Está na hora da saída desse turno, e não fiz quase nada. Fique de olho nos alunos. Não quero mais confusão nem com crianças nem com mães — recomendou.

A vice-diretora deixou a sala, sorrindo:

— Pode deixar. Conheço bem nosso pessoal. Até mais tarde!

Após a saída de Denise, Valéria dirigiu-se ao estacionamento e logo estava no rumo do restaurante mais próximo. Precisava voltar rápido para a escola. Tinha documentos urgentes a terminar e relatórios para fazer.

Entrou no restaurante, aquele mesmo no qual encontrara Celeste havia alguns dias. Pensando nela, cumprimentou o dono do lugar, que estava no caixa e a recebeu com grande sorriso, e escolheu uma mesa, para a qual o garçom a acompanhou. Sentou-se, e ele sugeriu:

— Professora Valéria, tem um prato especial hoje, que a senhora vai gostar. É um peixe.

— Ótimo, Nélson. E traga-me também um suco do jeito que gosto, está bem?

— É pra já, professora.

Por coincidência, novamente ela viu Celeste, que acabava de chegar. Levantou o braço, e a amiga, vendo-a, dirigiu-se sorridente para sua mesa.

— Bom dia, Valéria! Olha que podemos marcar encontro! Afinal, sempre que eu venho você também está aqui. Como vão as coisas? Muito trabalho?

— Sem dúvida! O que mais temos na escola: serviço e preocupação. E você?

— Estou ótima, graças a Deus! Sinto-me bem, equilibrada, contente com a vida... Enfim, nunca estive tão bem.

Nesse momento, Valéria pensou que gostaria também de estar tão bem-disposta, depois se lembrou dos problemas que Celeste atravessara e perguntou-lhe sobre isso, ao que ela respondeu que nunca mais havia sentido nada estranho, e estava tudo calmo em sua casa.

Valéria, que a olhava atentamente, enquanto pensava, resolveu perguntar:

— Celeste, você já ouviu falar de crianças que dizem coisas estranhas, que mostram conhecimento maior do que poderiam ter? Enfim, crianças com capacidades especiais?

— Claro, já ouvi sim. Existem muitos casos assim. Por quê?

— Nada. Apenas curiosidade. Ah, meu pedido está chegando!

O garçom ajeitou tudo na mesa, desejando-lhe um bom almoço. Celeste, ao ver a aparência da iguaria, pediu o mesmo, antes que o garçom se afastasse. Depois, elas continuaram conversando.

— Você ficou sabendo de algum caso semelhante, Valéria?

— Outro dia me contaram a respeito de um garoto que, de repente, começou a falar sobre assuntos que, pela idade, não teria condições de saber! Fiquei intrigada! O que levaria um garotinho a falar de coisas que desconhece? Estranho, não acha?

Celeste, que ouvia atenta, considerou com expressão surpresa:

— Mas o que leva você, amiga, a achar que ele falou de questões que desconhece? Se ele falou, é porque já teve informações a respeito!

— Não "esse" menino, Celeste. Tem apenas cinco anos e sempre agiu como criança que realmente é! Onde teria conseguido esses conhecimentos, se nem os pais tinham ouvido falar a respeito?

Como o garçom chegara com o pedido de Celeste, elas pararam de falar até que ele se afastasse. A amiga começou a comer, sem responder ao questionamento de Valéria. Depois de alguns instantes, Celeste pegou o guardanapo levando-o à boca, tomou um gole do suco, e só então disse, fitando Valéria:

— Ah! Quer dizer que você está com um problema nas mãos? Trabalhando com educação, creio que não é difícil isso acontecer.

— Por quê? Essas coisas não são corriqueiras!

— Valéria, as crianças que estão nascendo na atualidade são muito especiais. São espíritos que renascem para auxiliar na renovação do nosso planeta, com vistas aos tempos futuros. Nunca ouviu falar em transição planetária? Jesus, no Sermão

Profético, já falava sobre as grandes dores que viriam na época certa, como prenúncio das transformações que ocorreriam no futuro, quando a Terra estivesse preparada para ascender na hierarquia dos mundos, deixando de ser um planeta de Provas e Expiações e passando a mundo de Regeneração, isto é, quando será habitada por espíritos mais conscientes, moralizados e, consequentemente, mais elevados.

— De onde você tirou isso, Celeste?! — inquiriu a outra, perplexa.

— É só pegar o Novo Testamento — respondeu, balançando os ombros, depois completou: — Você pode procurar também na internet. É fácil e rápido.

Irritada com a outra, Valéria respondeu:

— Vou pesquisar, com certeza. Mas chega desse assunto! Vamos falar de outras coisas mais importantes. Você tem ido ao cinema? Li no jornal que está passando um filme ótimo. Quer ir assistir um dia desses?

Celeste sorriu de leve. "Valéria nunca gostou de falar de assuntos que não dominava. Mas referir-se a um filme como sendo mais importante do que o que estavam conversando era demais!", pensou.

— Claro que sim. Adoro cinema! Só não vou mais porque não tenho tempo. Podemos marcar para o final da semana, o que acha? Estou livre!

Valéria concordou, e, como tinham acabado de comer, pagaram as contas e saíram juntas até o estacionamento. Despediram-se, e cada uma delas tomou rumo diferente. Dirigindo, atenta ao trânsito, Valéria não podia deixar de pensar em tudo o que fora dito. Necessitava urgentemente fazer pesquisas. Não podia continuar ignorando esses assuntos, até para ter um posicionamento próprio perante eles, ideias refletidas e amadurecidas.

6

PESQUISANDO

Valéria chegou à escola e, sem demora, dirigiu-se ao seu gabinete, sem se entreter em conversas pelo corredor. Tinha pressa de começar a trabalhar. Sentou-se à mesa e olhou a papelada que se acumulava, pensando:

"Quanta coisa! É papel que não acaba mais! Também, pensam que nosso trabalho se resume a fazer relatórios!".

De repente, não teve vontade de envolver-se com coisas burocráticas, nem de examinar outros papéis que esperavam uma solução. Sentiu o impulso de fazer pesquisa. Ligou o computador, acessou a internet e pediu o assunto que a incomodava: crianças prodígio. A quantidade de informações que veio como uma enxurrada deixou-a perplexa!

Inacreditável! Claro que ela sabia de crianças que demonstravam inteligência muito acima da média, com pendores para composição de músicas, tocar instrumentos, resolver problemas matemáticos etc. Porém, os casos que encontrou deixaram-na fascinada! Saber que existem pelo menos dez crianças que conseguiram Ph.D. antes dos vinte anos; outras que falam fluentemente idiomas que não teriam condição de aprender dentro do círculo familiar e social de que participavam ou, com dois anos, pintar quadros e abrir uma galeria própria com suas produções, como Aelita Andre Kalashnikova, filha de um fotógrafo, que, nessa ocasião, contava apenas um ano e dez meses!

Ou como Akrit Jaswal, nascido em 1962, um jovem indiano, que é chamado de o menino mais inteligente do mundo. Tem um QI de 146 e começou a fazer cirurgias com apenas sete anos, sem ter formação médica e sem experiência em cirurgia!

Outro caso extraordinário, o de Kim Yong-Ung, um gênio coreano. Aos quatro anos estava na universidade, lia em japonês, coreano, alemão e inglês, e foi Ph.D. aos quinze anos. Algum tempo depois demonstrou sua proficiência em chinês, espanhol, vietnamita, português, alemão, inglês, japonês e coreano. Aos sete anos foi convidado pela NASA para continuar os estudos na América. No Livro Guinness dos Recordes Mundiais do "Maior QI", a pontuação do menino é estimada em mais de 210.

As pesquisas mostravam desde crianças cantoras que ganhavam muito dinheiro fazendo *shows* a um pequeno jogador de bilhar, detentor de prêmios importantes na área; outro, muito jovem, já era mestre em xadrez, e havia até uma apresentadora infantil que em seu programa de rádio aconselhava adultos a respeito dos mais diferentes assuntos.

Valéria estava perplexa. Claro que sabia que casos assim podiam acontecer. Casos mais antigos e notórios falavam noticiavam de crianças que tocavam instrumentos musicais, compunham, pintavam, falavam línguas, faziam cálculos matemáticos e muito mais. Ao mesmo tempo, porém, sua consciência lógica buscava uma explicação para esses casos. Com sua formação cristã, oriunda de família tradicionalmente ligada à Igreja Católica, ela estranhava tudo isso, uma vez que aprendera ser Deus o pai de todas as criaturas humanas.

"Como podem alguns ter nascido com tantas bênçãos", pensava, "com inteligência primorosa, capazes de realizar verdadeiros prodígios sem que tivessem obtido formação educacional na área, ou com dinheiro, família bem constituída, facilidade para estudar, enquanto outros nascem sem nada, moram em favelas, têm família desestruturada, não têm recursos para frequentar uma escola, tendo não raro de esmolar para viver, e, muitas vezes, ainda com dificuldades de falar, ouvir, andar, enxergar? Crianças que nascem com deficiências mentais, articulares, sem pernas ou sem braços, ou até sem condição de viver?"

De repente, Valéria voltou do seu alheamento por causa de uma professora que vinha reclamar do comportamento dos alunos. Era Adelaide, que, dias antes, ameaçara pedir demissão e, no dia seguinte, arrependida, resolvera continuar com a turma.

— Desculpe-me, Valéria, porém acho difícil continuar dando aula a alunos que brincam na sala, jogam lápis e borrachas uns nos outros, não ouvem o que digo e querem ter boas notas! O que eu faço? Não aguento mais! O comportamento deles é péssimo! Creio que agora é definitivo. Vou pedir demissão do meu cargo.

A diretora, que antes da entrada da professora refletia sobre as diferentes condições humanas, tanto para melhor quanto para pior, pensou um pouco, pediu a ela que se sentasse, ofereceu-lhe um café, deixando-a acalmar-se, depois considerou:

— Adelaide, você é uma professora, uma boa professora, pelo que sei, e está cansada de alunos que dão trabalho. Não consegue ver que eles são apenas crianças, que precisam de orientação, estímulo, atenção? Os nossos alunos vêm de famílias de classe média, com condições de pagar um colégio como o nosso. Alguns, com bolsas de estudo, de famílias mais pobres. Ainda assim, apesar de grande parte ter condição econômica melhor, muitos vêm de família em que os pais trabalham e não param em casa; que, quando chegam, estão cansados, sem condição de dar carinho aos filhos carentes de afeto? Que podem vir de lares em que os pais brigam o tempo todo, criando ambiente de medo, insegurança e instabilidade? Que sofrem violência dos pais, que chegam da rua irritados com seus chefes, colegas de serviço, com o trânsito caótico da nossa cidade ou ainda pelas frustrações e anseios íntimos que não conseguem realizar, e por isso descontam nos filhos? Você já pensou nisso, Adelaide?

— Valéria, eu sei que a vida não é fácil para ninguém, porém, tem alunos que quebram coisas, até carteiras, ameaçam colegas e até a mim, professora, que não têm o mínimo senso de moral, educação, bons costumes, enfim! Isso desgasta a gente!

A diretora balançou a cabeça, mostrando que entendera perfeitamente, e continuou:

— Adelaide, concordo com você. Realmente, temos alunos difíceis. No entanto, peço-lhe que veja o lado deles. Se não têm educação, bons hábitos, senso moral, significa que os pais são relapsos, que não fazem a sua lição de casa! Que não se preocupam em educar seus filhos! Sim, você tem razão! No entanto, penso que devemos agir diferente, aqui nesta escola. Não pelos pais, que pagam a mensalidade e acham que têm direito de exigir tudo, mas pelos filhos! Pelas crianças que nos chegam e que não têm culpa dos pais que receberam de Deus.

A diretora parou de falar, ofereceu outra xícara de café para a professora, depois continuou:

— Adelaide, tive a oportunidade de conhecer uma criança que chegou aqui, ainda muito pequena, e logo se transformou no terror da professora: batia nos coleguinhas, quebrava tudo, dizia palavrões que fariam corar um adulto, depois ficava chorando e gritando, tentando arrancar os cabelos e rasgar a roupa. No entanto, a professora, munida de bastante paciência, sentava-a no colo, abraçava-a e fazia-lhe um carinho, acalmando-a; depois, conversava com a aluna explicando-lhe que não devia agir daquela maneira porque era feio dizer palavrões aos seus colegas, e ninguém iria querer ser amigo dela! Ao término do ano letivo, no dia da última reunião, a mãe da criança compareceu. Ficamos surpresos, porque ela nunca tinha vindo à escola para as reuniões mensais, nem mesmo quando a chamávamos para conversar sobre a filha.

Adelaide ouvia atenta e, diante disso, inclinou-se para a frente, curiosa:

— E vocês, o que fizeram? Com certeza, aproveitaram para lhe falar sobre o comportamento da filha!

Valéria sorriu:

— Não. Não foi preciso, Adelaide. Vimos aquela senhora chegar, muito elegante, bem-vestida, penteada com esmero, trazendo uma pasta na mão. Não sabíamos quem era, ficamos aguardando. Como à frente de cada mesinha havia a indicação da turma e o nome da professora, a recém-chegada dirigiu-se à professora da sua filha. Apresentou-se, séria, compenetrada, e disse à professora: "Eu sou a mãe de Betina. Peço-lhe desculpas por não ter vindo à escola durante todo este ano, porém viajo bastante a serviço e, por esse motivo, não conseguia estar na cidade nos dias de reunião. No entanto, quero lhe agradecer, professora, o que fez pela minha filha. Não sei como conseguiu, mas Betina está completamente diferente do que era antes de vir para esta escola. Eu gostaria de saber que método você usou para que ela melhorasse tanto".

E a diretora continuou:

— Eu estava ali também e fiquei perplexa! Só agora entendi por que não conhecíamos a mãe de Betina; foi o pai que viera fazer a matrícula. Todas as pessoas que estavam ao lado podiam ouvir o que a mãe dizia e fizeram silêncio para escutar a resposta da professora: "Mãe, usei com sua filha o melhor método que existe: o amor. Quando ela fazia algo errado ou dizia palavrões, batia nos colegas, quebrava brinquedos, eu simplesmente a colocava no colo, afagava-a, acalmando-a, depois explicava que aquele comportamento não era bonito, que ela precisava mudar. E sempre enfatizava a ela que todos da turma a amavam, que eram seus amigos. Dessa forma, ela foi mudando com tudo e com todos".

Diante do olhar surpreso de Adelaide, Valéria continuou a narrativa:

— A mãe, que se pôs a chorar ouvindo o relato da professora, confessou: "Reconheço que a culpa é minha. Nunca consegui encontrar tempo para minha filha, sempre deixada sozinha com babás e empregadas. Ao entrar em casa, eu estava tão cansada que só queria comer e dormir. Meu esposo, também exausto, não tinha paciência e batia em Betina à menor arte que ela fizesse. Pobre filha! Ainda bem que a coloquei neste colégio, com professores conscientes como você. Terá sempre meu eterno agradecimento. Obrigada. Posso dar-lhe um abraço?". E a professora, também emocionada, levantou-se, e elas se abraçaram demoradamente. Para finalizar, a mãe disse à mestra que, se algum dia precisasse de qualquer coisa, podia recorrer a ela. Estaria sempre ao seu dispor.

Ao terminar o relato, Valéria estava emocionada e Adelaide também.

— Comovente seu relato, Valéria. Gostaria de saber: essa mãe mudou de atitude em relação à filha?

— Mudou bastante. Entendeu-se com o esposo, que a obrigava a trabalhar muito, porque eles tinham uma empresa de vendas, mostrando-lhe a necessidade de, como mãe, permanecer em casa a benefício da filha. Ele esbravejou, gritou, discutiu, mas acabou aceitando a posição da esposa, que passou a trabalhar em um setor da empresa que permitia realizar o trabalho em casa, ao mesmo tempo cuidando do lar; não demitiu babá e empregada, porém estava sempre presente quando a filha precisava de alguma coisa.

A professora ouvia, pensativa. A diretora finalizou:

— Bem, Adelaide, é isso o que eu desejava lhe dizer. Se ainda quiser deixar a turma, entenderei e procurarei alguém para ocupar seu lugar. Só lhe peço que dê tempo para podermos arranjar uma substituta.

Adelaide levantou-se, agora enxergando tudo com outra concepção:

— Não, Valéria. Agora entendo seu ponto de vista e o da escola. Continuarei com minha turma e espero ser, daqui em diante, melhor professora do que tenho sido até agora. Obrigada.

Adelaide saiu, deixando Valéria satisfeita. Não era fácil, mas desejava que todas as professoras fossem mais dedicadas e amorosas com seus alunos.

Não demorou muito, Denise entrou na sala da direção:

— Valéria, acabei de cruzar com Adelaide no corredor, e ela estava com os olhos vermelhos e úmidos; deu-me a notícia de que não vai mais sair da escola! Como conseguiu isso?

— Contei-lhe o caso de Betina, e ela se enterneceu.

— Ah! Ainda bem! Caso contrário, teríamos dificuldade para achar outra professora no meio do ano letivo — considerou Denise.

Valéria concordou com sua auxiliar e disse:

— Falando em criança com problema, peça à professora do Luizinho que, se ele ficar novamente "diferente", comunique imediatamente à direção, pois quero vê-lo em crise.

— Faz muito bem, Valéria. Mandarei um bilhete à Berenice. Mas, por enquanto, está tudo bem com o garoto — disse ela, abrindo a porta, chamando uma auxiliar e entregando-lhe o bilhete para a professora.

— Ótimo. Então, aproveitemos o tempo para resolver algumas pendências.

Valéria e Denise puseram-se a trabalhar e passaram o período da tarde envolvidas em atividades burocráticas.

Naquela noite, após chegar ao apartamento, Valéria fez um lanche rápido, depois se deitou no sofá para relaxar um pouco e lembrou-se do que Celeste lhe dissera à hora do almoço. Resolveu pesquisar. Ela possuía um exemplar da Bíblia que raramente abria para ler. Tirou-o da estante, colocou uma música suave no aparelho de som e, acomodando-se no sofá, abriu o pesado livro. Passando pelo Velho Testamento sem se deter, buscou o Novo Testamento e pôs-se a ler, distraída. De repente, surpresa, leu em Mateus, capítulo 24, "O sermão profético. A destruição do Templo", texto sobre a grande tribulação:

"Quando, pois, virdes o abominável da desolação de que falou o profeta Daniel, no lugar santo, então os que estiverem na Judeia fujam para os montes; quem estiver sobre o eirado não desça a tirar de casa alguma cousa; e quem estiver no campo não volte atrás para buscar a sua capa. Ai das que estiverem grávidas e das que amamentarem naqueles dias!".[1]

Valéria sentiu um grande arrepio da cabeça aos pés. Fechou o livro, assustada. Não tinha mais ânimo para ler. Temia as palavras que viriam na sequência do texto bíblico.

---

1. Mateus, 24: 15-19.

Resolveu deixar para outro dia, quando estivesse mais preparada emocionalmente para conhecer toda a verdade daquele capítulo. Estava cansada. Aquele fora um dia exaustivo. Resolveu recolher-se.

Deitou-se e ligou a televisão. Um programa humorístico estava passando. Sorriu. "É exatamente do que estou precisando hoje!"

Não demorou muito, estava dormindo.

7

EXPERIÊNCIA EXTRAORDINÁRIA

Na manhã seguinte, Valéria chegou cedo à escola. Tivera uma boa noite de sono e estava resolvida a dar andamento ao serviço atrasado; assim, envolveu-se com os assuntos burocráticos e não viu o tempo passar. Eram quase onze horas, quando Denise abriu a porta e disse-lhe algumas palavras, que Valéria não entendeu direito. Ergueu a cabeça e indagou:

— O que você disse, Denise? Não entendi.
— O Luizinho não está bem.
— Ah! Então traga-o aqui o mais rápido que puder, Denise.

Alguns minutos depois, Denise voltou trazendo o garoto pela mão. Luizinho entrou calado e sério. Ao ver a diretora, perguntou:

— Quer falar comigo, tia Valéria?
— Bom dia, Luizinho! Quero sim, mas antes preciso terminar um serviço urgente que estou

fazendo. A tia Denise vai trazer alguns livros e brinquedos para você brincar enquanto aguarda que eu termine o meu serviço, está bem? Sente-se naquela mesinha ali no canto. Logo vou conversar com você.

O garoto fez um sinal de entendimento com a cabeça e sentou-se em uma cadeirinha olhando em torno, curioso com tudo o que via. Denise trouxe o material pedido, colocando tudo na mesinha diante dele. Luizinho se pôs a examinar os livros e brinquedos. No entanto, entediado, logo se desinteressou. Olhando em torno, viu os livros na estante e aproximou-se, curioso.

Valéria e Denise, que fingiam trabalhar, mas que na verdade não o perdiam de vista, o observavam disfarçadamente. Luizinho olhou um por um os grandes livros encadernados, até que um deles atraiu mais sua atenção. Puxou o volume com dificuldade, pois ele era pequeno, e o livro, muito pesado; depois o colocou sobre a pequena mesa e sentou-se na cadeira. Abriu o livro, e seus olhos se arregalaram de espanto, como se tivesse encontrado um tesouro; virava as páginas e observava tudo, encantado; às vezes balançava a cabeça, como se tivesse entendido e concordado com o que via nas gravuras ou com o que estava escrito. Até que, de repente, ele parou. Valéria trocou um olhar com Denise, e ficaram em alerta.

— Oh! É ele mesmo! Galileo Galilei — o menino falou com entusiasmo.

Elas voltaram a se olhar, surpresas, sem dizer uma palavra. Luizinho balançou a cabeça, concordando com alguma coisa, e falou:

— Lembro-me muito bem dele. Era valente e não se curvava ante as opiniões diferentes das suas. Galileo era muito inteligente e estudava o espaço e os astros. O maior entendido em astronomia que já conheci.

Como Luizinho levantou a cabeça e viu que elas estavam ouvindo o que ele dizia, Valéria mostrou interesse:

— Sobre o que você está falando?

— Sobre Galileo Galilei, ora essa! Eu o conheci pessoalmente. Era um grande estudioso do espaço. No entanto, sua teoria era contrária à da época, e, por essa razão, ele foi perseguido pela Igreja, que não admitia ser contestada. Imaginem! Naquela época, a teoria astronômica aceita era que o planeta Terra era o centro do Universo e que o Sol gravitava em torno da Terra. Como Galileo defendesse teoria diferente, mostrando que era a Terra e os outros planetas que giravam em torno do Sol, teoria já conhecida como o sistema heliocêntrico de Copérnico, ele foi preso e condenado a morrer numa fogueira. Para preservar a vida, Galileo foi obrigado a retratar-se, uma vez que julgou melhor conservar a vida e continuar estudando, pois ele tinha certeza de que não estava distante a época em que o heliocentrismo seria reconhecido como verdadeiro. Aqueles eram tempos difíceis, de muita ignorância, e seriam precisos séculos para que os estudiosos pudessem, finalmente, lhe dar razão.

Elas estavam de boca aberta e o ouviam interessadas. Valéria, que mostrava sua perplexidade em virtude do que ele estava falando, quis saber mais:

— Muito interessante. Você disse séculos? Em que época aconteceu tudo isso que você está nos contando?

— No século 16. Morávamos na mesma cidade, Pisa, e a casa dele era perto da minha. Como fosse mais velho, ele me ensinou muitas coisas. Éramos amigos e, quando nos encontraram juntos, se não fosse ele ter-me defendido do Santo Ofício, eu também, embora bem mais jovem, teria sido julgado pelo Tribunal da Inquisição. Depois, meu pai resolveu mudar para outra cidade, e nunca mais vi Galileo.

—Tenho curiosidade de saber. Como era Galileu? — indagou Denise, para incentivá-lo a continuar falando.

— Galileo era uma pessoa simples, bem-humorada e muito inteligente. Passávamos horas conversando a olhar o céu estrelado. Ele ensinava-me, dizendo que os pontos de luz que víamos no espaço eram outros tantos astros: planetas, estrelas, sóis! E afirmava a grandeza de Deus, pois nenhum homem jamais poderia ter criado o Universo.

Valéria e Denise ouviam maravilhadas as palavras do menino! Quando Luizinho falou sobre a grandeza de Deus como criador do Universo, elas se emocionaram até as lágrimas. Como ele se calara, a diretora voltou a perguntar, tentando obter mais informações:

— Como você pode saber dessas coisas, Luizinho?

O garoto, que examinava o livro, ergueu os olhos e indagou:

— Que coisas, tia Valéria?

Ao tirar os olhos do livro e fixá-los na diretora, a expressão, o olhar, as maneiras dele voltaram a ser as de uma criança de cinco anos. Entediado, Luizinho quis saber o que ela queria falar com ele e concluiu com uma careta:

— É que quero brincar com meus amigos, tia Valéria! Posso ir agora?

Ela chegou até perto dele e, dando-lhe um abraço, disse:

— Pode sim, Luizinho. Outra hora converso com você, está bem?

O garoto abriu a porta e saiu correndo da sala sem olhar para trás. E as duas professoras ficaram paradas, sem coragem de falar, com medo de quebrar o encanto.

Em lágrimas, Valéria comentou:

— Denise, este foi o fato mais importante de que já tive oportunidade de participar. Agradeço a Deus por isso!

— Fantástico! — exclamou Denise, completando: — Você tem razão. Mas, como pode acontecer esse tipo de coisa? Ele não estava mentindo! Nem tem idade para saber sobre o assunto que falou. Imagine! Ele disse que conheceu Galileu Galilei! Estou pasma...

A diretora, sempre séria e controlada, lembrou:

— Denise, minha querida, peço-lhe para não comentar com ninguém o que vimos e ouvimos aqui, certo?

— Nem precisava me pedir isso, Valéria. Acredito que isso deve ser mantido em segredo por nós, pelo menos até entendermos o que aconteceu, como, por que e qual a razão de essas coisas acontecerem. Aliás, jamais acreditei em fenômenos assim! Mas agora, curvo-me à realidade dos fatos. Um garotinho de apenas cinco anos não poderia inventar essa história, nem falar de personagens que existiram num passado remoto.

— Tem razão, Denise. Estou sem chão. Não vou conseguir trabalhar mais hoje. Mas... Por que será que ele mudou de repente?!

— Não sei. Tudo estava caminhando tão bem! Eu estava adorando vê-lo falar como um homenzinho. Definitivamente, não era o Luizinho que conhecemos! Notou a maneira como ele passava a mão nos cabelos, os gestos, a expressão? Parecia mesmo um adulto!

Nesse instante, ouvindo-a falar, Valéria sentiu que sua mente se abria. Arregalou os olhos e, balançando a cabeça, afirmou:

— Denise! Acho que entendi por que ele mudou de súbito! Lembra-se do que eu disse quando ele mudou, voltando a ser criança?

— Mais ou menos. Você perguntou como ele sabia dessas coisas, ou algo parecido.

— Isso mesmo! Acho que matei a charada. Perguntei a ele: "como você pode saber dessas coisas, Luizinho?".

— Sim, foi o que eu disse, Valéria! — exclamou a outra.

— Não. O sentido é o mesmo, mas uma das palavras usadas foi diferente. Eu disse o nome dele: "Luizinho"! Isso o fez voltar ao momento atual, entende? Ao menino cujo nome é Luizinho e que tem cinco anos de idade!

— Sim, Valéria! Tem toda a razão! Quando ele ouviu o nome, perdeu a ligação "com o que quer que fosse" e voltou para o aqui e o agora. Curioso! Cada vez mais interessante. Onde será que isso vai dar? Precisamos de alguém que nos ajude, Valéria.

— Sem dúvida. Mas quem?... Melhor sairmos para almoçar e espairecer — disse Valéria, olhando o relógio de pulso.

— Concordo. Então, vou ver se está tudo em ordem na turma do Luizinho e saímos. As aulas estão terminando mesmo.

Denise ficou observando as crianças sem ser notada. Haviam terminado a atividade de pintura que estavam fazendo e limpavam as mãos na pia. Luizinho brincava com uma garota e davam risada. Mais tranquila, ela foi até sua sala, pegou a bolsa e rumou para o estacionamento.

Quase na mesma hora, Valéria também saiu da escola, pensando em onde almoçar. Resolveu ir ao mesmo restaurante em que, de vez em quando, se encontrava com Celeste. Sempre era alguém com quem podia falar desses assuntos e que dava boas sugestões.

Chegando ao restaurante, o italiano, proprietário, estava no caixa e não deixou de cumprimentá-la efusivamente. Ele era muito engraçado e gostava de conversar com ela. Trocaram algumas palavras, que fizeram Valéria dar uma boa risada, como sempre. Enquanto isso, ela olhava o salão, quase lotado àquela hora, e viu Celeste; respirou aliviada, encaminhando-se para a mesa onde a amiga estava. Ao aproximar-se mais, porém, notou que ela estava acompanhada. Ao ver que era um homem, parou, tentando mudar de rumo para não estragar o encontro da amiga, quando Celeste a viu e lhe acenou, toda sorridente.

Não dava mais para escapar. Valéria se aproximou e cumprimentou a amiga. Depois, Celeste fez um gesto, para apresentá-la ao seu acompanhante. Nesse instante, Valéria estendeu a mão e só então olhou para o cavalheiro. Levou um susto: era o médico que visitara com sua amiga Carla!

— Valéria, conhece Maurício? Maurício, esta é Valéria, uma amiga querida!

Ele se levantara, e ela apertou-lhe a mão estendida, com um sorriso.

— Como vai, dr. Maurício? Lembra-se de mim? Fui com uma amiga...

— Claro que me lembro! Como poderia esquecê-la, Valéria? Sente-se, por gentileza.

— Desculpem-me. Não quero atrapalhar o almoço de vocês...

Celeste entendeu e sorriu, tranquilizando-a:

— Por favor, Valéria, sente-se conosco. Maurício é apenas um bom amigo.

— Bem... Se não vou incomodar, agradeço o convite. Realmente, hoje o salão está repleto.

Escolheram os pratos e depois se puseram a conversar. Celeste contou ao amigo que Valéria e ela sempre se encontravam nesse mesmo lugar para almoçar, trocando ideias. Maurício observava as duas conversando e, em certo momento, indagou:

— E sua amiga, ainda quer fazer plástica?

— Carla? — perguntou Valéria rindo. — Confesso que não sei, doutor Maurício. Tenho estado tão ocupada com meus problemas na escola que não falei mais com ela. Espero que tenha desistido dessa ideia absurda!

Depois, virando-se para Celeste, Valéria contou-lhe sobre o dia em que acompanhara Carla até o consultório do médico e ele lhe tirara a expectativa de fazer a cirurgia.

— Fiquei com muita vergonha, acreditem.

— Bem, lamento, porém fui coerente com meus princípios! Perdi uma cliente, mas não poderia aceitar-lhe o pedido. Tão jovem e bonita, não tem sentido fazer plástica!

Celeste, que estava espantada com o que ouvira, comentou surpresa:

— Eu conheço Carla, embora não sejamos amigas de verdade, e sei como ela é voluntariosa. Não aceita um não como resposta, não é, Valéria?

— Sem dúvida, Celeste. Mas Carla é boa pessoa, apenas um pouco imatura. Como somos de famílias amigas há longo tempo, nosso relacionamento é mais chegado. Sinto que ela precisa bastante de ajuda e, se quem puder ajudar se recusar a fazê-lo, ela ficará à mercê de si mesma, visto que sua família não reside nesta cidade.

— A propósito, Valéria! Quando entrou no meu consultório acompanhando Carla, notei que estava com cara de poucos amigos. Olhou-me de maneira tão estranha, que tive vontade de lhe perguntar o que estava acontecendo! — comentou o médico.

— Ah! Tem toda razão, Maurício! Quando entrei, eu o imaginei bem diferente. Você começou por pensar que "eu" fosse sua cliente, e não Carla!

— É verdade! Você é jovem, Valéria, porém Carla parece uma menina! — disse ele dando uma sonora risada, acompanhado pelas duas, que riram também.

Parando de rir, Valéria prosseguiu:

— Depois, a opinião que eu tinha de um cirurgião plástico era de que fosse um caçador de tesouros, vendo sempre nas mulheres novas vítimas para depenar, ou então uma caixa registradora!

Maurício e Celeste caíram na gargalhada, fazendo Valéria rir também.

— Olhe, nunca pensei que alguém me visse sob essa ótica tão... interessante!

— Desculpe-me, Maurício, mas era assim que eu pensava. Depois, você não aceitou fazer a cirurgia que Carla desejava, expôs seus motivos, e meu conceito sobre você mudou radicalmente. Vi que, na verdade, é um profissional sério, compenetrado dos seus deveres e consciente da sua função social, quando falou dos casos graves que atende, de pessoas com problemas muito sérios e incapacitantes. Saí dali com outra opinião a seu respeito, pode acreditar!

— Que bom! Já imaginou, Celeste, ser visto como uma máquina registradora?

Continuaram conversando até que o garçom trouxe os pratos. Começaram a almoçar, falando de assuntos atuais na mídia. Celeste contou uma história engraçada e riram bastante. O tempo passou, e eles nem perceberam. Após a sobremesa, estavam quase se despedindo, quando Celeste perguntou ao médico se iria ao centro naquela noite, ao que ele respondeu:

— Sim, Celeste! Pelo menos pretendo. A não ser que surja algum caso urgente e tenha de atender — respondeu ele com seriedade.

— Na sua especialidade é comum surgirem casos urgentes, Maurício? Imaginava seu dia todo programado — considerou Valéria.

Ao que o médico respondeu, sereno:

— Normalmente, você tem razão, Valéria. No entanto, não estou livre de ser procurado por pessoas que acabaram de sofrer acidentes graves e que precisam urgentemente de socorro médico, para aproveitar o que puder, uma vez que, nesses casos, o tempo é precioso. Certos casos não podem esperar uma vaga, têm de ser atendidos o mais rápido possível.

— Imagino! E ainda bem que podem contar com um profissional como você. Mas, também frequenta o centro espírita, Maurício? — indagou Valéria.

— Na medida do possível, sim. Quando tenho palestra, fico torcendo para que não surja alguma emergência. Porém os responsáveis já sabem que isso pode acontecer e deixam alguém preparado para me substituir, se houver necessidade. Bem, com licença.

O médico levantou-se e foi até o caixa, pagou a conta, depois, voltou e sentou-se. Olhando o relógio, Valéria viu que precisava voltar para a escola e ergueu-se, e os dois a acompanharam, pois também tinham o tempo contado.

Valéria dirigiu-se ao caixa, mas seu amigo disse que estava tudo certo. Elas agradeceram ao cavalheiro e dirigiram-se para o estacionamento. Celeste foi para um lado, despedindo-se dos amigos. Valéria e Maurício caminharam para o lado oposto e, chegando ao carro de Valéria, eles pararam para se despedir.

— Maurício, fiquei surpresa de saber que é espírita também, como Celeste.

— Sou de família espírita e, graças a Deus, tenho norteado minha existência por esses princípios, o que me faz muito bem, Valéria.

— Curioso, Maurício, que, quando nos encontramos pela primeira vez, no seu consultório, notei algo diferente em sua postura, mais ética, mais cheia de compaixão pelo próximo. Ah! Eu até que gostaria de me informar melhor sobre "esses assuntos do outro mundo", porém até agora não surgiu uma oportunidade... E bem que estou precisando!

— Se quiser, coloco-me à sua disposição para esclarecê-la, Valéria. Por que não aproveita a oportunidade e vai hoje ao centro? Posso passar em sua casa, se preferir.

Ela pensou um pouco, depois respondeu:

— Quem sabe? Talvez eu vá mesmo! Mas não precisa me buscar. Dê-me o endereço, e eu vou.

— Está bem. O endereço é este aqui — ele tirou um cartão do bolso, escreveu alguma coisa e entregou-o para Valéria, dizendo que a reunião começava às vinte horas. Valéria guardou o cartão e despediram-se afetuosamente. Antes de se afastar, o médico disse:

— Espero vê-la hoje em nossa casa espírita!

Ela acenou e saiu com o carro.

Durante toda a tarde, Valéria não conseguiu se esquecer do encontro absolutamente inesperado que tivera com o médico à hora do almoço. Passou o resto do dia pensando no convite que ele lhe fizera para ir à reunião.

"Será que eu vou?"

8

REENCONTRO

Chegando ao apartamento, Valéria resolveu:

"Eu vou à tal reunião. Não sei o que vou encontrar e posso até me arrepender. Todavia, seria muito interessante encontrar Maurício duas vezes no mesmo dia! Além disso, a oportunidade fascinante de conhecer algo tão... tão diferente quanto um centro espírita, é estimulante!", pensou ela, balançando os ombros.

Tomou um banho bem relaxante, escolheu com cuidado especial o traje que iria vestir, depois fez uma maquiagem que realçava seus olhos e sua boca, sem exageros. Em seguida, penteou os cabelos, sedosos e brilhantes, e calçou os sapatos; para finalizar, colocou uma gota do seu perfume favorito atrás das orelhas. Só então olhou no espelho. Sorriu satisfeita com o resultado. Pegou a bolsa, as chaves e saiu. Um rapaz que havia algum tempo se mostrava interessado nela, morador do andar de cima, estava no elevador. Ao vê-la, murmurou:

— Está linda, Valéria! Tem algum encontro hoje?

— Tenho. Um encontro com muitas pessoas. Vou a uma reunião.

— Ah! Ainda bem. Pensei que tivesse arranjado um namorado — disse ele.

Valéria ignorou o comentário. Nesse instante, o elevador parou na garagem, e eles desceram. Valéria ligou seu carro e saiu para a rua, bastante movimentada àquela hora. Olhou o endereço que o médico adicionara ao seu cartão e tomou o rumo indicado. Trinta minutos depois chegou à casa espírita. Estacionou e encaminhou-se à entrada. Sobre o pórtico, leu: Centro Espírita Mensageiros da Luz.

Naquele momento, várias pessoas entravam pela grande porta, aberta de par em par. Valéria também entrou e viu-se envolvida por um ambiente bem diferente daquele que esperava encontrar. Um amplo salão retangular, com fileiras de cadeiras, já parcialmente ocupadas por pessoas, que, quando conversavam, o faziam em voz baixa; outras se mantinham caladas, muitas de olhos fechados, como se pensativas. Ela escolheu um lugar, mais ao fundo, inconscientemente com a esperança de poder sair, discretamente, caso não gostasse do que iria ver e ouvir. Acomodada confortavelmente, ela pôde analisar melhor o ambiente. À frente, uma mesa retangular, com toalha branca; sobre ela, jarra de água cristalina, alguns copos e dois ou três livros; atrás da mesa, uma parede limpa. Melodia suave e envolvente tocava, certamente com o objetivo de serenar os frequentadores, predispondo-os à reflexão. À sua direita, ao fundo do salão, viu uma porta aberta que conduzia a uma livraria, conforme a placa afixada acima da porta, onde havia o movimento de pessoas que entravam e saíam.

Mais alguns minutos, às vinte horas em ponto, três pessoas, dois senhores e uma senhora se encaminharam à frente, colocando-se à mesa. Sua atenção fixou-se no senhor de cabelos brancos e sorriso simpático que se levantou e deu as boas-vindas aos presentes, convidando-os à oração, que foi feita pela senhora:

— Queridos amigos, que a paz de Jesus esteja conosco! Fechemos os nossos olhos, elevando os pensamentos ao Alto, em busca do amparo divino para nossa reunião, de modo que ela seja produtiva e esclarecedora, incentivando-nos ao estudo e à elevação moral que todos buscamos.

A voz mansa e clara prosseguiu falando, e Valéria, de olhos fechados, sentia-se entrar em um mundo diferente e leve. Por meio das palavras da senhora, que evocava Jesus, imagens vinham-lhe à mente, como se a presença do Mestre se fizesse presente, ali, àquela hora, e sentia que bênçãos se derramavam sobre o salão, alcançando o auditório, que ouvia enlevado. Quando terminou a oração, Valéria sentia-se outra pessoa.

Levantou-se o outro senhor, em quem Valéria, surpresa, somente naquele instante, reconheceu Maurício, com quem almoçara e que a convidara a vir ao centro. Aproximando-se do microfone, ele sorriu e começou a falar:

— Boa noite, meus irmãos! Nesta oportunidade, escolhi falar sobre a reencarnação, visto que muitas pessoas desconhecem o assunto, conforme tenho podido constatar.

Após essa introdução, o palestrante fez uma pausa, depois prosseguiu:

— Não ignoramos que somos todos espíritos imortais, criados por Deus, Pai Maior, para a evolução. No entanto, essa evolução, que se faz por meio do conhecimento e da moralidade, não se consegue senão após um tempo infinito. O Criador dotou-nos de vida imortal, porém o caminho a ser percorrido dependerá de cada um de nós. Desde épocas imemoriais, iniciando-se com os seres unicelulares, prosseguindo após eles, que geraram outras espécies por intermédio da miscigenação, e assim por diante, o percurso do ser imortal tem sido imenso. O aprendizado é produto dessas experiências, incansavelmente repetidas, em que o progresso se acentua cada vez mais, sempre em busca da evolução, passando pelo reino mineral, vegetal, animal, até chegar ao reino hominal, estágio da civilização terrena ao qual pertencemos. No entanto, mesmo na atualidade, encontramos pessoas que reagem diante de qualquer problema como seres primitivos, isto é, mais pelo instinto do que pela razão. Esse fato é observável quando alguém, ao ser agredido por outra pessoa, reage de maneira agressiva, brutal, demonstrando que está mais perto das cavernas que da nossa civilização do século 21.

As pessoas sorriram, e, fixando o olhar na assistência que o ouvia, interessada, ele prosseguiu:

— Por meio de tal processo, nesse ir e vir constante, ora estamos aqui, ora no mundo espiritual. Aprendemos aqui, aprendemos lá, fixando os conhecimentos e a moralidade, que é estágio nitidamente hominal. Então, a cada renascimento aqui na Terra, o espírito eterno aprende cada vez mais. Percebe que, ao causar o mal, encontra sofrimento, pela Lei de Causa e Efeito ou Lei de Ação e Reação, que é lei divina e que, como as demais, existe em todo o Universo. Desse modo, se faço o bem, recebo o bem e sinto satisfação, alegria, contentamento da alma. Se faço o mal, em contrapartida, recebo o mal e sofro; porém o pior de praticar o mal é sentir remorso, dor na consciência, que não nos permite paz enquanto não repararmos o erro cometido. Assim, o mal que causamos atinge mais a nós, os ofensores. Por essa razão, Jesus nos convidou ao exercício permanente do perdão. Determinada ocasião, o Mestre falava sobre o perdão, dizendo: "Se teu irmão pecar contra ti, vai argui-lo entre ti e ele somente; se te ouvir, ganhaste teu irmão". Então, aproximando-se Pedro, disse-lhe: "Senhor, quantas vezes meu irmão pecará contra mim e eu o perdoarei? Até sete vezes?". Jesus lhe diz: "Não te digo que até sete, mas até setenta vezes sete vezes"[2]. Isso significa que precisamos perdoar sempre para termos paz. Na vida, não raro, notamos essa realidade quando encontramos pessoas que, sem nos conhecer, não gostam de nós, e vice-versa, pois sentimos a mesma coisa contra alguém que vemos pela primeira vez, sem sabermos como justificar tal comportamento da nossa parte. A verdade é que não estamos nos conhecendo agora. O corpo é novo, mas o espírito é velho! Já viram crianças que rejeitam outras pessoas? Já viram casos de crianças que mostram grande conhecimento sobre qualquer coisa, que falam línguas estranhas, até línguas mortas? Pois hoje em dia é comum lermos sobre esse assunto. Crianças que pintam quadros belíssimos sem terem aprendido a pintar; que compõem músicas maravilhosas e tocam instrumentos, sem terem noção de composição ou aprendido algum instrumento? Sim! Isso tudo acontece! Porque o Espírito, ser imortal, conserva tudo o que aprendeu. Existe um "backup", isto é, um registro de tudo o que já vivemos, de todas as experiências que já passamos, de tudo o que aprendemos.

Valéria, perplexa, agora mais interessada, ouvia o que Maurício dizia, com o coração batendo forte, respiração acelerada, pensando:

"Meu Deus! Era tudo o que eu precisava para entender o que estamos vivenciando na escola! Parece que ele está falando para mim!" — reconhecia, emocionada até às lágrimas. "Encontrei! Encontrei! Este homem vai poder me dar todas as respostas que ando buscando!".

---

2. Mateus, 18: 15, 21 e 22. *O Novo Testamento*. Tradução de Haroldo Dutra Dias. 1. ed. São Paulo: Editora FEB, 2013.

— Mas não são apenas essas experiências que nos surgem na atualidade — continuou Maurício depois de pequena pausa para tomar um gole de água. — Muitas outras situações, até as que nos causam desconforto, desespero, problemas emocionais, surgindo, não raro, como doenças mentais de difícil solução nesta existência, que precisam de profissionais capacitados na área da psicologia, da psiquiatria, da psicopedagogia. Por quê? Espíritos renascem trazendo traumas de existências passadas, como uma morte violenta por queda em precipício, tiro, afogamento, asfixia em lugares fechados, incêndio, por exemplo. De repente, nesta existência, acabam deparando com esses traumas: não suportam lugares fechados, têm medo de altura, ou, à simples visão de armas de fogo, de facas, entram em pânico! Porque tudo o que está armazenado em nossos arquivos volta num átimo, gerando pavor, um medo que a pessoa não consegue entender nem explicar!

São irmãos nossos que precisam de muito carinho, de cuidados especiais, porque o medo que sentem é real. Utilizando-se de terapias psicológicas, psiquiátricas e espirituais, elas podem ter uma vida normal, mas sempre terão necessidade de cuidados especiais. Porém, a misericórdia de Deus é tão grande que nos permite nascer de novo para, em nova existência, nos recuperarmos dos danos que recebemos em existências anteriores. Só o amor vai poder reparar nossos erros, através da ajuda que possamos dar ao nosso próximo, na prática da caridade, da bondade, da paciência, da tolerância, da benevolência para com todos os nossos irmãos em humanidade."

Valéria ouvia aquelas palavras, procurando conservá-las no coração e na mente, sedenta de orientação, cheia de indagações íntimas. Sentia-se feliz de estar ali naquele ambiente tão propício à paz, à elevação dos sentimentos e dos pensamentos.

O palestrante continuou falando ainda algum tempo, porém Valéria, imersa em tudo o que ouvira e lhe interessara, não conseguia mais prestar atenção. Após a palestra, Maurício convidou todos a elevarem os pensamentos e agradecerem a Jesus pelas bênçãos recebidas. Após a prece, o dirigente da reunião avisou que iria começar o trabalho de aplicação de passes. Valéria, que não tinha conhecimento do que iria acontecer, prestou atenção e notou que uma jovem foi chamando as pessoas para se dirigirem a uma sala ao lado, enquanto a música voltava a envolver o ambiente.

Quando chegou sua vez, Valéria entrou no cômodo, mantido em penumbra. Dentro dele, havia uma fileira de cadeiras, onde todos, por sua vez, foram se sentando. Encostado à parede, outro tanto de pessoas mantinha-se de olhos fechados, como se em oração. Alguém se aproximou de Valéria, estendeu as mãos sobre a cabeça dela e passou a aplicar-lhe energias através das mãos, o que eles chamavam de passe. Após alguns minutos, os aplicadores de passe se afastaram, e todos se levantaram. Do lado de fora, um rapaz oferecia copinhos com água, que ela ficou sabendo depois ser "água fluidificada", isto é, água magnetizada que, ingerida, traria bem-estar para quem a tomasse. Essas explicações lhe foram dadas depois por Maurício. Achou interessante, embora sem saber o que isso significava realmente.

Valéria tomou a água e caminhou a esmo pelo salão. A reunião havia terminado. Olhou em torno procurando Maurício, porém não o viu. Então, resolveu visitar a livraria para ver se encontrava algum livro interessante para ler. Ficou surpresa com a quantidade de títulos que havia ali. De repente, sentiu alguém tocar em seus ombros e virou-se. Era Maurício.

— Fiquei muito feliz ao vê-la aqui, Valéria — disse ele, dando-lhe um abraço.

Contente como nunca estivera em sua vida, ela considerou comovida:

— Eu também, Maurício. Não pode imaginar o bem que me fez assistir à sua palestra! Era tudo o que eu precisava ouvir, acredite.

Olhando para Valéria, Maurício tentava entender o porquê daquelas palavras.

— Estou à sua disposição, se você precisar, Valéria. Pelo jeito, precisa de informações a respeito desse assunto. Algo está acontecendo com você? — perguntou, delicadamente.

Valéria sorriu, balançando a cabeça em negativa:

— Não, Maurício. Aliás, até há pouco tempo, não imaginava que iria ver casos assim. Tenho problemas sim, porém é na minha escola, com um aluno de cinco anos.

— Interessante — murmurou ele, levantando as sobrancelhas, num gesto característico seu. — Que tal irmos conversar em algum lugar mais tranquilo? A não ser que queira ver livros.

— Adoro livrarias. E como não conheço nada sobre Espiritismo, gostaria de dar uma olhada, se não se incomodar. Depois, se quiser conversar, eu agradeceria.

— Ótimo! Então, vou lhe mostrar algumas obras que são bem interessantes. Duas que são fundamentais e tenho certeza de que irá precisar, já peguei para você: *O Evangelho Segundo o Espiritismo* e *O Livro dos Espíritos*, ambos de Allan Kardec, o codificador da Doutrina Espírita.

— Ah! Que gentileza, Maurício! Então, hoje não vou precisar de mais nada, se já tenho dois livros novos para ler. Assim, creio que podemos sair para conversar.

— Excelente. O que acha de irmos até um local tranquilo? Conheço uma pizzaria que é excelente, onde podemos ir para bater um papo descontraído.

— Aceito, obrigada. Como estou com meu carro, irei atrás de você.

Nisso, surgiu Celeste, sorridente:

— Pensei que não iria conseguir lhe dar um abraço, Valéria! Com tanta gente, julguei que tivesse indo embora. Gostou da reunião? — perguntou, abraçando-a.

— Muito! Foi bem melhor do que eu esperava, Celeste.

— Vamos para uma pizzaria conversar. Quer ir conosco, Celeste? — convidou o médico.

Um tanto contrafeita, Celeste agradeceu, porém não aceitou:

— Tenho serviço para fazer hoje. Quem sabe em outra ocasião?

Eles se despediram de Celeste e caminharam para a rua, onde haviam deixado os carros. Logo estavam rumo à pizzaria que Maurício sugerira.

Lá chegando, como o médico fosse cliente especial, pediu uma mesa em lugar mais reservado, e o garçom levou-os para uma sala pequena, onde eles ficariam bem acomodados. Após fazer o pedido, o garçom deixou-os a sós, e eles trocaram um olhar. Ambos estavam contentes.

— Valéria, agora que estamos sozinhos, diga-me: o que está acontecendo na sua escola?

Ela respirou fundo, pensando em como começar.

— Bem. Vou lhe contar. Temos um aluno chamado Luizinho, que, de algum tempo para cá, começou a demonstrar um comportamento diferente.

— Diferente como? Ele fica agressivo?

— Não! Ele é um adorável garoto de cinco anos! Sempre foi bom aluno, nunca criou problemas com ninguém. Certa vez, quando cheguei à escola, aliás, exatamente no dia em que fui ao seu consultório, vieram me contar que esse menino havia tido um problema na sala de aula. Então...

Valéria contou tudo o que tinha acontecido com Luizinho, até a ocasião em que ele ficara na diretoria com ela e Denise, sua vice-diretora, sem esquecer o que a mãe de Luizinho lhe contara no supermercado sobre o filho.

Maurício ouvia atento e interessado o relato de Valéria. Quando o garçom voltou com a pizza, eles interromperam a conversa. O garçom os serviu, e eles começaram a comer, calados.

— Você tinha razão, Maurício. A pizza é excelente! Crocante e, ao mesmo tempo, suculenta.

— Ainda bem que você gostou, Valéria. Mas, voltando ao garoto, como foi que ele mudou repentinamente, nessa última vez? Notou algo diferente nele?

— Não, Maurício. A única diferença que notei é que, ao perguntar a ele como sabia tudo aquilo, eu o chamei pelo nome!

— Ah! Entendi. Ele perdeu a conexão com as lembranças do passado, retornando ao presente.

— Exatamente. Depois, eu não conseguia me perdoar pela falha cometida. Também, jamais tivera experiência igual!

— Isso mesmo, Valéria. Mas não se culpe. No terreno das experiências, tudo acontece dessa forma mesmo, por tentativas de erro e acerto. Não há outro jeito, até aprendermos a lidar com o problema.

— Que coisa fantástica! Nunca imaginei que viveria uma experiência dessas! Estou fascinada e ansiosa para entender o assunto. Ainda bem que você surgiu em minha vida, Maurício. Obrigada.

Ele sorriu ternamente, concordando:

— Ainda bem que encontrei você, Valéria! Não imagina o quanto desejei revê-la, depois daquela sua ida ao consultório com Carla.

— Mesmo depois do que eu disse a seu respeito?

Maurício fez-se de pensativo e sugeriu:

— O que foi mesmo que você disse? Que eu era um caçador de tesouros, máquina registradora... Mais alguma coisa?

Vermelha como um pimentão, Valéria sorriu dizendo:

— Você não vai me perdoar por isso, Maurício? Peço-lhe desculpas!

— Será que vou perdoar? Bem, como cristão e espírita, sei que preciso perdoar. Vamos ver! Vou pensar no assunto.

Ela estendeu a mão para ele, murmurando:

— Amigos?

Ele tomou a mão dela na sua, apertando-a:

— Amigos. Por enquanto.

9
NOVO CASO

Contentes por estarem juntos, Valéria e Maurício conversaram até tarde, encontrando vários interesses em comum, descobrindo que pensavam da mesma maneira sobre muitas coisas. Era meia-noite quando Valéria se assustou, olhando o relógio:

— Amanhã não vou conseguir acordar cedo! Creio que é hora de ir embora.

Maurício olhou para ela compreendendo a situação, embora sem vontade de se separar da jovem.

— É pena! Quem sabe podemos marcar outro dia para sairmos e conversarmos sobre o garoto?

— Sim, certamente. Eu gostaria muito! Aliás, preciso mesmo de ajuda e, pelo que pude notar, você é a pessoa ideal para dar-me esclarecimentos de como tratar o assunto.

— Pois pode contar comigo! Sempre que precisar, estarei à sua disposição. Se for possível, gostaria de conhecê-lo. Mas, mesmo quando não puder estar junto de você, por problemas profissionais, passarei as instruções de como deve agir. Certo?

— Certo. Sinto-me mais confiante agora. E que interessante, Maurício, eu ir ao centro exatamente no dia em que você iria falar e o assunto que escolheu! É inacreditável!

— Nada acontece por acaso, Valéria. Certamente você tem amigos espirituais que conhecem suas preocupações e que trabalharam para que você fosse ao centro hoje!

Valéria olhou-o surpresa, sem entender direito.

— Você quer dizer que "me levaram" ao centro hoje?

— Tem uma explicação melhor? No dia a dia, o que acontece quando queremos ajudar alguém? Não procuramos acertar a melhor maneira para isso?

Valéria concordou com um movimento de cabeça. Maurício prosseguiu:

— Então, acha que os "amigos espirituais" que se preocupam conosco agiriam diferente? E não me refiro apenas a você, propriamente, mas também ao garoto, que precisa de ajuda.

— Faz sentido! Porém nunca pensei dessa maneira sobre esse assunto!

— É bom começar a pensar. Outra coisa, quando acontecer novamente de não saber como agir, faça uma oração pedindo o auxílio de Jesus ou de seus amigos espirituais. Você se surpreenderá, pode crer.

Eles haviam saído do restaurante e conversavam no estacionamento, calmo àquele horário. Valéria, diante do avançado da hora, despediu-se de Maurício, agradecendo-lhe pela assistência que lhe dera.

Ele a abraçou, repetindo:

— Já lhe disse e é pra valer. Quando precisar, disponha de mim. Até outro dia! Adorei conversar com você, Valéria. Podemos marcar outro encontro...

— Por certo. Quem sabe na próxima reunião?

— Ótimo! Você deu-me novas esperanças.

Valéria deu uma risada e ligou o carro, enquanto Maurício acenava em despedida. Ambos sentiam-se felizes por terem estado juntos naquela noite.

Chegando ao seu apartamento, Valéria tentou dormir, mas não conseguia. A imagem de Maurício não saía da sua cabeça. Esperaria com ansiedade a próxima reunião, para revê-lo.

Era madrugada quando conseguiu adormecer. Ficaria bastante surpresa se soubesse que o mesmo havia acontecido com o médico, que não conseguia tirá-la do pensamento, cogitando uma maneira de revê-la o mais rápido possível. De repente, ele bateu a mão na testa, falando sozinho:

"Mas como fui esquecer! Comprei os livros para ela e me esqueci de entregá-los! Que ótimo! Assim, terei uma desculpa para levá-los!"

Após tomar essa decisão, com um sorriso, Maurício fechou os olhos e logo estava dormindo.

Na manhã seguinte, logo cedo, Valéria recebeu um telefonema muito inesperado.

— Alô? Quem? Maurício?!

— Bom dia, Valéria! Conversamos tanto ontem que me esqueci de lhe entregar os livros!

— Ah! É verdade! Também não me lembrei. Que pena!

— Olhe, posso levar em seu apartamento hoje, se você quiser. Não será problema nenhum, pois logo hoje tenho horários vagos em minha agenda e vou para a academia que frequento, perto do seu endereço.

— Que bom! Mas, tenho outra sugestão. Se você tem algum tempo livre, faço-lhe um convite. Gostaria de conhecer minha escola? Seria uma oportunidade de ver Luizinho, sobre o qual lhe falei.

— Ótimo! Estou interessado no garoto. Qual o melhor horário, Valéria?

— Pode ser de manhã ou à tarde, pois ele fica o dia inteiro na escola, Maurício.

— Irei à tarde, então. Onde fica a escola?

Valéria passou-lhe ambos os endereços, do seu apartamento e da escola. Estava satisfeita pela oportunidade de revê-lo e também por poder apresentá-lo a Luizinho.

A manhã passou rápida. Após o almoço, vieram avisá-la de que um médico a procurava. Com amplo sorriso ela levantou-se e foi recebê-lo à porta.

— Valéria, que prazer revê-la! Como estão as coisas por aqui? Tudo bem?

— Refere-se ao Luizinho? Estão tranquilas hoje, graças a Deus! Mas sente-se, Maurício — disse indicando-lhe uma cadeira.

O visitante demonstrou a surpresa que foi para ele conhecer a escola.

— Localização muito boa, excelente espaço... Parabéns! Gostei bastante, Valéria!

Ela balançou a cabeça, considerando:

— Não posso me queixar, Maurício. Temos muitos alunos e professores dedicados. Quer conhecer a escola?

O médico aceitou e caminharam juntos pelo corredor, enquanto a diretora mostrava as instalações, as salas de aula, o pátio, a quadra de esportes, o refeitório e tudo o mais que ali existia para bem-estar dos alunos.

— Excelente, Valéria! Adorei. Se tivesse um filho, colocaria aqui sem problema. Pena que não tenho.

Valéria corou, dando uma risada:

— Ah! Mas certamente o terá algum dia! Vamos tomar um café na lanchonete, aproveitando que está tudo calmo, com os alunos em aula.

Sentaram-se a uma mesinha, e a garçonete veio trazer-lhes os cafés, que eles tomaram conversando animadamente.

De repente, ouviram um barulho, gritos de crianças que choravam. Valéria ergueu-se, preocupada. Nesse momento, Denise veio avisá-la de que uma aluna havia batido num colega.

— Quem? — indagou Valéria.

— Sofia! Sempre tão calma, risonha e amiga de todos!

— Não pode ser. Vamos ver o que está acontecendo, Maurício. Quer nos acompanhar?

— Claro. Se puder ajudar...

A garota e o menino agredido estavam na enfermaria. Uma assistente preparava-se para fazer curativo no garoto, que chorava bastante. Valéria ficou sabendo que Sofia atingira o menino com um compasso, usando a parte mais aguçada, ferindo bem o rosto dele.

Com delicadeza, ela aproximou-se de Sofia e perguntou:

— O que houve, Sofia? Ele brigou com você?

— Não! Fiquei com raiva dele e por isso o machuquei!

— Mas você é tão calma, Sofia! Por que ficou com raiva dele?

— Não sei, Valéria! De repente, senti vontade de machucá-lo! Mas eu gosto do Marcelo! Estou arrependida, mas agora já fiz! Que coisa horrível! E agora?!

Maurício aproximou-se da garota e perguntou:

— O que você sentiu antes, Sofia? Disse que sentiu raiva dele. Só isso?

A menina pensou um pouco e respondeu:

— Não sei o que aconteceu, mas senti como se eu fosse um homem e tivesse raiva do Marcelo!

Valéria trocou um olhar com Maurício, que lhe fez um sinal para conversarem um pouco afastados.

— Maurício, é outro problema como o do Luizinho?

— Não, Valéria. O Luizinho passa por uma regressão de memória, que acontece esporadicamente. No caso de Sofia, ela sentiu a presença de outro espírito, que tem raiva de Marcelo e, de alguma forma, notando que ela é dotada de mediunidade, aproveitou-se disso e agrediu o garoto.

Valéria levou a mão à cabeça, incapaz de acreditar que estaria a braços com outro tipo de problema.

— E agora, o que faço, Maurício?

— Precisa conversar com a mãe de Sofia e explicar-lhe o que aconteceu hoje na escola. E tem mais, sabe que tem de conversar com a mãe do garoto, o Marcelo.

— Mas não sei o que dizer a elas!

— Vou ajudá-la, não se preocupe. Veja, novamente aconteceu de você receber ajuda em momento difícil, entendeu?

— Quer dizer que não é por acaso que você está aqui na escola hoje?

— Exatamente. É ajuda do Alto que você está recebendo. Provavelmente, sabendo do que iria acontecer aqui, me intuíram a vir hoje.

Valéria estava pasma, porém começava a acreditar que ele tinha razão. Novamente perguntou:

— E agora, o que faço? Sou pedagoga, não espírita. Como lidar com esses problemas, Maurício?

— Não se aflija. Tudo pode ser resolvido com paciência e amor. A mãe dessa menina precisa ser orientada para saber também como agir. Aliás, creio que a mãe dela sabe que a filha está sujeita a episódios como esse que aconteceu aqui, hoje. Mande chamá-la. Ficarei aqui e vou ajudá-la a conversar com ela.

Denise ouviu o que o médico disse e telefonou para a mãe de Sofia, que se prontificou a ir imediatamente. Como não morasse longe, quinze minutos depois ela entrava na escola, sendo encaminhada para a diretoria. Cumprimentou a diretora e o médico que ali estavam, indagando logo por que fora chamada.

— Dolores — esclareceu Valéria —, sua filha agrediu um colega com o compasso. Ele está com o rosto machucado, mas está bem. Sofia tem atitudes assim em casa?

— Meu Deus, que horror! — exclamou a mãe, levando as mãos ao rosto, assustada. — Preciso ver minha filha.

— Sofia está bem e age como se nada tivesse acontecido. Responda-me: sua filha tem tido atitudes agressivas assim em casa?

A mãe baixou a cabeça, envergonhada e chorosa:

— Confesso que ela teve, algumas vezes, atitudes parecidas. Houve um dia que ela agrediu o irmão. Porém, quando fui falar sobre o assunto, cobrando-lhe pelo que tinha feito ao irmão mais novo, ela respondeu que não tinha feito nada! Até chorou ao ver o irmão com marcas de unhas no braço, mas não admitiu tê-lo machucado. Não entendo!

Valéria olhou para Maurício, que entendeu:

— Minha senhora — falou Maurício —, sua filha realmente não deve saber que agrediu alguém. É um fenômeno que pode acontecer em determinadas circunstâncias.

— Como assim, doutor? Que circunstâncias?

— Pode acontecer que um espírito esteja agindo por intermédio de Sofia. Entendeu?

— Minha filha está ficando louca? — perguntou a mãe, de olhos arregalados.

— Acalme-se. Não, sua filha não está ficando louca, fique tranquila. A senhora já ouviu falar de Espiritismo?

— Já, doutor, mas não sei nada a respeito. Tenho até medo de saber!

— Relaxe. Vou lhe explicar. Todos nós somos espíritos imortais e, ao morrer, continuamos vivendo numa outra realidade, ou seja, em outra dimensão.

— Sim, como católica acredito que todas as almas irão para um lugar determinado, que pode ser o céu, o inferno ou o purgatório. Não é isso?

— Pois é. No entanto, essa separação em lugares definitivos, para onde as almas vão após a morte, não demonstra a bondade de Deus? Pense: se a senhora fosse Deus e visse seus filhos sofrendo, não daria a eles outras oportunidades?

— Já pensei sobre isso. O que vai acontecer se todas as almas ficarem habitando os mesmos lugares para sempre? Se for no céu, tudo bem. Mas... E os que vão para o inferno ou o purgatório, sofrerão para sempre sem a bênção divina de receber uma vida melhor?

Maurício trocou um olhar com Valéria como se dissesse: "não lhe falei?", depois se dirigiu à mãe:

— Exatamente, a senhora pensou muito bem. Então nós, que somos espíritas, temos outra maneira de pensar. Acreditamos que aqueles que morrem vão para o mundo espiritual e colherão as bênçãos ou os sofrimentos a que fazem jus. Porém esse estado é passageiro, pois Deus lhes dará outras oportunidades de voltar à Terra, renascendo em novos corpos e procurando agir melhor desta vez. Entendeu?

— Sim. Mas o que tem isso a ver com minha filha?

— Acreditamos que esses espíritos também estão aqui na Terra e agem por intermédio de pessoas que têm mediunidade, isto é, a capacidade de sentir os espíritos e deixá-los falarem ou agirem por elas.

— Sofia está endemoniada?! — perguntou a mãe, apavorada.

— Não, fique tranquila. Porém, ela precisa de sua ajuda.

— O que posso fazer por ela, doutor? Tenho pensado muito sobre isso. Ela já teve outros problemas, até com vizinhos!

— Ore com Sofia todos os dias, pedindo a Jesus que a ampare. Também deve levá-la a um centro espírita para passar por assistência espiritual. A senhora fará isso?

— Sim, doutor. Pela minha filha faço tudo o que precisar. Mas não sei aonde levá-la.

— Tem uma casa espírita bem orientada que frequento, e também a Valéria. Vou passar-lhe o endereço e os dias que pode levá-la para receber orientação. Depois, se desejar, sua filha poderá frequentar aulas de moral cristã, numa turma especial para a faixa etária dela. Assim, Sofia vai ficar mais equilibrada, tenha certeza.

A senhora despediu-se e, como já estivesse quase acabando o horário das aulas, levou a filha para casa. Pouco depois, chegou uma senhora afobada, e Valéria explicou em voz baixa ao médico:

— É a mãe do garoto agredido.

Depois, mais alto, disse:

— Boa tarde, Meire!

— Boa tarde, Valéria!

Ao ver o filho naquelas condições, a mãe gritou apavorada:

— O que fizeram com meu filho?!

Valéria, acompanhada de Maurício, levou-a para a sala da diretoria, onde explicou, após pedir-lhe que se sentasse:

— Meire, o Marcelo foi agredido por uma menina, mas já está tudo resolvido. Ela não fez por querer, estava muito nervosa; quando viu, já o tinha machucado.

— Fique tranquila, minha senhora — disse Maurício. — Sou médico e atendi seu filho pessoalmente. Foram machucados superficiais, que não deixarão marcas, pode acreditar. Agora, apenas trate bem do Marcelo, que não teve culpa no ocorrido.

Ao ver a mãe sair mais animada, Valéria trocou um olhar com Maurício, como se dissesse "não sei o que faria aqui hoje sem você". Ele entendeu e abraçou-a, contente por tê-la ajudado a resolver assuntos tão espinhosos naquele dia.

Depois, olhando para o relógio, ele despediu-se:

— Tenho uma consulta daqui a meia hora. Porém, não se preocupe, prometo auxiliá-la no aprendizado do Espiritismo, que nos ajuda tanto a explicar e compreender o que acontece ao nosso redor.

— O que eu faria sem você, Maurício?

— Tenha confiança! Não entendeu ainda que tem generosos amigos de Mais Além a ajudá-la? Você precisa de coragem e fé, querida!

Despediram-se. Valéria agora sentia que não poderia viver sem ele, tal a confiança que depositava naquele homem que até bem pouco tempo nem conhecia.

Sozinha na sala, respirando aliviada após o tumulto do dia, ela se lembrou dos livros:

— E não é que Maurício esqueceu novamente de me entregar os livros?

Depois, refletindo no dia que tivera, pensou:

"Uma coisa é certa. Aprendi que preciso orar mais. Quem diria!".

10
A VISITA

Terminado o horário escolar, Valéria saiu do colégio e pegou o carro no estacionamento. Sentia-se exausta, porém em paz. Entrando em casa, jogou os sapatos no meio da sala e, deixando a bolsa numa poltrona, estirou-se no sofá fechando os olhos.

— Que dia! — murmurou para si. — Ainda bem que acabou.

Respirando profundamente, aproveitava esses momentos de paz, quando o interfone tocou. Estendeu a mão e alcançou-o, tirando-o do gancho.

— Sim?

Valéria arregalou os olhos, espantada:

— Um amigo meu? Mande subir! — disse ao porteiro.

Ela ergueu-se e foi abrir a porta. Bem a tempo. O elevador estava chegando. Ao ver o sorriso no rosto do médico, ela balançou a cabeça, sem poder acreditar, e recebeu-o com um comentário meio irônico:

— Deixe ver se acerto. Quase não nos vimos hoje! Você estava com saudade e não poderia ficar mais tempo sem me ver, é isso?

Maurício deu uma gargalhada, concordando:

— Exatamente! Além da saudade, achei que você estaria muito exausta para sair e comer alguma coisa, então tomei a liberdade de trazer uma pizza para comermos juntos. O que acha?

— Excelente ideia, meu amigo. Por favor, entre!

Maurício olhou para a sala, viu os sapatos jogados e a expressão sonolenta de Valéria, de quem estava cochilando e fora interrompida.

— Atrapalho?

Valéria riu, achando graça:

— Claro que não! Além disso, você me deve dois livros, lembra-se?

— Claro! Estão aqui debaixo do meu braço! — disse ele, tirando-os e colocando-os sobre a mesa, juntamente com a caixa de pizza.

— Que bom! Obrigada, Maurício. Estava ansiosa por começar a lê-los.

Vendo o rapaz ainda de pé, desculpou-se:

— Perdoe-me! Por favor, sente-se, Maurício. Como deve ter notado, eu estava cochilando aqui no sofá. Para acordar bem, sinto necessidade de um banho. Voltarei em cinco minutos, tudo bem? Depois, arrumarei a mesa para nós.

— Fique tranquila. Não irei embora. Vou apreciar a vista desta varandinha.

Após o banho, Valéria se arrumou e voltou para a sala. Ao vê-la sem maquiagem, com os cabelos molhados, o rapaz comentou, enquanto ela colocava uma toalha na mesa e pegava os pratos, copos e talheres:

— Você é ainda mais bonita ao natural.

— Vindo de você, entendido no assunto, é um tremendo elogio, Maurício.

— É que as mulheres sempre querem mudar a natureza, e Deus sabe muito bem o que faz e como faz. Claro que tem casos em que uma ajuda extra é interessante e vem a calhar, sem dúvida.

— Imagino. Bem, a mesa está pronta. Sente-se, por favor! O que quer beber? Tenho sucos e refrigerantes.

Ele acomodou-se, preferindo um suco de laranja e já se servindo. Valéria colocou no prato dele uma fatia da pizza, que recendia a orégano, queijo e azeite, servindo-se depois.

— Então, bom apetite! Espero que esteja boa. Pelo menos, sempre está!

— Está ótima, Maurício! Deliciosa!

Enquanto comiam a pizza, conversavam animadamente e riam bastante. Satisfeitos, deixaram a mesa, e ele lembrou-se dos livros que trouxera. Abriu o pacote e mostrou-os a Valéria.

— Veja. Aqui você tem duas preciosidades. Este primeiro volume é *O Evangelho Segundo o Espiritismo*, que contém os ensinamentos de Jesus sob a visão espírita. O outro volume é *O Livro dos Espíritos*, que é um tratado de filosofia transcendental contendo 1.019 questões que Allan Kardec fez aos espíritos e que eles responderam com lógica irretorquível. Creio que você vai gostar.

Valéria pegou os livros na mão, cheia de curiosidade e ansiosa para lê-los. Maurício despediu-se dela e, antes de sair, recomendou:

— Se precisar de mim, basta chamar! Boa noite.

— Boa noite, Maurício! Obrigada pela noite tão agradável.

Ele entrou no elevador e ainda acenou com a mão. Valéria sentia-se contente pela ideia que ele teve de vir sem ser convidado, trazendo pizza. Fechou a porta, foi para o quarto e colocou um pijama curto, pois estava calor. Deitou-se e, acendendo a luz de cabeceira, pegou um dos livros que ganhara. Olhou a capa e sorriu pensando:

"Vou começar por este!".

Abriu-o e, como estava habituada a fazer, foi direto ao índice, que mostrava um panorama do conteúdo da obra. Ficou impressionada. Os assuntos eram os mais diversos e palpitantes. No entanto, resolveu começar pelo começo. Abriu na página "Introdução ao Estudo da Doutrina Espírita" e começou a ler. Fascinante! Esse tal de Allan Kardec analisava os assuntos com muita categoria e explicava tudo direitinho, para que o leigo entendesse bem do que se tratava. Leu toda essa parte, nem lembrando mais que estava cansada e com sono ao se deitar. Ao terminar a introdução, ansiosa, passou ao Capítulo I, e logo em cima, leu: "De Deus", seguido de subtemas: "Deus e o infinito", "Provas da existência de Deus", "Atributos da Divindade", "Panteísmo", a primeira pergunta: "Que é Deus?" e a resposta: "Deus é a inteligência suprema, causa primária de todas as coisas.".

Valéria parou para refletir nessa resposta, que ela agora sabia ter sido dada pelos espíritos a perguntas feitas por Allan Kardec.

Não conseguia parar de ler: "questão 4. Onde podemos encontrar a prova da existência de Deus? — Num axioma que aplicais às vossas ciências: não há efeito sem causa. Procurai a causa de tudo o que não é obra do homem, e a vossa razão vos responderá.". Logo abaixo vinha um comentário: "Para acreditar em Deus, basta ao homem lançar os olhos sobre as obras da criação. O universo existe, portanto ele tem uma causa. Duvidar da existência de Deus seria negar que todo efeito tem uma causa e admitir que o nada pôde fazer alguma coisa.".

Valéria estava sumamente impressionada! Nunca imaginara que o Espiritismo tivesse tal profundidade de conhecimentos. Completamente diferente de tudo quanto já lera a respeito de Deus. Os autores, de modo geral, deixavam-se levar pelos seus conhecimentos, ideias e até preconceitos. Mas, nessa obra que tinha em mãos, o assunto era tratado com consciência, razão, objetividade, mostrando a elevação de quem dera as respostas às perguntas.

"E estou apenas no início!", pensou.

Ela continuou lendo até que notou que o dia começara a clarear. Deu-se conta de que lera quase a noite toda, sem cansaço e sem se entregar ao sono. Então, satisfeita com os progressos que fizera, apagou a luz e deixou-se envolver pelo sono. Precisava descansar um pouco, caso contrário não conseguiria trabalhar naquele dia.

Em pensamento agradeceu a Maurício pelo presente daqueles livros, talvez os mais importantes que já tivera nas mãos.

Despertou com o telefone tocando.

— Alô?

— Valéria! Não vem trabalhar hoje?

— Ah! Denise! Fiquei lendo até mais tarde e perdi a hora. Que horas são? — ela perguntou, inutilmente, pois não esperara a auxiliar dizer. Olhara no relógio de pulso, espantada.

— Meu Deus, onze horas! Denise, como foi essa manhã? Tudo bem?

— Sem problemas, Valéria. É que fiquei preocupada, pois você, quando não vem, costuma avisar, não é?

— Ainda bem. Um dia como o de ontem ninguém merece!

— Verdade. Mas hoje está tranquilo, não se preocupe. Até mais tarde!

Valéria levantou-se, tomou um banho e, depois de se arrumar, sentiu necessidade de falar com Maurício. Quando ele atendeu, ao perceber que era ela, ficou todo contente.

— Está ocupado? — perguntou, temendo interromper uma consulta.

— Não, pode falar, estou sozinho. Acabou de sair minha última cliente da manhã. Como passou de ontem para hoje, Valéria?

— Muito bem. Melhor do que poderia imaginar. Gostaria muito de conversar com você hoje, pode ser?

— Claro! Você já almoçou?

— Não tomei nem o café da manhã, para ser mais exata.

— Então, podemos almoçar naquele restaurante, se quiser. Como ainda não comeu nada hoje, vamos almoçar mais cedo. Assim evitamos o salão lotado e conversamos com mais tranquilidade.

— Está ótimo. Estou pronta e o espero lá. Até mais!

— Até! — disse ele preocupado.

Valéria parecia ansiosa para falar com ele. Havia um tom de urgência em sua voz, como se não pudesse esperar. O que teria acontecido?

Como não tinha mais nada na parte da manhã, ele avisou à secretária:

— Lurdinha, se a paciente da tarde chegar, diga-lhe que talvez eu demore um pouco, mas que vou atendê-la. Até mais!

Maurício saiu do consultório, tomando o rumo do restaurante conhecido. Ao chegar, viu o carro de Valéria estacionado e ficou contente.

"Ela já chegou!", pensou animado.

Entrou no salão e, olhando em torno, viu-a sentada em mesa discreta, em ambiente separado, longe do burburinho normal. Aproximou-se sorrindo e abraçou-a, com carinho:

— Confesse que sentiu saudades de mim!

— Convencido. Mas a verdade é que preciso muito falar com você.

O garçom aproximou-se, e eles fizeram os pedidos. Sozinhos, Maurício perguntou:

— O que aconteceu? Para estar tão ansiosa para falar comigo...

Com os olhos úmidos ela fitou-o, depois agradeceu pelos livros que lhe dera e confessou:

— Maurício, jamais li nada igual! Tão verdadeiro e racional... Uma maravilha. Não dormi a noite inteira, apenas li. É extraordinário! Como tal conhecimento enviado pelos espíritos até hoje é mal interpretado?

— Eu sabia que você iria se apaixonar pelos livros. Vai sentir tal abertura na mente que tudo o mais ficará natural, tudo é explicado de maneira lógica e fácil, e a gente se pergunta: "Como não pensei nisso antes?".

— É verdade. Só apaguei a luz às cinco horas da manhã. E dormi até às onze horas, imagine! Isso nunca me aconteceu. Sou metódica em minhas atividades e levo tudo com muita responsabilidade. Mas hoje...

— Relaxe e conceda-se o direito de aproveitar os momentos bons da vida, Valéria. Aconselho-a ler os dois ao mesmo tempo. *O Evangelho Segundo o Espiritismo* é uma visão moderna dos ensinamentos de Jesus deixados à humanidade. Vai surpreendê-la também, acredite. Não é apenas outro livro sobre as palavras de Cristo, é "O Livro"!

— Não vejo a hora de começar a lê-lo também.

O garçom trouxe as iguarias, e eles apreciaram a refeição, passando o tempo agradavelmente. Ao terminar, se separaram, e cada um seguiu seu respectivo rumo.

Valéria foi para a escola. Naquele horário ainda estaria tudo calmo, sem os alunos, e ela devia adiantar um relatório que precisava entregar e ainda nem começara a fazer. Assim, quando Denise chegou, encontrou-a mergulhada em números e dados.

— Olá, Valéria! O que aconteceu ontem? Arranjou um namorado e perdeu a hora? — indagou rindo.

Valéria levantou a cabeça achando graça:

— Você faz piada, mas realmente isso nunca me aconteceu antes! Não tem namorado nenhum no meio, antes tivesse! A verdade é a que lhe contei. Fiquei lendo até madrugada e não consegui me levantar cedo. Nem sei se o despertador tocou! Não ouvi nada!

— Ah! Que pena! Pensei que estivesse com alguém.

— Pois pensou demais. Não tenho ninguém, você sabe perfeitamente.

— Ah! Não sei não... E Maurício, o médico tão simpático?

— É apenas meu amigo.

— Bem, talvez da sua parte. Ele parece que deseja mais do que sua amizade.

Valéria levantou a cabeça de novo, corada, e Denise notou. Mudando o rumo da prosa, perguntou:

— Está conseguindo fazer o relatório ou quer que eu o termine?

— Estou terminando. Se quiser concluir, agradeço. Preciso falar com uma professora e tem de ser antes de ela entrar na sala de aula.

— Então pode ir, Valéria, que eu termino e já envio. Assim ficamos livres dele.

A diretora saiu pensativa. As palavras de Denise tinham mexido com ela. Será que Maurício realmente estaria interessado nela? Não, certamente. Ele queria ajudá-la, como faria com qualquer outra pessoa. No entanto, só de pensar nele, sentia uma emoção que não sabia como explicar.

"Será que estou me apaixonando por ele?"

11
MAIS CONFUSÃO

Valéria evitou se encontrar com Maurício durante alguns dias. Precisava definir o que estava acontecendo com ela mesma, entender seus sentimentos.

No entanto, no dia da reunião pública no centro espírita desejava ir. Resolvera, porém, manter certa distância do médico, enquanto não soubesse o que estava passando pela cabeça dele. Assim, telefonou para Celeste, combinou de ir à reunião com ela, avisando que passaria na casa dela para irem juntas.

Desse modo, meia hora antes do início marcado para a reunião, elas chegaram ao local. Como houvesse tempo, Valéria quis ir à livraria. Estavam olhando os livros, e ela encontrara um cujo título era bem interessante. Examinava-o quando alguém chegou e, sobre seus ombros, disse:

— Pensei que viríamos juntos, mas você não me esperou.

Valéria reconheceu a voz e, prendendo a respiração, virou-se:

— Boa noite, Maurício. Não me lembro de ter combinado algo com você. Telefonei para Celeste e viemos juntas.

— Não tem importância, Valéria. Como vai a escola?

— Nos últimos dias, bem calma. Felizmente!

Maurício viu o livro que ela segurava e recomendou:

— *Há dois mil anos*! Muito bom. Você vai gostar! É um romance de Emmanuel, falando sobre os primeiros tempos do Cristianismo.

Valéria agradeceu a informação e comprou o livro. Faltavam alguns minutos para o início da reunião quando se acomodaram. Maurício fez questão de sentar perto delas. Celeste olhava ora para ele ora para a amiga, sem saber o que estava acontecendo.

A reunião começou com uma prece feita por uma senhora, depois o palestrante subiu à tribuna. Era um senhor simpático e que discorreu sobre um tema do Evangelho com rara maestria. Valéria notou que ele correlacionava os textos, dando ênfase ao pensamento de Jesus sobre o amor ao próximo, contando passagens da vida do Mestre e histórias interessantes da bibliografia espírita e até da vida atual. Após o término, com outra prece, feita pela mesma senhora, iniciou-se o serviço de passes.

Encerrada a reunião, os participantes aproveitaram para confraternizar, conversando com amigos e conhecidos. Celeste e Valéria saíram do salão, que estava um pouco quente; Maurício, requisitado por uma senhora que precisava de informações, afastou-se delas. A amiga levou Valéria até um banco e quis saber o que estava acontecendo entre ela e Maurício.

— Que eu saiba, não está acontecendo nada entre nós. Por que, Celeste?

— Estranhei o jeito dele e o seu também. Vocês têm se visto fora daqui?

Valéria ficou calada por alguns instantes, depois respondeu:

— Houve um dia em que precisei de Maurício na escola. — E contou o que acontecera com o garoto Luizinho. — Depois, em outra oportunidade, uma menina bateu em um coleguinha e machucou-o. Por coincidência, ele estava lá e ajudou-me a resolver o impasse.

— Ah! Interessante! E o que houve com a menina?

— Ela estava influenciada por um espírito inimigo do garoto, Maurício explicou para nós.

— Meu Deus! E como foi resolvida a questão?

— Com muito cuidado. A garota se lembra do que fez, porém alega que não conseguiu se controlar e avançou sobre o menino. Então, foi necessário conversar com a mãe do garoto agredido e com a mãe da garota que o agredira. Não foi fácil, porém a presença de Maurício foi fundamental, pois eu não sabia o que fazer nem como explicar o acontecido para as mães.

Celeste mostrou-se impressionada com os casos que surgiram na escola e comentou:

— Lembro-me de que um dia, no almoço, conversamos sobre esses problemas, e você não tinha ideia de nada. Ou tinha?

Valéria balançou a cabeça, explicando:

— Já tinha acontecido o caso de recordação de vidas passadas, porém eu não tinha noção do assunto! Você me ajudou falando alguma coisa, e fui pesquisar na internet. Agora, estou envolvida por essas questões espirituais. Não é estranho?

— Não, amiga. É que havia necessidade de você se informar sobre essas questões, despertar para a vida após a morte e a realidade da reencarnação para o espírito imortal.

— Tem razão, Celeste, foi exatamente o que Maurício me disse. Mas, vamos? Amanhã preciso levantar cedo.

Celeste concordou, pois também precisava trabalhar no dia seguinte. Vendo Maurício que estava sozinho num canto, convidou a amiga para irem falar com ele. Aproximaram-se do médico, despediram-se dele e foram embora. Valéria não estava se sentindo confortável com a situação. Claramente Maurício dissera que esperava ir com ela. Enfim, ela sentia que não fizera nada de mais convidando Celeste para irem juntas à reunião.

Chegando em casa, ela ouviu que seu celular tocava. Atendeu, e era ele.

— Oi, Maurício! Que surpresa! Diga.

— Valéria, quer sair e comer alguma coisa?

Ela aceitou, com o coração aos saltos. Dez minutos depois, ele chegou ao endereço. Valéria só pegou a bolsa e desceu. O médico perguntou o que ela gostaria de comer, porém Valéria respondeu que não tinha preferência.

Então, Maurício decidiu ir a um restaurante onde ele gostava de ir para comer peixes, pois era a especialidade deles. Valéria aceitou, e foram para lá. Sentaram-se e, após o garçom anotar os pedidos, ele disse:

— Pensei que não estivesse querendo falar comigo, Valéria. Você me pareceu tão distante...

Ela fitou o médico e respondeu num fio de voz:

— Por que não estaria querendo falar com você, Maurício? É meu amigo, tem me ajudado bastante, e sou grata a você por tudo!

Ele segurou a mão dela sobre a mesa, com delicadeza:

— Só isso? Não represento mais nada para você?

— Por que quer saber?

— Porque estou apaixonado por você, Valéria. Ainda não percebeu?

— Eu também gosto de você, Maurício. Muito.

Ele levou a mão dela aos lábios depositando um beijo carinhoso.

— Fico contente. Você me tira um peso da cabeça. Se não me amasse, não sei o que eu faria.

Nesse momento, o garçom trouxe os pratos, e eles pararam de conversar. O garçom se afastou, e eles sorriram olhando para as iguarias. Começaram a comer e ao mesmo tempo falavam da reunião, da palestra, de tudo. Terminaram e ficaram ali ainda conversando, se conhecendo melhor e falando dos seus sentimentos.

Depois, Maurício levou-a para casa e, antes de ir embora, ele a beijou nos lábios, ternamente:

— Durma bem, minha querida! Sonharei com você.

— Eu também! Boa noite, Maurício. Bons sonhos.

O carro de Maurício saiu, e ela entrou no prédio. O porteiro, seu conhecido, disse:

— Boa noite, professora Valéria. A senhora está risonha hoje, parece muito feliz!

— E estou mesmo, José. Muito feliz. Boa noite!

Deitada em seu leito, Valéria não podia acreditar no que tinha acontecido naquela noite. De repente, tudo se tornara límpido e claro entre eles. Debaixo do lençol, ela corou de satisfação. Agora tinha um namorado! E que namorado! Nunca sonhara que ele poderia interessar-se por ela.

Naquela noite Valéria dormiu muito bem, embalada pela esperança que invadira seu coração.

Na manhã seguinte, chegou ao colégio em estado de graça. Denise não deixou de notar a expressão sonhadora de Valéria, perguntando-lhe o que tinha acontecido, ao que a outra respondeu:

— Nada, Denise. Vamos trabalhar? Tenho serviço urgente a terminar.

— Acho bom! Já telefonaram cobrando o envio do material que pediram.

A diretora sentou-se, mergulhando no serviço. À hora do intervalo, uma funcionária veio correndo avisar Valéria que tinha dois alunos se desentendendo no pátio.

— Mas será que agora vou ter que resolver todos os casos? Não tem alguém que possa fazer isso?

— Foi a Denise que me pediu para avisá-la, pois não está conseguindo conter os garotos!

Vendo que o caso era sério, Valéria levantou-se e foi verificar o que estava acontecendo. Ao chegar ao pátio, viu os dois meninos atracados, rolando no piso de cimento, a gritar e se esbofetear mutuamente.

Aproximando-se, abaixou-se e tentou separar os alunos, que nem lhe deram atenção. Então, lembrando-se do que Maurício dissera, mentalmente começou a orar, pedindo o auxílio de Jesus. Durante mais algum tempo eles continuaram brigando, depois foram se acalmando até pararem de todo. Ela notou que eles se olharam, sem saber direito o que tinha acontecido. Valéria levou-os à diretoria e colocou-os sentados em duas cadeiras à sua frente. Depois, olhando um e outro, perguntou:

— Heitor e Fábio! O que aconteceu para que vocês brigassem daquele jeito? Sempre foram amigos!

Um olhou para o outro, e Fábio respondeu:

— Diretora, não sei o que aconteceu. Verdade!

— Eu também não, professora Valéria! Tive a impressão de que Fábio me olhava atravessado e que me xingava! Foi isso — disse Heitor.

— Mas não xinguei você, Heitor. Você veio para cima de mim já batendo!

— Naquela hora, senti muita raiva de você, Fábio. Tinha vontade de arrancar sangue. Queria socá-lo até cansar!...

Valéria estava assustada com o rumo que as coisas estavam tomando na escola. Ao ouvir o garoto, sempre cordato e brincalhão, dizer que desejava socar o outro até cansar, ela ficou horrorizada e lembrou-se de Maurício. No entanto, não queria incomodá-lo no trabalho. Ele deveria estar atendendo pacientes naquele horário.

Então, respirou fundo e conversou com os meninos:

— Vocês sempre foram bons alunos e, especialmente, bons amigos. O que aconteceu hoje, afinal? Como tudo começou?

Eles não sabiam. Disseram que estavam brincando e, de repente, ao trocarem um olhar, sentiram raiva um do outro. Valéria entendeu perfeitamente que eles tinham sido influenciados por entidades desencarnadas que desejavam fomentar a discórdia e a confusão no colégio. Então, dispensou-os, não sem antes pedir:

— Vamos fazer assim. Quando vocês tiverem vontade de brigar, seja entre vocês ou com outros colegas, por gentileza me avisem. Tudo bem?

Os garotos concordaram e saíram correndo para a sala de aula. Valéria ficou parada, sem saber que atitude tomar.

"Chamo Maurício para conversar?", pensou. "Melhor não. Deve estar consultando, isso se não estiver em cirurgia! Vou aguardar horário melhor para falar com ele."

Mas aquela manhã, decididamente, não seria fácil. Logo Denise entrou na diretoria, chamando-a para ir ao 4º ano ver o que estava acontecendo. Valéria correu e parou na porta, estupefata: os alunos brigavam entre si, e a professora Arlete, bastante assustada, gritava, tentando apaziguá-los. Ao ver a confusão armada, e agora não eram apenas dois garotos, mas a turma inteira, Valéria sentiu o coração disparar e uma sensação horrível de pânico dominá-la.

— Meu Deus! O que vou fazer?...

Naquele instante lembrou-se de Maurício e ligou para ele. Felizmente, acabara uma cirurgia e não tinha mais pacientes na parte da manhã. Algum tempo depois, ele chegou à escola e foi levado imediatamente para a sala, onde a confusão armada acontecia. Valéria, Denise, a professora e outras funcionárias observavam tudo sem saber que atitude tomar.

Ao vê-lo, Valéria correu ao seu encontro, em lágrimas.

— Graças a Deus você chegou! Não sei o que fazer!

Ele a acalmou e em seguida começou a falar em voz alta e firme:

— Muito bem. Vocês já fizeram bastante confusão por hoje. Agora chega! Vamos conversar com Jesus, elevando a Ele o nosso pensamento. Orem comigo. Mestre Jesus! Abençoa a todos nós que aqui estamos, acalma a todos e que a Tua paz possa voltar a reinar aqui nesta sala e nas outras também. Que Teus Mensageiros de Luz possam socorrer todos os necessitados que aqui estiverem, de modo que eles se acalmem e recebam a ajuda que estão precisando. Pai Nosso que estás no céu, santificado seja o Teu nome, venha a nós o Teu reino...

Quando o médico terminou a oração do Pai Nosso, tudo estava calmo, e os alunos, sentados em suas carteiras, oravam junto com ele.

12

A REUNIÃO

Valéria respirou aliviada, incapaz de acreditar que aquela confusão acabara. Como um sopro de paz, os alunos nem pareciam mais os mesmos. Maurício sorriu e, dirigindo-se à turma, perguntou:

— Olá, garotos! Estão lembrados de como ou por que começaram a brigar?

Os alunos olharam uns para os outros, cheios de incredulidade. Eles não sabiam! Puseram-se a rir, achando graça do acontecido.

Maurício trocou um olhar de entendimento com Valéria, e eles, após tranquilizarem a professora, saíram da sala de aula rumo à diretoria. Sentaram-se. Valéria, ainda sem acreditar que a paz se fizera, agarrou as mãos dele emocionada:

— Não consigo acreditar que aquela confusão horrível acabou. Obrigada, Maurício. Não sei o que faria sem você!...

Olhando-a de frente, ele respondeu com voz firme, mas branda:

— Valéria, já conversamos sobre isso. Você tem de se preparar para enfrentar situações como essas! Não tem outra saída, querida.

— Eu sei — ela concordou. — Inclusive outro dia, quando uns meninos brigavam, fiz uma prece, e eles se acalmaram.

— Agiu correto, isso mesmo! Nosso recurso é buscar a ajuda dos Amigos Espirituais.

—Mas hoje a confusão era tão grande, Maurício! Parecia um terremoto! A impressão que dava é que na sala não estavam só os alunos, mas muita gente. Achei que não iria conseguir! — desculpou-se.

— Realmente, nem eu acreditei quando cheguei e vi a situação. Todavia, você viu que o socorro sempre vem! Os amigos desencarnados não nos deixam ao desamparo. Porém, para que isso ocorra, é preciso que "nós" acreditemos "neles", nesse amparo.

— Você tem toda razão. Fui fraca, tive medo e não enfrentei o problema.

Ele tranquilizou-a e olhou o relógio de pulso:

— Não se preocupe. Tudo se resolve. Agora, vamos almoçar, porque tenho agenda cheia à tarde, e aproveitamos para conversar melhor sobre esse assunto.

Valéria, por estar muito abalada ainda, não tinha vontade de ir a algum lugar público. Ele sugeriu, então, almoçarem no apartamento dela. Enquanto ela arrumava a mesa, ele compraria ali perto mesmo algo para comerem. Assim, quando Maurício chegou com o almoço, Valéria estava com tudo pronto. Sentaram-se e, com ela mais tranquila, puderam fazer a refeição e conversar ao mesmo tempo. Vendo-a serena, ele considerou:

— Valéria, precisa ter consciência do que está acontecendo no colégio. Qual a razão desses problemas? Já pensou nisso?

— Não tenho ideia! — ela respondeu, com um movimento de ombros.

— Pois eles têm uma finalidade: prejudicar a você.

— A mim?!... Como assim, Maurício?

— Raciocine comigo. Por que os espíritos fariam essa confusão toda? Para incomodar alguma professora, uma auxiliar ou o jardineiro? Se os problemas estivessem sediados em uma sala somente, talvez fosse para desestabilizar um determinado professor. Mas não. A confusão tem acontecido em várias salas diferentes, não é? E até no pátio!

Valéria pensou por alguns segundos e respondeu:

— Realmente, faz sentido o que você disse. A única pessoa a perder com essa confusão sou eu, a proprietária da escola! Porque, se isso continuar, as mães vão acabar tirando seus filhos do colégio, achando que, com tantas brigas e confusões, ela não é adequada às crianças!

— Exato. Assim, temos de pedir ajuda à casa espírita para que essas entidades sejam socorridas em nossas reuniões mediúnicas. Só assim essa confusão "orquestrada" vai parar.

— Tem razão. O que você propõe?

— Falarei com o responsável pela reunião mediúnica da qual participo, e veremos o que se pode fazer. Fique tranquila. Tudo se resolverá, tenho certeza.

O médico despediu-se de Valéria e foi para o consultório, onde teria uma tarde cheia. Várias consultas o aguardavam, e duas eram casos graves.

Após terminar a agenda do dia e sair o último paciente, Maurício espreguiçou-se, procurando relaxar os músculos, e, mais sereno, ligou para o responsável pela reunião, que atendeu prontamente.

— Alô? Cícero, boa tarde! É Maurício.

— Boa tarde, Maurício. O que manda, amigo?

— É sobre o caso da escola, que conversamos outro dia. A situação está difícil e precisamos agilizar uma ajuda.

— Sim, lembro-me bem do caso, Maurício. A pessoa responsável poderia ir ao centro amanhã? É o melhor dia, você sabe.

— Vou falar com ela e depois voltaremos a conversar, mas creio que não terá problema. Normalmente, Valéria não tem compromissos à noite.

— Ótimo! Então, se é assim, pode levá-la à reunião amanhã, Maurício.

O médico agradeceu, eles se despediram, e ele ligou imediatamente para Valéria, falando-lhe a respeito da reunião mediúnica, isto é, de reunião em que acontecem comunicações dos desencarnados. Ela ficou em silêncio por alguns instantes, depois perguntou, em dúvida:

— Será que vai dar certo, Maurício?

— Claro que vai, querida! Por que não daria certo? Nossos amigos espirituais sabem exatamente o que precisamos e sempre nos ajudam. São reuniões em que são trazidas entidades desencarnadas que, em virtude de problemas gerados no passado, até em outras existências, desejam prejudicar a pessoa encarnada, causando confusão. Fique tranquila! A reunião começa às vinte horas. Passarei para buscá-la às dezenove horas. O trânsito nesse horário é complicado e não podemos nos atrasar.

No dia seguinte, no horário combinado, Maurício chegou defronte do prédio de Valéria, que já o esperava na calçada. Muito tensa, ela tremia levemente. Ele não pôde deixar de notar e, segurando a mão dela, acalmou-a:

— Fique calma. Tenho certeza de que você vai gostar. As reuniões mediúnicas são fascinantes, pela diversidade de casos que atendemos e a quantidade de pessoas e espíritos desencarnados que temos a oportunidade de ajudar.

Ela sorriu, mais serena. Chegando à casa espírita, entraram por uma porta lateral, diferente daquela que ela conhecia e que dava para o salão de palestras. Agora, entraram por uma sala que seria usada para recepção, depois pegaram um grande corredor com várias portas de ambos os lados. Ao chegarem à terceira, do lado esquerdo, estava aberta, e Maurício convidou-a a entrar. Ali já se encontravam sete pessoas, às quais ele a apresentou: quatro mulheres e três homens, um deles era o dirigente da reunião, Cícero. Após cumprimentar a todos, Valéria sentou-se em lugar que Maurício indicou, ao lado dele.

Não demorou muito, mais um casal chegou, e, olhando o relógio, o responsável viu que estava na hora de iniciar a reunião e pediu a um dos presentes que fizesse a prece de abertura. Depois, foi lido um trecho de *O Evangelho Segundo o Espiritismo*, e uma lição da obra *Vinha de Luz*, da autoria do Espírito Emmanuel, através do médium Francisco Cândido Xavier.

A luz do recinto foi diminuída, e o dirigente fez uma prece, pedindo a bênção de Deus, de Jesus e dos espíritos amigos, responsáveis pela condução dos trabalhos daquela noite. Em seguida, fez-se silêncio, mantendo os presentes o pensamento elevado. O coração de Valéria batia forte e descompassado, e ela segurou a mão de Maurício, ao seu lado.

De repente, um dos médiuns já sentia a presença de um espírito, e o desencarnado começou a falar, chorando muito. O dirigente passou a conversar com a entidade espiritual e ficou sabendo que ele havia sofrido um acidente e precisava de ajuda. Um dos participantes da reunião se levantou e, posicionando-se atrás do médium, começou a aplicar passe nele, auxiliando também o espírito necessitado, que, aliado às orientações de Cícero, se acalmou. O dirigente disse, então:

— Meu irmão, o socorro já chegou. Veja! O médico, os enfermeiros já estão ao seu lado, e você será colocado na maca para ser levado ao hospital. Fique calmo! Agora eleve seu pensamento a Jesus, agradecendo pelo socorro que lhe enviou.

Logo a entidade, bem mais serena, agradecendo a Cícero, afastou-se. Pouco depois, um senhor, médium, começou a sentir-se mal, alegando falta de ar, e o dirigente da reunião tranquilizou-o, dizendo-lhe que ele deveria manter a serenidade para melhorar, pois, se ficasse nervoso, só aumentaria seu mal-estar. Assim, passou um copo com água ao médium, que servia de intermediário, afirmando que fora colocado um remédio para que ele pudesse sentir-se melhor. O médium tomou a água, transmitindo ao espírito a sensação de ter tomado essa água e, logo, mais calmo, reconheceu que estava respirando melhor. O dirigente novamente aconselhou o espírito a relaxar, comunicando-lhe que seria levado para o hospital, onde teria a atenção de médicos e enfermeiros. Desse modo, a entidade, agora mais tranquila, foi levada pelos amigos espirituais.

Por alguns minutos, tudo permaneceu em silêncio. De repente, uma médium começou a agitar-se, alterando o tom de voz de forma agressiva. Como Valéria estava ali pela primeira vez, ficou muito assustada e começou a tremer. O desencarnado dizia:

— *Está pensando que vai ficar livre de nós? Nunca! Estamos juntos de você e não lhe daremos paz. Tornaremos sua vida um verdadeiro inferno! Você vai pagar por tudo o que nos fez sofrer. Não lhe daremos trégua! Onde você estiver, lá também estaremos nós!*

O dirigente da reunião deu-lhe as boas-vindas, dizendo-se contente com a presença dele, ao que o espírito respondeu:

— *Mentira! Vocês querem é ficar livres de nós para ajudá-la, essa que está aí posando de boazinha. Cuidado com ela! Essa mulher é terrível! E ainda tem gente capaz de entregar-lhe crianças para cuidar e educar! Tomem cuidado!*

Nesse instante, pelas palavras dele, Valéria percebeu que o espírito se referia a ela! Assustada, agarrou-se à mão de Maurício, que a acalmou dizendo-lhe, em voz baixa, que nada iria acontecer. O dirigente continuava a conversar com o espírito:

— Meu irmão, tenho certeza de que você está com a razão, porém nossa irmã não se lembra do passado, do que aconteceu, do que possa lhe ter feito. Hoje, ela é outra pessoa e está procurando fazer tudo corretamente. Veja! Você diz que não deveriam deixar crianças sob seus cuidados, no entanto, as crianças estão bem cuidadas, têm professores dignos, responsáveis e amorosos. Se a nossa irmã — dizia intuitivamente — prejudicou pessoas e até crianças no passado, hoje ela trata a todos com muito amor. Pense nisso! Você não tem estado por lá?

— *Tenho! Claro que tenho! Preciso ficar de olho para que essa megera não cause mais males às pessoas. Ela que se cuide! Temos muita gente que foi prejudicada por ela e não a deixaremos em paz.*

— Mas as crianças estão com suas famílias e estão muito bem. E você? Está sofrendo ainda, incapaz de perdoar. Ela quer lhe pedir perdão, ouça!

A essas palavras de Cícero, Maurício, em voz baixa, orientou Valéria a pedir perdão ao espírito, o que ela fez:

— Meu irmão, não o conheço, não sei quem é, mas se você está afirmando que prejudiquei muita gente, inclusive crianças, acredito e rogo o seu perdão e perdão a todos os que prejudiquei. Desculpe-me! Naquela época eu não sabia o mal que estava fazendo! Quero me reabilitar perante a justiça divina.

A entidade, ouvindo-lhe as palavras, acalmou-se. Depois de alguns segundos, voltou a falar:

— *Só quando todos os que sofreram por suas mãos pararem de sofrer.*

— Você tem razão. Se agi tão mal para com meus irmãos em humanidade, não mereço ficar bem enquanto eles sofrerem. Vou fazer de tudo para ajudar todos.

Ouvindo essas palavras, a entidade começou a chorar, sentindo a presença de sua mãe, que há muito tempo não via. Seus soluços diminuíram até cessar de todo, ao ser conduzido pelos amigos espirituais para o hospital, onde poderia se recuperar retomando sua vida do ponto em que estacionara por motivo de ódio e desejo de vingança.

Em seguida, comunicou-se um espírito amigo, grato pelos socorros prestados às entidades, especialmente a esta última. Para finalizar, um dos companheiros do grupo fez a prece de encerramento, e as luzes foram acesas. Estavam todos contentes com o trabalho realizado e sentiam o bem-estar correspondente às ações no bem para as quais colaboraram e as energias que os Amigos do Alto enviavam a todos.

Valéria sentia uma sensação de grande bem-estar, leveza e serenidade, e não sabia como agradecer ao grupo.

— E então, Valéria, você gostou da reunião? — indagou Cícero.

Com os olhos vermelhos pelo pranto derramado, ela sorriu, e seu rosto se iluminou:

— Adorei! Nunca pensei que existisse algo parecido. Agradeço-lhe, Cícero, por permitir que eu viesse hoje. Foi muito importante para mim. Agradeço, também, a todos que aqui estão e que auxiliaram neste socorro. Obrigada.

Cícero a olhou risonho:

— Talvez seja melhor que compareça mais algumas vezes à reunião. Ore bastante, especialmente quando estiver na sua escola. O ambiente já estará melhor, e você vai perceber. No entanto, temos muito trabalho pela frente.

Valéria agradeceu novamente a Cícero e aos demais participantes da reunião e, aceitando o convite para retornar outras vezes, despediu-se de todos.

No carro, ela recostou a cabeça no banco e fechou os olhos. Maurício olhou para ela e notou seu estado.

— Está cansada, Valéria, não é?

— Sim, muito cansada, Maurício. A reunião me fez muito bem, porém sinto-me exausta.

— É porque você ficou tensa por tempo demasiado longo. Chegando a seu apartamento, aplico-lhe novamente um passe.

Ele parou defronte ao prédio, e eles desceram. No apartamento, Maurício pediu a ela que se deitasse no sofá e aplicou-lhe energias através da imposição das mãos. Ao terminar, notou que Valéria estava dormindo. Certamente, com as energias gastas durante o dia na escola, tensa, e com a reunião mediúnica, ela acabara por relaxar, adormecendo. Deu-lhe um beijo na testa e saiu sem fazer barulho, fechando a porta.

Já na calçada, Maurício olhou para o alto. A noite estava limpa, e viam-se as estrelas luzindo na amplidão. Respirou fundo e elevou o pensamento a Deus agradecendo pelas bênçãos daquele dia.

13
NOVOS PLANOS

Por alguns dias o ambiente permaneceu tranquilo, sem maiores dificuldades que não as de um estabelecimento de ensino daquele porte. Valéria sentia-se serena e satisfeita, acreditando que a tempestade tivesse passado. Já se preparavam para as festividades da primavera, programando, além de passeios a lugares interessantes — como parques ecológicos, museus, zoológicos —, peças de teatro, músicas e brincadeiras para o término do período letivo. Ainda faltavam quase quatro meses para o encerramento das aulas, porém precisavam ensaiar bem os números que seriam apresentados.

Os dias de inverno haviam passado, e o Sol convidava a passeios ao ar livre, com a temperatura em elevação.

Entre Valéria e Maurício tudo corria muito bem. Apaixonados um pelo outro, não deixavam passar oportunidade de estarem juntos. Valéria agora readquirira sua confiança, um tanto fragilizada durante aquele período de turbulências na escola.

Certo dia, satisfeita por ter recebido as fantasias encomendadas, que seriam usadas na festa de encerramento, chegou sorridente. Encontrando Denise, mostrou-lhe os pacotes que tinha nas mãos.

— Denise, vamos até minha sala. Quero ver tudo direitinho.

Valéria abriu a caixa e, tirando o papel de embrulho que protegia as peças, mostrou à sua assistente as fantasias que haviam chegado:

— Elas não ficaram lindas, Denise?

— Sim, elas ficaram maravilhosas, Valéria! Que confecção bem-feita. Valeu a pena pagar um pouco mais pelas fantasias. Elas vão durar bastante tempo e poderão ser usadas em outras oportunidades, não é?

Nesse momento, uma servente entrou, apavorada:

— Corram! Temos um aluno que não está passando bem!

Largando as fantasias sobre a mesa, todas saíram correndo. Valéria perguntou, sem diminuir o ritmo:

— Onde ele está, Luzia?

— No salão nobre. Estavam ensaiando, quando o garoto sentiu-se mal.

Chegaram até o salão, onde as crianças menores mostravam-se apavoradas, pondo-se a gritar e a chorar de medo.

Abrindo caminho entre os alunos que cercavam o garoto caído no chão, logo o viram. Estava com o rosto pálido e um contorno arroxeado na boca, que espumava.

Apavorada, Valéria sentiu o coração disparar de susto. Mas lembrou-se de que, nessas ocasiões, era preciso manter a calma e elevar o pensamento, pedindo ajuda aos amigos espirituais. Então, tentando controlar-se, falou com a voz mais firme que pôde:

— Por favor, levem os alunos para as salas e faça-os se acalmarem.

Logo, o salão ficou deserto, e o silêncio se fez. Valéria inclinou-se sobre o aluno e verificou suas condições. Seu pulso estava muito acelerado. A palidez, todos os sinais eram preocupantes. Mas, reunindo suas melhores energias, pediu às auxiliares que ali permaneceram que a acompanhassem numa oração.

— Senhor Jesus, nós confiamos em Ti! Sabemos que Tua bondade nunca deixará de nos socorrer numa hora como esta. Aqui, Senhor, esta criança está sob nossa responsabilidade! Não deixes, Senhor, que algo aconteça a ela, pois seus pais não iriam entender, Jesus querido! Por isso, nós Te suplicamos, Senhor! Socorra-nos nesta hora de tão grande aflição, para que este menino fique bom. Pai nosso que estais no céu, santificado seja o vosso nome, seja feita a Vossa vontade...

Ajoelhadas, todas as pessoas que ali estavam repetiram a oração do Pai Nosso, em lágrimas. Dentro em pouco, o garoto começou a se mexer, e Valéria aproximou-se dele.

— Como está se sentindo, querido? — murmurou com carinho.

O menino abriu os olhos e respondeu em voz quase inaudível:

— Não sei, tia Valéria. O que aconteceu?

— Não aconteceu nada, Rubinho. Fique tranquilo. Vou chamar sua mamãe, está bem?

O garoto fez um leve gesto com a cabeça, e Valéria afastou-se um pouco. Ligou primeiro para Maurício e contou-lhe o que estava acontecendo. Preocupado, ele disse que chegaria o mais rápido que pudesse. Depois, mais confiante, ela ligou para a mãe de Rubinho.

A conversa com a mãe não foi tão fácil quanto com o namorado. Valéria, em tom profissional, explicou à mãe que o filho dela tivera um problema, mas que o médico estava chegando. Que não se preocupasse. Ele estava bem, conversando, só algo sonolento.

Dez minutos depois chegou Maurício com sua maleta. Ajoelhou-se perto do garoto e tomou-lhe o pulso; depois, viu a pressão arterial. Os sinais um pouco alterados, mas caminhando para o normal.

— Como aconteceu isso, Valéria? — indagou.

— Maurício, não vi o que aconteceu. Eu estava na minha sala.

— Eu vi, doutor. Eles ensaiavam uma música, quando Rubinho respirou fundo e começou a tremer, caindo ao chão, como se estivesse tendo uma convulsão — esclareceu Luzia, uma das auxiliares.

— O pior já passou. Temos de transportá-lo com todo o cuidado para a enfermaria — afirmou o médico.

Nesse instante, a mãe do garoto chegou aos prantos. Gritava:

— O que vocês fizeram com meu filho? Vejam como o coitadinho está! Meu filho, o que aconteceu? Conte para a mamãe!

Maurício aproximou-se dela e retirou-a de perto do filho, afirmando:

— Minha senhora, ele está bem. Só precisa dormir um pouco. Teve um desgaste de energias muito intenso e precisa repousar. Acordará bem, não se preocupe. Agora venha comigo! Precisamos conversar.

O médico levou a mãe até a sala mais próxima da enfermaria, fez com que se acomodasse em uma das cadeiras, sentou-se também e perguntou:

— Mãe, seu filho já teve convulsão antes?

— Não, doutor. Esta é a primeira vez.

Nisso, uma das professoras, que estava por perto, ouviu a resposta dela e não se conteve:

— Isaura, seu filho já teve convulsão, sim! — E, depois, dirigindo-se ao médico: — Doutor, sou vizinha dela e sei que Rubinho, vez por outra, tem esse problema.

— É verdade, mãe? — indagou o médico, enquanto ela abaixava a cabeça, ao ser pega em mentira, confirmando com um gesto.

Maurício prosseguiu:

— Muito bem. Ele toma alguma medicação, Isaura? Qual o médico que faz o acompanhamento dele?

A mãe tornou a abaixar a cabeça, envergonhada.

— Nunca levei meu filho ao médico.

— Quer dizer que seu filho tem um problema desses, e a senhora não procura ajuda médica?

Chorando, a mãe confessou:

— É verdade, doutor. Sempre tive medo de que, levando-o ao médico, ele quisesse dar ao meu filho medicação pesada, tornando-o um... zumbi.

Maurício coçou o queixo, perplexo.

— Mãe, a senhora colocou a vida do seu filho em risco. Sem tratamento, o estado dele pode piorar. Ele pode até morrer, sabia? E a culpa será sua!

A mãe começou a gritar e a clamar:

— Não, doutor! Por piedade! Ajude-me, não quero que meu Rubinho morra. É o único bem que eu tenho. Meu marido me abandonou, nossa situação é difícil e não tenho dinheiro para nada. Mas vou fazer o que puder para que meu filho se cure, doutor!

Compadecido da condição daquela mãe, Maurício resolveu:

— Vou ajudá-la, dona Isaura.

Ele tirou um cartão do bolso, escreveu algo no verso e entregou à senhora, afirmando:

— Procure esse médico cujo endereço está anotado. Ele irá atendê-la, a meu pedido. Quanto à medicação, fale com Valéria, que resolverá esse problema. Está bem?

Isaura estendeu as mãos e quase se ajoelhou aos pés do médico, beijando-lhe as mãos, que ele tentava retirar.

— Obrigada, doutor! Muito obrigada!... O senhor é um santo!

— Não, Isaura. Fiz o meu dever apenas. Agora, leve seu filho ao médico. É urgente.

Maurício afastou-se dali junto com Valéria, preocupado com o garoto, que ainda dormia. A mãe aproximou-se da criança, e o médico deu ordem a uma servente para que, quando o garoto despertasse, alguém os conduzisse para casa.

— Não se preocupe, doutor. Eu mesma levarei os dois. Moro para aqueles lados.

Agradecendo, ele e Valéria se dirigiram para a sala da diretoria. Entraram e caíram sentados. Valéria mostrava-se melhor após as resoluções, mas ainda estava preocupada.

— Sinto-me culpada em parte por essa situação, Maurício. Jamais pensei que a condição dessa família fosse tão difícil. E olhe que ela paga direitinho a mensalidade escolar! Não sei se ela trabalha, se tem alguma renda... Enfim, nada sei a respeito dessa família!

Nesse instante, a porta se abriu, e Denise entrou, querendo saber como ficara o caso. Valéria aproveitou para perguntar sobre a condição da família de Rubinho, e a orientadora considerou:

— Bem, pelo prontuário do aluno, consta que a mãe não trabalha, mas a mensalidade é paga por ela mesma, e sem atraso. Creio que o dinheiro sai da mesada que o pai manda mensalmente.

— Mas se ela tem tantas dificuldades, por que escolheu colocar o filho em um estabelecimento como este? — perguntou Valéria, pasma.

Maurício balançou a cabeça e sugeriu:

— Talvez porque ela deseje que o filho tenha uma boa educação. Pelo visto, para tanto não mede esforços.

Valéria trocou um olhar com Denise e murmurou:

— Vamos ter que rever essas coisas. Quem sabe haja mais alunos nessas condições, isto é, que precisam de ajuda.

Denise concordou e disse que começaria a fazer uma triagem de casos o mais rápido possível. Assim resolvido, elas relaxaram um pouco, certas de que a situação seria resolvida logo.

A servente Neuza levou a mãe e Rubinho para casa, lembrando a Isaura que levasse o garoto o mais rápido possível ao médico.

No dia seguinte, Rubinho não foi à escola. A mãe avisou à direção do colégio que agendara um horário com o médico para as dez horas. Valéria ficou aliviada. Logo saberiam as reais condições do garoto.

Na manhã seguinte, Isaura apareceu na escola e pediu para falar com Valéria, que, conquanto estivesse ocupada, recebeu-a imediatamente.

— E então, Isaura, como está Rubinho?

— Meu filho está bem, Valéria. Porém, o médico avisou que ele terá de fazer um longo tratamento, para que essas convulsões parem de acontecer.

— Ah! E a medicação, Isaura?

A mãe mostrou a receita, que a diretora leu e, depois de dobrá-la, guardou-a, afirmando:

— Fique tranquila. A medicação eu mesma providenciarei, não se preocupe.

A mãe enxugou os olhos, porque duas lágrimas estavam prestes a cair, e disse:

— Valéria, nem sei como agradecer tanta gentileza! Realmente, se dependesse de mim, não teria como adquirir esses remédios. Obrigada.

A diretora sorriu, satisfeita:

— Isaura, sou de opinião que devemos ajudar uns aos outros. Não foi isso que Jesus nos ensinou? Então, no que eu puder fazer para auxiliar o Rubinho, pode contar comigo.

A mãe estava realmente comovida. Sempre mantivera sua real condição financeira escondida, temendo que a escola se recusasse a aceitar seu filho como aluno se soubesse que eram pobres. Mas agora percebia que estava completamente enganada. Intimamente, elevou o pensamento a Deus, agradecendo pela ajuda que estava recebendo.

Antes que Isaura saísse, Valéria a avisou que Denise queria falar com ela e apertou um botão na parede, tocando uma campainha. Logo Denise apareceu, abrindo a porta. Valéria disse-lhe que já havia conversado com Isaura.

— Tudo bem. Então venha comigo, Isaura.

Ambas saíram, tomando o rumo da tesouraria. Lá chegando, Denise avisou a responsável que Rubinho seria aluno com bolsa de estudos, o que significava que não mais teria de pagar mensalidades. Isaura, sem poder acreditar em tamanha bênção, quase caiu de joelhos, maravilhada.

— Quer dizer que não vou mais pagar nada?!

— Não, Isaura. Seu filho será um bolsista do nosso colégio.

— Graças a Deus! Só o Senhor para me socorrer dessa maneira! Então, o que recebo com as faxinas que faço e as quinquilharias que vendo, vou poder usar para alimentação! Não passaremos mais fome e deixarei de pedir comida nas casas. Louvado seja Deus!...

Denise e a responsável pela tesouraria sentiram um aperto no coração e quase choraram ao ouvir essas palavras. Isaura abraçou a ambas e foi embora toda feliz.

Entrando na sala de Valéria, a orientadora contou-lhe o que ouvira de Isaura, que mostrava sua real situação. Ambas, emocionadas, sabiam que teriam de analisar as matrículas uma a uma, para que casos como esse não viessem a acontecer mais.

— Não precisamos disso, Denise. O colégio vai muito bem e podemos ajudar alunos mais necessitados. Verifique isso o mais rápido possível.

Ao deixar a escola naquele dia, Valéria sentia uma sensação boa de quem tem a condição de auxiliar outras pessoas mais necessitadas. Encontrando-se com Maurício à noite, relatou a ele a condição da família de Rubinho, deixando-o também comovido. Balançando a cabeça, pensativo, Maurício reconheceu:

— Podemos fazer mais do que ajudar Rubinho e sua mãe; podemos ajudar muita gente! Quantos alunos com problemas de falta de dinheiro não terá a escola? Quantos alunos não terão problemas de saúde? Tudo isso é possível ser modificado, se tivermos condição e boa vontade. Da minha parte, candidato-me a atender os alunos duas vezes por semana, por algumas horas. O que acha, querida?

— Que é um belo começo, Maurício! Nunca pensei em ajudar o próximo dessa maneira! Estou encantada e cheia de ideias na cabeça...

— Podemos ter quem faça um trabalho de terapia psicológica individual e coletiva, dando orientações a todos, alunos e funcionários! O que acha, meu amor?

— Perfeito. Veja quanto se pode fazer quando se tem boa vontade!

Ambos se abraçaram, felizes pelos novos planos de trabalho.

14

EM REGIÕES
INFERIORES

Enquanto tudo era alegria e esperança de dias melhores para os encarnados, no Além-túmulo havia uma verdadeira revolução.

Em local escuro, árido e fétido do umbral inferior, desencarnados em péssimas condições de moralidade não se conformavam com as mudanças que se operaram na situação dos encarnados envolvidos na trama. Eram seres que, em virtude do mal recebido em certo período da sua história, queriam destruir seus inimigos, aqueles que consideravam como merecedores de todo o mal que pudessem despejar sobre eles.

A aparência desses desencarnados era a pior possível. Vestiam ainda os frangalhos das roupas trazidas ao deixar o corpo físico; suas fisionomias eram assustadoras e tinham terríveis ímpetos de violência, ódio e vingança; não se conformavam ao ver que aqueles que consideravam como seus inimigos tinham tudo do bom e do melhor, levavam existência regalada, enquanto eles nada possuíam; quando tinham sede, eram obrigados a tomar água barrenta de poças que encontravam vez por outra; suas roupas estavam rasgadas e mal-cheirosas; como alimento, se serviam de ralos vegetais que arrancavam do solo naquela região inóspita, e a temperatura os torturava com um frio atroz, sem que tivessem algo mais quente para se proteger. Além de todos esses infortúnios, acrescentava-se o perene estado de exasperação em que viviam, levando-os a discutirem entre si, gerando confrontos violentos, quando davam vazão aos maus instintos que ainda lhes proliferava no íntimo, até que, exaustos, paravam com as brigas e violências, separando-se cada um num canto até esfriar o doentio sentimento que traziam em si. Depois, reuniam-se de novo, e tudo recomeçava.

Naquele momento, reunidos em círculo no meio da lama fétida, gritavam seu ódio contra aqueles que desejavam destruir e que, sem saber por qual razão, não conseguiam. Dentre eles, aquele que era o chefe do bando e o mais sanguinário gritava com sua voz rouquenha e apavorante:

— *Não podemos continuar assim! Temos de acabar com eles! Debalde temos usado nosso poder de destruição, sem que eles se entreguem. A hora é chegada! Basta de contemporização! Usem a cabeça e pensem qual a melhor estratégia para atingi-los! Vamos! Não temos tempo a perder. Quero sugestões agora, imediatamente!*

Os demais que, embora da mesma categoria, sentiam muito medo do chefe, tremeram intimamente, e um deles ergueu a mão, sugerindo:

— *Rualdo, tive uma ideia. Por que não usamos uns contra os outros? Sempre funciona, chefe!*

— *Mutum, seu cabeça de bode! Esqueceu que já tentamos essa estratégia, mas que não deu certo com eles?*

Mutum abaixou a cabeça, calando-se humilhado. Logo em seguida, Brejão ergueu o braço e gaguejou:

— *Chefe Rualdo, e se não lhes dermos descanso o tempo todo? Se os infernizarmos com nossa presença, sugerindo que façam isso ou aquilo, até que se rendam? Esse recurso funciona sempre!*

Coçando a cabeça, Rualdo recusou a sugestão:

— *Brejão, isso funciona com quem não tem pensamentos bons na cachola. Com aqueles, não dará certo. Também já tentamos isso.*

Todos se mantiveram calados, até que um dos companheiros sugeriu:

— *Rualdo, e se os atormentássemos o dia todo com ideias de que são inúteis, que não servem para nada, que tudo o que fazem é lixo?*

Rualdo arregalou os grandes olhos, ficou parado por um instante, depois, jogando a cabeça para trás, soltou uma gargalhada estrondosa, que arrepiou a todos. Em seguida, coçando a barba, considerou:

— *É verdade, Vírus! Sabe que pode dar certo? Foi a melhor sugestão dada até agora. Aceito! Sim! É isso que vamos fazer. Quero ver como aqueles espertos vão reagir a essa nossa bela estratégia de ação.*

Todos começaram a gritar, a rir e a pular de satisfação, certos de que seriam vencedores desta vez. Nada poderia impedi-los de acabarem com seus algozes do passado.

Acordando em seu leito, Valéria sentia-se tranquila. A escola recuperava sua normalidade, e os alunos estavam bem. Lembrou-se de Rubinho. Estaria a mãe dele ministrando-lhe os remédios direito? Sim, porque não adiantaria nada ir ao médico, consultar, ganhar os remédios e não usá-los! Teria de pedir para Luzia, sua funcionária vizinha de Isaura, para manter contato com eles, verificando se o tratamento estava sendo feito como mandara o médico.

A caminho da escola, lembrou-se de que era dia de reunião mediúnica, e ela não queria faltar. Mais tarde, telefonou para o namorado matando as saudades e também confirmando que iria à reunião, terminando por dizer:

— Não se esqueça de mim, querido!

Eram dezenove horas quando Maurício pediu ao porteiro para chamá-la. Valéria desceu satisfeita da vida. Entrou no carro, deu um beijo no namorado, depois disse:

— Hoje estou muito feliz, querido!

— Estou vendo! O que aconteceu de tão bom assim? — ele indagou sem tirar o olhar do volante.

— Ah! Não sei, Maurício... Mas a verdade é que tive um dia perfeito, em que tudo deu certo, entende? Um dia cheio de paz como havia tempos não tínhamos! Nada aconteceu de negativo, graças a Deus!

— Isso é muito bom, querida. Creio que é também pela ajuda dos amigos espirituais, que sempre nos socorrem nas horas de dificuldades. Além disso, as entidades que foram ajudadas durante esse tempo também aliviam o ambiente espiritual da escola.

Alguns minutos depois chegaram ao centro espírita. A reunião transcorria bem, até que, quase no final, um desencarnado, utilizando da mediunidade de um dos participantes do grupo, quebrou o silêncio do ambiente com uma grande gargalhada, depois disse com voz assustadora:

— *Pensam que vão nos destruir? Que levarão a melhor neste caso? Ledo engano! Estamos mais fortes do que nunca, e vocês sentirão o peso do nosso ataque. Depois, não adianta chorar e se arrepender! Vamos acabar com vocês!*

O dirigente da reunião tentou conversar com a entidade, mas não conseguiu. Após dar seu recado, o comunicante afastou-se rapidamente, e a cabeça do médium, desacordado, pendeu para a frente.

Apesar do susto, os componentes da mesa mantiveram o pensamento elevado. Após alguns momentos de mentalização positiva, como não houvesse mais nenhuma comunicação, foi feita a prece de encerramento, com gratidão pela assistência dos amigos desencarnados que haviam programado a reunião.

Valéria entendera perfeitamente que a mensagem fora para ela e arrepiou-se toda, preocupada. Ao acender a luz, ela indagou ao dirigente:

— Cícero, o que será que eles estão preparando para nós? Tenho medo só de pensar! Bem que notei uma tranquilidade rara no colégio! O que posso fazer, meu amigo?

— Valéria, não se descuide das preces constantes. Mantenha o pensamento ligado ao Alto, e os amigos espirituais não deixarão de socorrê-la em qualquer eventualidade. O importante é não nos entregarmos, deixando campo livre para nossos desafetos. Confie sempre!

Após essas palavras, que levantaram o ânimo de Valéria, eles se despediram, e cada um pegou seu rumo. Maurício levou Valéria até seu apartamento, deu-lhe um beijo e saiu, alegando ter cirurgia na manhã seguinte, logo cedinho.

Valéria trancou a porta do apartamento e dirigiu-se ao seu quarto. Também se sentia necessitada de dormir, pois logo cedo tinha várias coisas urgentes a resolver.

Tomou ligeiro lanche, fez a higiene e trocou de roupa. Sentada no leito, acomodou-se confortavelmente sob a luz do abajur, pegou um livro espírita que estava lendo e abriu-o, iniciando a leitura. No entanto, alguns minutos depois o sono a venceu. O livro escorregou de suas mãos e caiu no tapete, sem ruído.

Valéria acordou em um lugar escuro, cheio de pessoas mal-encaradas, com roupas estranhas, algumas até com capuzes a esconder o rosto. Assustada, sem saber como chegara àquele lugar, tentou pedir ajuda a alguém que estava ao seu lado.

— Por gentileza, poderia mostrar-me a saída? Não sei como vim parar aqui e preciso ir embora.

Nesse momento, ela sentiu o sangue gelar. A pessoa que estava ali perto riu, e ela reconheceu a voz assustadora do espírito que se comunicara na reunião. Ele deu uma gargalhada, tirou o braço de dentro da ampla capa, colocando-o na cintura, e respondeu com olhos avermelhados:

— *Pensa que poderia escapar de nós? Fui eu que a trouxe para cá, e daqui você não sairá mais! Não é, pessoal?* — gritou ele para todos que os rodeavam.

Valéria viu, então, que estava no centro de um círculo, como se sujeita a um interrogatório ou um julgamento. Pareceu-lhe mais um julgamento, pois cada um daqueles seres vestidos de preto acusava-a de algo que lhe teria feito. Porém, como eles gritavam ao mesmo tempo, ela não conseguia entender o que diziam, mas sentiu que a acusavam de alguma coisa. Tentou defender-se, mas ninguém a ouvia. Alucinada de pavor diante dessa cena, sem saber como agir ou como sair daquele lugar asqueroso, Valéria levou as mãos à cabeça e soltou um grito apavorante:

— NÃO!...

Após o grito, rodopiou sobre si mesma, caindo desacordada no chão fétido, coberto de limo e de lama.

Nesse instante, ela acordou em seu leito e sentou-se, exatamente no momento em que gritara com intenso pavor. Abriu os olhos e notou que estava em sua cama. Tudo estava calmo e normal. A luz que entrava pela janela era a de um grande luminoso, pertencente a uma empresa de seguros que havia ali perto, ao qual estava acostumada. A luz de cabeceira, ainda acesa, tranquilizou-a.

Olhou em torno lentamente, temendo ainda ver aqueles seres horríveis. Porém, ao ver que estava tudo bem, recostou-se de novo no travesseiro, com um suspiro, e murmurou aliviada:

— Ah! Ainda bem! Foi só um sonho...

Despertou na manhã seguinte muito bem. O sono fora repousante e, se pudesse, gostaria de permanecer um pouco mais no leito. Todavia, ela se lembrou de que precisava ser rápida, porque havia providências urgentes a serem tomadas no colégio. Assim, jogou o lençol para o lado, pulou da cama e foi direto ao banheiro; tomou um banho rápido, vestiu-se e logo estava saindo de casa. Comeria alguma coisa na cantina do colégio.

Chegando à escola, estacionou o carro e, pegando a grande bolsa a tiracolo, caminhou até sua sala, após cumprimentar o jardineiro que trabalhava. Chegando, abriu a porta e depois colocou a mão dentro da bolsa, para tirar a caneta. De repente, assustou-se: segurou algo pegajoso e retirou a mão com aquilo pendurado. Ao ver o que era, levou novo susto: parecia um vegetal, talvez um punhado de capim, mas todo enlameado e com mau cheiro. Ela gritou, apavorada:

— NÃO!...

Denise, que entrava naquele instante, estranhou o grito de Valéria e, mais ainda, o que viu na mão dela:

— Meu Deus! O que está fazendo com "isso" na mão, Valéria?

— Não sei! — gritou a outra. — Estava dentro da minha bolsa! Mas como foi parar ali?

— Valéria, talvez você tenha colocado sem querer, quem sabe?

— Eu não estou louca! Por que faria isso?! Não sei de onde essa coisa veio nem como foi colocada dentro da minha bolsa, que nunca largo em lugar algum!

Nesse momento, Valéria caiu sentada na sua cadeira. De súbito, voltou-lhe à lembrança o sonho que tivera e teve uma vertigem; a cabeça girou, e ela caiu desacordada sobre a mesa.

Denise telefonou imediatamente para Maurício, o médico mais fácil de encontrar, que, após algum tempo, chegou ao colégio. Haviam colocado Valéria deitada num sofá, para que ficasse mais confortável. Ao vê-la, tão pálida e desacordada, ele quis saber:

— O que houve, Denise? — indagou com voz profissional, ajustando o aparelho de pressão no braço de Valéria.

— Dr. Maurício, foi tudo tão estranho, que não entendi. Entrei na sala e vi Valéria com uma "coisa" na mão. Ao olhar para a mão, ela caiu desmaiada!

— A pressão está baixa.

O médico examinou os olhos e nada viu de diferente. Então, julgando que pudesse ser algo de natureza espiritual, fez uma oração, que Denise acompanhou de mãos postas. Após a prece, Valéria começou a se mexer, sinalizando que estava voltando ao normal. Abriu os olhos e, ao ver o rosto do namorado sobre o seu, indagou:

— Maurício! O que está fazendo aqui?

— Como está, querida? Sente-se bem agora?

— Sim! Por que não estaria bem?

De repente, ela lembrou-se do que acontecera e deu um grito, levando a mão à cabeça:

— Ai, meu Deus! Maurício, minha bolsa tinha algo horrível! Não sei como foi parar lá, acredite!

— Como assim? Deixe-me ver! — disse ele, erguendo-se e indo até a bolsa dela. — Não há nada aqui, querida!

Ele olhou para Valéria, que mostrava surpresa no semblante:

— Mas estava aí mesmo! Era uma espécie de alga ou coisa semelhante, enlameada e malcheirosa. Mas estava ali mesmo! Onde foi parar agora? Ninguém mais entrou aqui! — defendeu-se Denise, assustada.

Maurício, notando que algo estranho acontecera, acalmou Denise, dizendo-lhe que levaria Valéria para a casa dela, pois não teria condições de trabalhar. Mais tarde, quando estivesse melhor, ela voltaria. Você assume a direção, Denise?

— Tudo bem, dr. Maurício. Eu tomo conta de tudo.

Maurício amparou Valéria com seus braços e levou-a até seu carro, acomodando-a no banco dianteiro. Em seguida, ligou o veículo colocando-o em movimento e ganhando a rua. Ao chegar ao prédio, entrou pela garagem, para que ninguém visse Valéria naquele estado, e levou-a para o apartamento dela. Ela pegou a chave, e ele abriu a porta, conduzindo-a para o quarto, onde a deitou. Depois, sentou-se na beirada do leito, indagando:

— Deseja uma água ou qualquer outra coisa, querida?

— Não, Maurício. Sente-se aqui, comigo. Preciso conversar com você.

— Está bem, Valéria. Diga! O que tem a me dizer?

Valéria, ainda assustada, recostou-se no leito e começou a falar:

— Lembra-se da reunião de ontem? Pois bem! A comunicação final deixou-me tensa e preocupada. No entanto, eu estava cansada, mas li um pouco e devo ter dormido logo, pois o abajur amanheceu ligado...

E relatou o sonho que tivera e tudo o que acontecera depois, terminando com o que houve ao chegar à sua sala:

— Abri a bolsa para pegar minha caneta, mas peguei algo estranho, pegajoso e horrível! Parecia uma erva, um punhado de mato, mas cheio de lodo e com mau cheiro horrível; parecia de uma tonalidade marrom-esverdeada, muito estranho. Ao ver aquilo, que não poderia nunca estar na minha bolsa, eu me recordei do sonho que tivera, e a impressão era a mesma: aquela coisa asquerosa estava por todo lado, cobrindo o chão, subindo pelas rochas! Horrível e apavorante!

Maurício entendeu perfeitamente o que Valéria lhe relatara. Abraçou-a com imenso carinho, acalmando-lhe os receios:

— Querida, não se preocupe. Aquele grupo, cujo chefe se comunicou ontem, quis nos mostrar sua força. Porém, precisamos manter a calma, agir com serenidade, confiando em Deus, o Pai Maior. Não podemos deixar de manter o pensamento elevado, fazendo preces e confiantes no amparo do Alto. Entendeu?

— Entendi, querido. Só que não é fácil enfrentar uma situação como essa!

— Eu sei, você tem toda razão! No entanto, eles estão no papel deles. Desejam demonstrar força, domínio, o que não podemos permitir. A confiança no amparo divino tem de ser grande, real, verdadeira. Jesus não nos deixaria à mercê de entidades desequilibradas a serviço do mal, entende? Fique firme! Não desfaleça!

— Está bem, Maurício. Você tem toda razão. Farei o melhor que puder.

O médico olhou para o relógio de pulso e balançou a cabeça, preocupado:

— Valéria, não posso ficar aqui com você. Tenho pacientes à tarde, e alguns têm problemas graves. — Ficou pensativo por instantes, depois disse: — Já sei! Vou telefonar para Celeste e pedir a ela que lhe faça companhia hoje.

Valéria agradeceu a preocupação do namorado, e despediram-se com um beijo.

— Se precisar de algo, ligue-me. Darei um jeito e virei em seguida!

Acenou com a mão e saiu, fechando a porta de entrada.

Valéria sentia-se fraca. Lembrou que não havia se alimentado ainda e foi até a cozinha. Fez uma xícara de café solúvel, que acompanhou com algumas bolachas salgadas e manteiga. Tomou seu desjejum e voltou para o leito. Não se sentia com ânimo para mais nada. Pegou o livro que estava lendo, porém desistiu; livro espírita iria fazê-la lembrar-se do sonho. Ligou a televisão. Nada tinha de interessante, mas deixou-a ligada assim mesmo. Precisava de companhia, e a voz da apresentadora do programa servia-lhe muito bem para que não se sentisse sozinha.

15

ATAQUE ESPIRITUAL

De súbito, Valéria ouviu um barulho. Abriu os olhos, assustada. Logo a figura de Celeste surgiu na porta do quarto:

— Acordei você?

— Celeste! Não a vi chegar. Foi Maurício que a avisou, não é?

— Sim. Ele estava bastante preocupado de deixá-la sozinha e pediu-me que viesse fazer-lhe companhia.

— Que bom. Desde quando está aqui?

— Há umas duas horas, mais ou menos.

— Tudo isso? Que horas são?!

— Quase meio-dia. Preparei alguma coisa para você comer.

— Dormi todo esse tempo? Ah! Mas foi excelente. Descansei bastante.

Da cozinha vinha um cheiro bom de tempero. Celeste contou que havia procurado no armário alguma coisa para fazer, mas nada encontrara.

— E como você fez, Celeste?

— Perguntei ao porteiro, e ele disse-me que tem pelo menos três supermercados aqui perto. Saí e entrei no primeiro supermercado que encontrei. Simpático, gostei. Como não sou uma exímia cozinheira, fiz uma sopa de legumes. Espero que você goste, Valéria. Quer que lhe sirva agora?

— O cheiro está muito bom. Mas quero sentar-me à mesa com você, Celeste. Afinal, não estou doente!

Ambas acomodaram-se na pequena mesa da cozinha e tomaram sopa com torradas e suco de uva, que Celeste encontrou na geladeira. Enquanto isso, elas conversavam. Logo Valéria estava completamente diferente, mais animada, alegre e risonha.

— Que bom vê-la assim, amiga! Fiquei preocupada com você e vim o mais rápido que pude!

Valéria baixou a cabeça, fitou o prato enquanto segurava a colher, e respondeu num fio de voz:

— Não imagina o que passei, Celeste. Outra hora eu lhe conto. Agora ainda não conseguiria falar no assunto, entende?

— Entendo perfeitamente. Então, falemos de coisas mais agradáveis. Quer ir ao cinema à tarde? Está passando um filme ótimo!

— Seria bom. Vamos sim. Vou tomar um banho, me arrumar e, depois, podemos ir. Será bom ir a um shopping, ver coisas bonitas, passar o tempo. Estou sempre atarefada e faz muito tempo que não faço um programa desses. Mas, e você, Celeste, agora que me lembrei! Não vai trabalhar?

— Não, querida. Liguei para a empresa e avisei que não irei hoje à tarde. Então, estamos ambas livres!

Logo estavam passeando nos corredores de um grande shopping, procurando o cinema. Assistiram ao filme comendo pipocas e tomando refrigerantes. Era uma comédia, e elas riram bastante. Saindo do cinema foram ver as lojas. Valéria comprou um lindo vestido e um par de calçados para combinar. Celeste não resistiu a um belo colar e a um sapatinho baixo, bem confortável para trabalhar. Depois se sentaram em um banco, em jardim artificial, para descansar. E conversavam sobre muitas coisas, até que Valéria considerou:

— Obrigada, Celeste, por este dia. Sei que você deixou seus compromissos por minha causa e agradeço-lhe. Sinto-me bem melhor agora.

— A finalidade era essa mesma: fazê-la ficar bem de novo. Sinto-me feliz ouvindo isso, pois mostra que consegui o que queria.

— Ah, Celeste! Não imagina o que passei esta noite e, depois, ao ver "aquilo" em minha bolsa. Como foi parar ali?! De um sonho tornar-se real a ponto de ser sentido, manuseado, tendo cor, cheiro, textura... Não entendo ainda como isso pôde acontecer.

— Não se preocupe, amiga, vai entender mais tarde. O certo é que você não deve ficar pensando e remoendo o que aconteceu, porque é dessa maneira que "eles" passam a interferir na nossa vida.

— Como assim, Celeste?

— Valéria, a distância entre o mundo físico e o espiritual é muito tênue. É questão de vibração, de densidade vibratória. Nunca leu sobre fenômenos de materialização, de transporte de objetos e outras coisas? Tudo isso acontece mesmo. E o que nos protege, nos ajuda a sair da situação que nos incomoda ou angustia, é o pensamento positivo, elevado. Deixar de cultivar sentimentos infelizes como mágoa, rancor, inveja, ciúme e muito mais. Temos de viver da melhor maneira possível, fazendo o bem às pessoas, ajudando-as em suas dificuldades, consolando-as nas dores. Dessa forma, estaremos livres de ações como essas, que você viu...

Naquele momento, por estar em ambiente bem diferente daquele de sua casa, Valéria falou sobre o assunto, embora de forma sintética.

— Foi terrível, Celeste! Mas não foi só isso. Vou lhe contar tudo o que aconteceu. Adormeci e, de repente, vi-me num lugar asqueroso, nada parecido com algo que já tenhamos visto. Estávamos no meio de rochas escuras que pareciam cheias de limbo, com tufos de algo que parecia plantas, algas, muito feias...

Valéria relatou rapidamente o sonho que tivera e terminou por dizer:

— Fiquei tão amedrontada que despertei sentindo o meu corpo e dando graças a Deus por não estar mais lá, naquele local tenebroso, mas em meu leito. Levantei e fui para o colégio.

— Que situação apavorante, Valéria! Ainda bem que era sonho!

— Ainda tem mais, Celeste. Quando cheguei ao colégio, entrei em minha sala e abri minha bolsa para pegar a chave do armário e, para meu desespero, tirei um punhado de algo parecido com algas, sei lá! De cor escura e esverdeada, com o mesmo cheiro e textura pegajosa. Constatando que era exatamente o que eu tinha visto no sonho, levei um susto tão grande que caí desmaiada. Denise, que estava lá, me acudiu e me colocou no sofá.

Celeste procurou não demonstrar, mas estava também horrorizada com o relato. E aconselhou Valéria a mudarem de assunto. Como já fosse quase dezoito horas, resolveram ir embora. Celeste levou Valéria até o prédio e sugeriu:

— Amiga, preocupo-me de deixá-la aqui sozinha. Quer que eu durma com você?

— Não, Celeste. Já fez muito por mim hoje. Obrigada, amiga. Maurício não deve demorar a vir saber como estou. Fique tranquila.

Celeste despediu-se de Valéria afirmando-lhe que, se precisasse de algo, a qualquer hora, que lhe ligasse, e ela viria em seguida. E completou:

— Você sabe que sou sozinha, não é? Então, não se acanhe! Ligue mesmo. Beijos, querida! Durma bem. Amanhã nos veremos novamente.

— Obrigada por tudo, Celeste. Deus lhe pague, amiga!

Celeste foi embora, e Valéria subiu até seu apartamento. Abrindo a porta, certa sensação de medo a envolveu, porém manteve-se firme. Entrou, caminhou até seu quarto e deixou a bolsa, trocou os sapatos por confortáveis chinelos; tirou as roupas e colocou um pijama curto, sobre o qual vestiu um robe, e foi para a sala. Ligou a televisão e procurou um programa para ver. Achou uma comédia e sentou-se, resolvida a assistir ao filme.

Logo começou a sentir um cheiro diferente, que reconheceu como o que sentira naquele lugar horrível do umbral. Parecia saber que o cômodo estava repleto de seres desencarnados, que deixavam o ambiente carregado. Fiel ao que se comprometera, procurou não demonstrar o que estava sentindo. Fechou os olhos e tentou fazer uma prece. No entanto, sentia muita dificuldade. O coração batia acelerado, os pelos do corpo eriçavam-se, perigosamente, e ela esquecia o que desejava dizer. Tentou fazer um Pai Nosso, oração que sabia desde criança, mas as palavras lhe faltavam. Então, pôs-se a repetir sem parar:

— Jesus, me ajude! Jesus, me ajude! Jesus, me ajude!

Ao notar o ambiente melhor, abriu os olhos. A crise tinha passado. Valéria tentou sentir o ambiente da sala e nada percebeu, chegando à conclusão de que "eles" tinham ido embora. Reconhecendo-se mais fortalecida sorriu intimamente, grata a Jesus pelo amparo que lhe dera.

Nesse momento, ouviu a chave girando na fechadura e levou um susto, encolhendo-se. A porta abriu, e Maurício entrou sorridente. Valéria respirou fundo, contente e aliviada.

— Não sabia que você tinha a chave da minha casa, Maurício.

— E não tenho mesmo. Hoje, ao sair e deixá-la dormindo, fiquei preocupado e resolvi fazer uma cópia para tê-la comigo.

— Então, como Celeste entrou? — ela indagou curiosa, só agora se dando conta de que a amiga não tinha chave de seu apartamento.

— Combinei com ela que deixaria a porta destrancada para que pudesse entrar sem dificuldade. Como foi seu dia, querida?

— Muito bom. Celeste fez uma sopa, que tomamos. Depois, fomos ao shopping assistir a um filme, passeamos e rimos bastante. Não faz nem uma hora que ela me deixou aqui. E você, trabalhou muito?

— Bastante, mas sempre preocupado com você.

Maurício abraçou-a e deu-lhe um beijo carinhoso. Sentou-se ao seu lado, contente por saber que sua amada estava bem melhor. Valéria, contudo, contou-lhe o que acontecera pouco antes de ele chegar e reconheceu:

— Querido, sinto-me mais forte e confiante. Orei a Jesus e pedi-Lhe que me socorresse, e tenho certeza de que fui ajudada. Tudo mudou. O ambiente, que estava pesado, asfixiante, ficou leve e em paz. Nem sei como agradecer a ajuda que tive!

Maurício balançou a cabeça, concordando:

— Jesus disse certa ocasião que tudo o que pedíssemos com fé em nosso coração, com certeza receberíamos. Não podemos esquecer que temos amigos espirituais poderosos, familiares desencarnados que nos amparam e, além de todos eles, temos o nosso anjo guardião, ao qual Deus incumbiu de nos orientar e proteger na existência.

— É verdade. E o pior é que, muitas vezes, nos consideramos sozinhos e abandonados! Que ingratidão! Mas eu, além de todos esses que nos amparam, tenho ainda você, que é um Sol em minha vida!

— Acha mesmo isso, querida?

— Tenho certeza! Quantas vezes você já me tirou de situações difíceis? Por essas e outras coisas, eu te amo! — Valéria completou com um abraço apertado e um beijo carinhoso.

Ficaram ali conversando, uma vez que Valéria não queria sair para jantar. Pediram uma pizza, comeram, e depois Maurício reconheceu:

— Foi melhor mesmo ficarmos por aqui. Eu também estava cansado, tive um dia cheio. Além disso, a pizza estava excelente! E não falta nem mesmo a sobremesa — disse, tirando uma pequena caixa de bombons da sua maleta.

Valéria adorou. Comeram os bombons, e logo ele se despediu, alegando cansaço e necessidade de acordar cedo no dia seguinte, pois teria duas cirurgias.

Assim, Valéria também se deitou, pegando o livro que estava lendo. Dormiu a noite toda, tranquila.

A campainha do telefone tocou despertando Valéria. Ainda sem vontade de levantar, ela relutou em atender. Mas, como continuasse tocando, tirou o fone do gancho:

— Alô?

— Bom dia, Valéria, como está? Você vem hoje ao colégio?

— Bom dia, Denise! Estou bem, e você? Tudo tranquilo aí?

— Mais ou menos. Venha que a gente conversa. Não dá para falar ao telefone.

— Certo. Logo estarei chegando. Até mais!

Desligou o fone e ficou pensando o que estaria acontecendo na escola. Tomou rápido banho, arrumou-se e pegou o carro. Meia hora depois estava chegando ao colégio. O jardineiro, envolvido com suas plantas, acenou-lhe, e ela retribuiu com um sorriso. Entrou em sua sala e deparou com Denise debruçada sobre uns documentos.

— Bom dia, Denise! O que houve?

— Sente-se, Valéria! O golpe vai ser grande. Três professoras resolveram pedir demissão porque não estão se sentindo bem aqui no colégio.

— Mas... O que elas alegam?

— O mal-estar que tomou conta de tudo, de crianças a professores, funcionárias e pais de alunos.

— Como assim? Explique-me melhor, Denise — perguntou Valéria apreensiva.

— A bem da verdade, também estranhei. Coisas diferentes estão acontecendo aqui, neste prédio! As crianças começaram a dizer que veem fantasmas e sentem medo. Não querem mais ficar sozinhas, não vão mais ao banheiro senão acompanhadas.

— Mas isso nunca aconteceu antes! — exclamou Valéria abrindo os braços, perplexa. — Mais alguma coisa?

— Sim. As funcionárias dizem que escutam outras a falar-lhes grosserias, xingamentos, dão gargalhadas delas... O que está gerando uma guerra entre elas.

— Deus do céu! Isso não pode estar acontecendo conosco! Mas continue, o que mais está havendo?

— Os pais dos alunos estão preocupados, pois seus filhos chegam a casa contando que viram fantasmas, que ouviram vozes nos banheiros, barulho de portas se abrindo e fechando. Enfim, que estão com medo! Alguém disse que isso é o demônio que está atacando porque a diretora frequenta um centro espírita.

Valéria ouviu surpresa o relato de Denise. Depois, olhou firme para sua adjunta e perguntou:

— E o que você acha de tudo isso, Denise?

— Bem, acho que fatos estranhos estão realmente acontecendo. O que os provoca eu não sei. No entanto, sei que, quando oramos em conjunto, o ambiente, de repente, muda para melhor. Não sei o que dizer, porque nada conheço de Espiritismo, mas respeito.

Valéria estava tensa e preocupada. Se sua auxiliar mais direta saísse, a situação ficaria difícil. Perguntou:

— Denise, você pretende continuar conosco?

A outra ficou pensativa, depois respondeu:

— Sempre amei trabalhar aqui, Valéria. Tivemos muitos problemas, e todos foram corrigidos. Agora, com esse impasse, não sei como ficarão as coisas! Não sei se o colégio continuará funcionando, se vai fechar... entende? Estou sem saber o que fazer, que atitude tomar, Valéria! Gosto muito de você, sempre foi uma irmã para mim, mas preciso decidir minha vida. Não posso ficar sem emprego! Se deixar de trabalhar, minha vida desmorona, pois sou eu que pago as contas em casa!

— Entendo. Quanto ao colégio continuar em funcionamento, farei de tudo para que isso ocorra. Só fecharei as portas em último caso. No entanto, confio em Deus, nosso Pai Maior! Tenho certeza de que Ele não nos deixará ao desamparo. Nada fizemos de mal. Sempre levamos tudo com seriedade, honestidade, cumprindo o que prometemos a pais, professores e funcionários. Não vejo por que seríamos obrigados a fechar as portas. Tenho fé em Deus que conseguiremos vencer esse problema. Confie em mim!

Denise ouviu, e, conforme a diretora falava, sua expressão foi mudando até que, ao terminar, ela afirmou:

— Valéria, eu também quero continuar aqui! Também tenho fé em Deus!

Elas se abraçaram e choraram juntas. Depois, sentaram-se e foram avaliar o que estava acontecendo, quais as origens daquelas notícias e o que estava ocorrendo de fato.

16
PROVIDÊNCIAS

Valéria e Denise estiveram reunidas durante horas estabelecendo a melhor tática de ação nesse momento difícil e prioridades a serem estabelecidas. Fundamental conhecer a real situação financeira, para terem noção do tempo que poderiam sobreviver se a receita mensal diminuísse drasticamente.

Nesse ponto da conversa, Valéria pediu a Denise que ligasse para o escritório que fazia a contabilidade da escola, pedindo ao contador que lhe mandasse um balanço atualizado. Depois, continuaram analisando a questão dos professores, quais seria importante manter e quais poderiam sair, sem maiores perdas. Quanto aos demais funcionários, usaram a mesma lógica. No entanto, tinham de estar preparadas para enfrentar com firmeza e determinação a posição de cada um deles, embora usando delicadeza e solicitude.

Analisaram ainda outros itens, e, para finalizar, Valéria dispôs-se a abrir mão do seu patrimônio, se fosse o caso, para oferecer aumento àqueles que realmente fizessem por merecer, pela importância no desempenho das funções.

Denise, ao ouvir essa declaração da diretora, indagou preocupada:

— Valéria, mas de onde você tirará recursos, se precisar? Não irá se apertar pedindo empréstimos bancários, sempre com juros altos?

— Não, Denise. Tenho uma propriedade rural, herança de meu pai, que está arrendada para um digno senhor, Osório, que conheço há anos. Ele trabalhou muito tempo para meu pai e sempre se mostrou grande amigo. Quando meu pai faleceu, Osório teve medo de ser dispensado, pois era empregado e não sabia como eu, a herdeira, iria resolver a questão. Osório me procurou e falou comigo, preocupado de perder seu ganha-pão. Porém, sem vontade de me preocupar com a fazenda, propus a ele o arrendamento das terras, em troca de determinada importância mensal. Ele até chorou, emocionado, e me disse que o desejo dele sempre fora ter suas próprias terras, mas que agora se sentia muito feliz com a proposta que eu lhe fizera.

Valéria parou de falar por alguns segundos, também emocionada, depois prosseguiu:

— Enfim, Denise, para completar, sei que Osório está muito bem. Comprou trator, carro, cavalos, enfim, por duas vezes já me propôs comprar a propriedade, que não aceitei. Agora, acho que é a ocasião de vender a fazenda e, com certeza, já tenho até o comprador! Então, não se preocupe. Quanto a dinheiro, teremos o suficiente para tocar, caso a situação fique muito difícil.

Após acertarem tudo, resolveram começar fazendo uma reunião com a equipe do colégio para saber a posição de cada um, que foi marcada para após o término das aulas, naquele mesmo dia. Denise redigiu um aviso, que distribuiu para todos, não só professores como funcionários, inclusive o jardineiro.

À hora combinada estavam todos no salão nobre. A diretora comandou a reunião, auxiliada por Denise. Antes de iniciar, Valéria pediu permissão a todos para fazer uma oração. Elevando os olhos ao Alto, disse:

— Senhor Deus, nosso Pai! Jesus, Mestre de Amor e Bondade, que sempre nos tem socorrido a todos nesta vida! Estamos aqui reunidos para conversar sobre assuntos que dizem respeito a nossos interesses e o futuro do nosso estabelecimento de ensino, o Instituto de Educação Bem Viver. Suplicamos o Teu amparo, Senhor! Temos aqui uma quantidade grande de famílias de alunos, professores e funcionários que sempre nos foram muito caros ao coração e, agora, em virtude da atual situação, devemos estudar o melhor a fazer para resolver nossos problemas. Assim, que as Tuas bênçãos nos iluminem e auxiliem, de modo a nos entendermos, fazendo o melhor para todos. Obrigada, Senhor! Que a Tua Paz, Tua Luz e Teu Amor permaneçam conosco, hoje e sempre!

As vibrações do Alto desciam com suavidade e paz sobre todos os presentes, envolvendo-os em emanações amorosas, predispondo-os a ouvirem o que seria dito pela diretora da escola.

Valéria, após a oração, enxugou os olhos e fitou cada um dos presentes com carinho de mãe, conquanto ali houvesse pessoas bem mais idosas que ela.

— Queridos professores e queridos funcionários aqui presentes! Fui informada de que andam acontecendo coisas estranhas aqui no colégio, dentro ou fora das salas de aulas. Creio que precisamos investigar todos os casos, uma vez que pode se tratar de brincadeira de alguém, em especial de alunos. Não que eu os esteja acusando de algo! Porém, nós que convivemos com crianças e jovens, sabemos como eles são criativos e brincalhões! Ao longo de nossa história temos tido casos bem pitorescos. Lembram-se de quando alguns alunos estenderam um lençol branco, que trouxeram de casa, com o qual assustavam os mais novos, no banheiro, fingindo-se de "almas do outro mundo"?

O auditório começou a rir. Alguns se lembraram das carinhas dos pequenos, que saíam correndo do banheiro, apavorados e aos gritos.

— Vocês se lembram de quando um aluno do 9º ano trouxe um brinquedo que fazia ruído ao ser ligado, e as crianças gritavam assustadas? — prosseguiu a diretora.

O ambiente da plateia mudara completamente. Agora todos riam, recordando de outras situações igualmente engraçadas. O jardineiro lembrou-se de certa ocasião em que um dos garotos mais velhos escondeu um sapo no meio das plantas do jardim e disse aos mais novos que tinha um bichinho engraçado ali na grama, perto de um arbusto. Curiosas, as crianças se aproximaram; então o malandro puxou um fio escondido nas plantas, e um grande sapo pulou coachando: Cuac! Cuac! Cuac!

Todos riram, imaginando a cena hilária. Aproveitando o momento de descontração, Valéria retomou a palavra:

— Vejam! Estas coisas são engraçadas, e os jovens adoram fazer brincadeiras desse tipo! Muitas vezes temos lhes chamado à atenção, quando a brincadeira é perigosa, mas respeitando o bom-humor deles, natural nos jovens. Sempre existiram essas situações! Então, vamos analisar o que vem ocorrendo aqui no instituto, pois estou certa de que encontraremos uma resposta plausível e, quem sabe, até o autor da brincadeira.

Uma professora baixinha e conhecida por gostar de criar problemas ergueu-se e falou decidida:

— Tem razão, Valéria, porém existem situações em que não há saída! Por mais que se analise, não conseguimos encontrar a causa! E aí, como fica?

— Quando não existir um fundamento lógico, vamos analisar a situação e tentar resolver o problema, Amanda! Verdadeiramente inaceitável é ficarmos reféns de alunos brincalhões, não acham?

Os demais concordaram. Nesse momento, a diretora enfocou mais alguns pontos importantes para a ordem do conjunto e afirmou:

— Para finalizar, quero notificar a todos que terão um aumento no salário a partir do mês que vem. Ainda estamos estudando a porcentagem, porém desejo informá-los, para que saibam do nosso apreço e da nossa boa vontade com todos. Se alguém tiver algo mais a dizer, a considerar ou a reclamar, fique à vontade! A hora é esta. Estamos aqui para dirimirmos quaisquer dúvidas.

Como todos se mantivessem calados, Valéria deu por encerrada a reunião, proveitosa para todos. Professores e funcionários saíram contentes com o aumento do salário, mesmo sem saber o montante que iriam receber. Despediram-se todos, e Valéria cumprimentou a cada um em particular, inclusive atendendo a solicitações de alguns e acatando sugestões de outros.

Ao ficarem sozinhas, Denise e Valéria foram para a sala da diretoria e caíram sentadas, grandemente aliviadas. Estavam exaustas!

Porém, esse era só o início da luta.

Denise e Valéria, reunidas na diretoria, prosseguiram analisando as ações a serem executadas. Denise, prática, disse:

— Valéria, quanto ao quadro de professores e funcionários, por enquanto, é preciso aguardar para tomar outras decisões. Agora, no meu modo de entender, a pauta de urgência é analisar os alunos, ou, mais precisamente, suas famílias.

— Exatamente, Denise. Penso da mesma forma. Por gentileza, se Vilma ainda não foi embora, peça-lhe que amanhã verifique os alunos que não estão comparecendo às aulas, passando-nos uma relação deles, com endereço e telefones para contato. Ou aqueles que a mãe sinalizou que vai tirar do colégio. Diga-lhe que é urgente! Amanhã deixe tudo o mais e concentre-se nessa relação.

Denise saiu, e Valéria pôs-se a pensar na situação que estavam atravessando. Lembrando-se do próprio problema, viu a relação existente entre os dois fatos.

"Vou conversar com Maurício! Mais do que nunca preciso do amparo da casa espírita. Ainda bem que hoje temos reunião.", pensou mais tranquila.

Denise retornou comunicando que a secretária já recebera a ordem e faria a relação logo ao chegar. Como nada mais tivessem para resolver, fecharam a sala e saíram. Os corredores já se achavam na penumbra, com menos luzes, apenas para segurança. O guarda-noturno havia chegado e verificava se estava tudo em ordem. Ao vê-las, cumprimentou-as, sério, como sempre.

— Boa noite, Manoel! Tudo bem?

— Boa noite, Dona Valéria. Tudo em ordem! Boa noite, Dona Denise! Bom descanso!

Elas atravessaram o prédio, chegando até a saída e se separaram, ganhando o estacionamento, onde quase não havia mais veículos. Despediram-se e caminharam para o local onde tinham estacionado seus carros. Logo estavam no meio de trânsito intenso. Àquela hora, não poderia ser diferente. Valéria, preocupada com o horário da reunião na casa espírita, que seria de palestra e passes, ligou para Maurício informando-o de que acabara de sair do colégio e não daria tempo de ir até seu apartamento. Ele concordou, achando melhor irem direto para o Centro, tomando um lanche nas imediações. Combinaram o local, uma lanchonete simpática perto do centro, e se dirigiram para lá.

Chegaram quase ao mesmo tempo, pois Maurício também havia saído tarde do consultório. Abraçaram-se, trocando rápido beijo, e entraram. A garçonete, que já os conhecia, sorriu dando-lhes as boas-vindas. Ajeitou-lhes uma mesinha em local mais discreto, como eles preferiam, e se acomodaram. Após pedirem refeição mais leve e sucos, ele quis saber:

— Como foi o dia, querida?

Valéria respirou profundamente e respondeu séria:

— As coisas estão complicadas. A situação do colégio não é fácil. Vou lhe contar.

E, diante do seu ouvinte atento, passou a narrar tudo o que estava acontecendo, terminando com a reunião que tivera com professores e funcionários.

Maurício ficou pensativo, depois indagou:

— E quais as medidas que você vai tomar, diante da situação?

— Maurício, Denise e eu trabalhamos na estratégia de ação, tanto do quadro de funcionários quanto das famílias dos alunos. Vou fazer um resumo para que você possa entender melhor.

E passou a falar o que elas haviam decidido sobre a situação em geral, terminando com a relação de alunos faltantes que pedira à secretária.

— Muito bem. Acho que vocês decidiram corretamente. Mas, querida, não se esqueça do lado espiritual da questão!

Valéria concordou com um movimento de cabeça:

— Sim, Maurício. Estou bem atenta a esse lado da situação, que julgo o mais importante, pois tudo o mais depende de como resolveremos essa questão. Amanhã temos reunião mediúnica e tenho certeza de que algo vai acontecer! Tenho pedido muito aos amigos espirituais que nos auxiliem para que tudo se resolva da melhor maneira possível.

— Correto, amor. Amanhã vamos vibrar pelo colégio e certamente teremos a resposta. Ah! Nosso pedido está chegando!

A garçonete colocou os sanduíches e sucos sobre a mesinha, desejando-lhes bom apetite e afastou-se, deixando-os a sós. Terminando a ligeira refeição, dirigiram-se à casa espírita.

Bem a tempo! A reunião ia começar.

Após a palestra e os passes, foram conversar com Cícero, dirigente da reunião mediúnica, explicando-lhe como estava a situação no colégio e pedindo-lhe que se lembrasse do caso no dia seguinte, à hora da reunião, o que ele prometeu fazer.

Logo em seguida, encontraram com Celeste, que os procurava.

— E então, Valéria, como estão as coisas? — indagou.

— Estão complicadas, porém sob controle. E você, tudo bem?

— Bem, em termos. Hoje fui dispensada do emprego, em virtude de dificuldades que a firma enfrenta.

Maurício, ouvindo a amiga, lembrou:

— Celeste, se eu soubesse! Acabo de contratar uma secretária, pois a antiga está de casamento marcado e pediu dispensa do serviço.

— Que pena, Maurício! Adoraria trabalhar com você!

Valéria ficou triste com a situação da amiga, mas animou-a:

— Logo você arrumará outro serviço, Celeste. Com sua competência, não lhe faltarão convites.

— Deus te ouça, Valéria! Estou precisando mesmo. Você sabe, minha mãe depende de mim para tudo, inclusive com os remédios. Não posso deixá-la na mão!

Valéria a abraçou, desejando-lhe um novo emprego e uma boa noite de sono.

Após a exaustiva jornada de trabalho, cansados, despediram-se, e cada um foi para sua casa.

17
REUNIÃO MEDIÚNICA

Na manhã seguinte, bem cedo, Valéria dirigiu-se ao colégio. Havia várias providências a tomar, e ela não queria perder tempo. Chegou e pôs-se logo a trabalhar, realizando serviços que, em virtude dos problemas atuais, haviam ficado para trás. Não demorou muito, a tesoureira entrou com a relação dos alunos que lhe fora pedida.

— Valéria, o que me pediu está aqui. Quanto ao balanço, o escritório ficou de mandar o mais rápido possível.

— Obrigada, Vilma. Agora vou trabalhar em cima dessa lista.

— Se precisar de mim, estou à disposição.

— Obrigada, meu bem. Se precisar, aviso. Mas, por enquanto, tenho o que preciso.

Após a saída da responsável pela tesouraria, Valéria pôs-se a analisar a relação que tinha em mãos, com vinte e oito nomes de alunos que estavam em atraso com a mensalidade.

Como Denise entrasse naquele instante, Valéria pediu-lhe que ligasse para cada mãe de aluno da relação solicitando o comparecimento no Instituto de Educação Bem Viver para tratar de assunto do seu interesse. Aos poucos, foram chegando mães ou pais responsáveis. O primeiro caso a ser atendido foi o de Sérgio Túlio, aluno do 7º ano. Denise abriu a porta, e a mãe entrou na sala da diretoria. Valéria, ao vê-la, levantou-se sorridente, cumprimentando-a:

— Como vai, Romilda? Não temos nos visto ultimamente! Como estão todos? Sente-se, por gentileza.

Era uma mulher de estatura mediana, com olhos claros e cabelos até o pescoço encaracolados. A mãe sorriu contrafeita, sentou-se e depois respondeu:

— Valéria, eu sei que você mandou chamar-me porque estamos com a mensalidade em atraso. É que temos atravessado grandes dificuldades nesse período. Não sei se está sabendo que meu marido está doente. Pois é! Ele está de cama e não está podendo trabalhar! Em vista disso, com sinceridade, estou pensando em colocar meu filho em uma escola pública. Não vejo outro jeito! — a mãe tirou um lencinho da bolsa e enxugou os olhos úmidos.

Valéria, com pena, estendeu a mão para ela, sobre a mesa, considerando:

— Romilda, seu filho Sérgio Túlio é muito querido aqui na escola. Excelente aluno! Exatamente para saber o que está acontecendo com ele é que pedimos que viesse aqui. Claro que a escola precisa das mensalidades, porém, em casos como o seu, o colégio tem todo interesse em auxiliar o aluno. Se o seu problema é esse, vamos fazer o seguinte: enquanto seu esposo estiver enfermo e sem poder trabalhar, não cobraremos as mensalidades. Está bem assim? Depois veremos como fica, faremos um novo acordo. Mas, agora, não se preocupe. E, se eu puder fazer algo pelo Jorge, avise-me. Teremos o maior interesse e satisfação em ajudar.

A expressão da pobre mulher mudou radicalmente. Seus olhos brilharam de gratidão e alívio, enquanto as lágrimas desciam-lhe pelo rosto:

— Valéria, nem sei como lhe agradecer! Confesso-lhe que meu filho estava muito triste ao saber que teria de deixar a escola onde sempre estudou; pensava no afastamento dos colegas e amigos, enfim, estou grandemente aliviada, acredite.

— Se era por isso, fique tranquila. Dê o meu abraço ao Jorge com votos de melhoras. Deus nunca nos desampara. Confie que ele logo estará recuperado!

Com um abraço afetuoso, elas se separaram. Logo entrou outra mãe. Uma senhora baixinha, morena clara, gordinha e atarracada, muito simpática. Ao vê-la, Valéria sorriu:

— Como está, Antônia? Prazer em vê-la. Como o Márcio não tem vindo à escola, gostaria de saber o que está acontecendo. Ele é bom aluno, mas tem faltado bastante...

A mulher deu uma risada como sempre fazia. Se alguém contava uma história alegre ela ria, se era triste, ela ria do mesmo jeito. Antônia começou a falar, rindo sempre:

— Dona Valéria, sabe o que acontece? O Márcio tem vergonha de vir ao colégio porque estamos com as mensalidades em atraso! — Deu nova risada e depois prosseguiu: — Eu disse a ele que resolveria isso com a senhora, mas ele tem vergonha, pois acha que seus colegas sabem que ele está devendo ao colégio.

— Antônia, diga ao Márcio que ninguém sabe disso. O problema das mensalidades é entre a escola e a família. Jamais iremos envergonhar um aluno tornando público o seu problema!

A senhora riu de novo, mais aliviada, explicando:

— Dona Valéria, é que tivemos um período difícil ultimamente. A senhora sabe, temos uma banca na feira, e com a seca tudo ficou muito caro, pela hora da morte! — disse dando outra risada. — Então, nos apertamos, mas agora as coisas estão melhores e logo poderemos pagar as mensalidades do meu filho, pode acreditar.

Valéria sorriu, estendendo as mãos para a mãe que ali estava tão preocupada:

— Não se aflija, Antônia. Confiamos em vocês, que sempre foram bons amigos e cujo filho está conosco desde o 1º ano. Passe na tesouraria e converse com a Vilma. Para tudo há uma saída. Obrigada por ter vindo. Diga ao Márcio que estamos sentindo falta dele!

— Vou falar, dona Valéria! Ele ficará muito feliz! Obrigada. Deus a abençoe!

Após a saída da mãe, Valéria pôs-se a pensar como era importante o vínculo entre a família e a escola. Estava satisfeita. Viu que os alunos gostavam da escola, mas sentiam vergonha por estarem em atraso com a mensalidade. Resolveu que essa não podia ser a questão da mudança de crianças para outra escola. Lutaria para que seus alunos ali permanecessem.

Durante toda a manhã Valéria atendeu a mães e pais. Na hora do almoço, foi encontrar-se com Maurício, que a esperava no restaurante italiano tão conhecido deles. Lá, acabaram encontrando Celeste, que se sentou com eles à mesa.

— Como vai sua procura de emprego, Celeste? — indagou Valéria.

— Por enquanto, nada. Mas continuo me esforçando, sem descanso, para encontrar uma colocação. Dei o nome em várias empresas, fiz muitas entrevistas e acredito que alguma delas me chame. Quem sabe tenho sorte...

— Relaxe, Celeste! Quanto mais o candidato fica tenso, menos condição terá de ser escolhido. Isso é regra básica na área. Você tem boa aparência, se veste bem, de maneira simples, mas correta; fala com fluência, não diz besteira a cada frase. Enfim, tem tudo para ser aprovada. Ah! E não deixe de fazer prece antes de ser entrevistada ou quando for procurar colocação — afirmou o médico.

— Tem razão, Maurício. É que, não raro, a gente está tão preocupada com a entrevista que esquece algo importante como a prece! Mas vou me lembrar!

Após o almoço, eles se separaram de novo, Valéria e Maurício rumo às suas atividades, e Celeste dirigiu-se a uma nova entrevista, em uma empresa de alimentos.

Valéria prosseguiu recebendo as mães e pais, que a procuravam. No fim do dia estava exausta, mas satisfeita. A avaliação da escola pelos pais era ótima, e o problema era mesmo falta de dinheiro. Mas esse problema ficou a cargo da tesoureira Vilma, que, em conversa com os pais, estudava a melhor possibilidade para saldarem as mensalidades em atraso, fazendo novos cálculos, aumentando o prazo, de modo que ficassem contentes e aliviados. E o que também era importante: que a escola recebesse os recursos necessários para dar continuidade às suas atividades educativas.

No término do expediente, Valéria saiu da escola, e, como tivesse pouco tempo, ela e o médico foram fazer um lanche rápido no mesmo estabelecimento do dia anterior, visto que, em dia de reunião mediúnica, a alimentação deveria ser mais leve.

Maurício, inteirado dos problemas da escola, quis saber:

— Como vão as coisas, querida?

— Muito bem, Maurício! Melhor do que eu esperava. O instituto tem excelente avaliação dos pais, e o problema é, realmente, a questão das mensalidades, que Vilma está analisando, refazendo cálculos e aumentando os prazos para pagamento, o que tem surtido ótimo resultado. Enfim, estamos contentes, graças a Deus! Mas ainda falta resolver o problema do medo que atacou muitas crianças. Acredito que esse mal-estar foi provocado por alguns alunos querendo se divertir à custa dos colegas — completou Valéria com um sorriso aliviado.

— Muito bem, querida. Você está tomando as atitudes corretas. Mas não podemos nos esquecer da ação de companheiros do mundo espiritual desejosos de causar confusão.

— Eu sei, querido. É exatamente por isso que, apesar do cansaço do dia, faço questão de participar da reunião mediúnica. Confio na ajuda dos amigos espirituais que tanto nos têm ajudado.

Terminaram a leve refeição e dirigiram-se para o centro espírita. Como fosse cedo ainda, havia poucas pessoas aguardando ali. Logo chegou Cícero, o dirigente da reunião. Cumprimentou-os sorridente, indagando à Valéria como estava indo a escola, ao que ela respondeu:

— A situação não é nada fácil, Cícero, porém todos nós, que ali trabalhamos, nos conservamos esperançosos de vencer essa batalha. Particularmente, sinto-me muito confiante. Já atravessamos fases piores no início e, sobretudo, confio em Deus.

Cícero balançou a cabeça, concordando:

— Está agindo corretamente, Valéria. Não se permita nenhum momento de desânimo, que os companheiros desencarnados, desejosos de derrubá-la, aproveitarão de modo a criar mais confusão, não apenas com os alunos, mas também com seus funcionários. Assim, não se permita cultivar atritos com ninguém. O tempo todo deve estar vigilante para que não a envolvam em alguma situação desagradável, ou por uma palavra mal colocada, algo que se ouve errado. Enfim, os adversários do bem irão usar todas as oportunidades que tiverem de gerar atritos entre vocês.

Cícero fez uma pausa e, olhando o relógio de pulso, completou:

— Depois voltaremos a conversar. Agora, vamos tomando nossos lugares, pois faltam dez minutos para o início da reunião.

Todos se acomodaram nos lugares de sempre e dedicaram os últimos momentos para fazer uma leitura rápida ou fechar os olhos buscando a elevação dos pensamentos. No momento certo, Cícero deu início à atividade da noite, convidando um dos presentes para proferir a prece de abertura. Após a oração, abriram um exemplar de o *Evangelho Segundo o Espiritismo*, ao acaso, e um senhor pôs-se a ler. O texto era do capítulo 12, "Amai os vossos inimigos", e a lição constante dos itens 7 e 8: "Se alguém nos bater na face direita, apresentai-lhe também a outra.".

Valéria sentiu que a mensagem lhe era particularmente dirigida, em virtude das dificuldades que estava atravessando. De cabeça baixa, concentrada, ouvia o texto de profunda sabedoria.

"Sim, era necessário devolver agressão com amor, injúria com perdão, sabendo que os irmãos desencarnados eram profundamente sofredores e necessitados de ajuda", pensava ela, envolvida por intensa emoção.

Após a leitura do Evangelho, a luz foi reduzida de modo que pudessem buscar a elevação dos pensamentos, acompanhando a prece que o dirigente fazia, conclamando os presentes a darem o melhor de si mesmos a benefício dos desencarnados que iriam se comunicar naquela noite.

Após alguns minutos, uma médium passou a sentir grande mal-estar e comentou que o problema era com Valéria. Conquanto a entidade tivesse desejo de gargalhar, o que fez em voz alta, o dirigente, com calma e delicadeza, cumprimentou o desencarnado:

— Seja bem-vindo, meu irmão! Que Deus o ampare! Estamos aqui para ajudá-lo, saber se podemos lhe ser útil de algum modo.

A entidade parou de rir e, com voz possante, bradou:

— *Com que então vocês querem me ajudar? A mim?! Não se enxergam, não? Será que nós é que estamos precisando de auxílio? Vocês ficam querendo proteger "esse" povo, então não reclamem!* — e deu outra gargalhada demorada.

— Pois é, meu irmão, pensamos que você estivesse necessitando de ajuda, mas nós, de qualquer modo, podemos conversar um pouco. Você tem tudo de que precisa, aí onde está? Nada lhe falta? Tem comida, água, leito para dormir, remédios para suas dores?

— *O que lhe interessa saber se tenho tudo isso? Pensa que vivemos da mesma maneira que vocês? Aqui cada um se vira! Quando não temos onde dormir, providenciamos em alguma casa, num sofá, colchão desocupado e até ocupado. Comida é só entrarmos nos lares e podemos comer com os encarnados. A água, arrumamos em qualquer lugar! Pensa que somos tolos?* — reagiu o desencanado.

— Que bom que nada lhes falta. E a sua família, onde está?

A entidade parou de falar, fez silêncio, depois reconheceu:

— *Não sei de família nenhuma. Aqui a gente não se preocupa muito com essas coisas.*

— Como assim, meu irmão? Quer dizer que vocês não se encontram com a mãe, o pai, irmãos, filhos, esposa?! Mas isso é muito triste, porque a família é o que temos de mais importante, é a presença do amor em nossa vida.

— *Você pensa que aqui é como aí, que tudo é perto? Aqui não é assim, não! Nunca vi ninguém da minha família, acho que eles nem se recordam mais de mim.*

— Ou é você que não se lembra deles? Pense um pouco: Há quanto tempo não se recorda da sua mãe, do seu pai, mandando-lhes um pensamento de amor, de saudade?

— *Faz muito tempo. É que tenho atividades mais importantes. Sou chefe e tenho muita gente sob meu comando; por isso, não tenho tempo a perder* — respondeu a entidade, não muito convicta dos seus argumentos.

Nesse momento, um médium diz ter ouvido o nome dele: Zélio.

— Ah! Meu irmão, seu nome é Zélio?

— *É. Como ficaram sabendo?*

— Alguém falou seu nome. Quer dizer que aqui tem gente que o conhece. Então não tem tempo para sua mãe e seu pai? Eles sempre amaram você, não é? Trataram bem, deram de tudo, lembra quando sua mãe dizia com amor: "Filho, vem almoçar!" ou "filho, fiz um bolo para você, veja como está cheiroso! Lave as mãos e venha comer!" — argumentou o dirigente, inspirado.

O desencarnado, naquele instante, viu as imagens projetadas numa grande tela: ele se viu ainda menino correndo pelo mato, de pés descalços, depois a casinha simples, mas acolhedora; a mãe com um prato de bolo nas mãos, mostrando ao filho e convidando-o a ir comer.

A entidade, com as lembranças, começou a sentir a emoção da presença de seus familiares, que foram levados para a reunião, e chorou recordando o passado:

— *Mãe! É a senhora mesmo, mãe? Quanto senti sua falta!*

E, a partir desse ponto, um interessante diálogo se desenrolou entre mãe e filho, que se abraçaram e trocaram carinhos, por meio de outra médium. Os participantes da reunião só podiam ouvir os dois falando, sem perceber o que se passava ao redor: as imagens que se tornavam vívidas para o comunicante, o cheiro da mata, do vento que soprava, do riacho que corria entre as pedras, da comida ou do bolo.

Em pouco tempo, o desencarnado, agora com outra disposição, comunicou que iria embora junto com a mãe e se afastou. As médiuns voltaram ao normal, e os demais participantes estavam emocionados.

Mais três comunicações aconteceram nessa noite, duas de entidades necessitadas. A última foi de Athor, pai de Zélio, o desencarnado chefe de bando, que veio agradecer pelo socorro prestado ao seu tão querido e desventurado filho.

Após a prece final, a luz foi acesa, e todos respiraram satisfeitos pelas bênçãos da noite. Valéria, em lágrimas, agradeceu a todos pela ajuda prestada ao irmão desencarnado que tanto mal estava fazendo a ela e a sua escola.

A médium, que recebera o espírito Zélio, comentou no final que a entidade tinha raiva de Valéria porque o prejudicara muito àquela época, casando-se com ele por interesse; não o suportando, fugiu com outro homem, que o matara a seu pedido, levando o que lhe pertencia. Ele jamais perdoou os dois, que vieram a renascer como Valéria e Maurício.

— Será por isso que hoje me dedico a uma escola, procurando educar crianças? — indagou Valéria, ainda assustada com a informação do passado.

— Provavelmente, Valéria. Você deve ter-se envolvido com crianças e não sabemos o que lhes fez. Talvez tráfico de menores. Quanto a Maurício, que já havia matado outras pessoas com requintes de maldade, retornou agora como médico, para trabalhar na cura de corpos e, especialmente, melhorar sua aparência — disse a médium.

— Interessante! — murmurou Maurício — Realmente, tenho uma preocupação grande em ajudar as pessoas, especialmente aquelas cuja aparência é muito feia, seja por nascimento seja por algum acidente. Acho que estou no ramo certo.

Como fosse tarde, eles se despediram, satisfeitos pela proveitosa reunião que haviam tido e agradecidos a Deus, que lhes proporcionara a oportunidade de fazer o bem.

18
ATO DE VANDALISMO

Nós, do grupo de jovens de Céu Azul, sempre que recebemos orações ou pedidos de ajuda atendemos com o maior empenho e carinho.

Certa ocasião, estávamos juntos conversando na varanda de nossa Casa, quando notamos a chegada de orações vindas da crosta planetária e, para minha surpresa, direcionadas a mim, Paulo Hertz. Imediatamente, nosso grupo foi até o local de onde provinham as preces. Ao chegar, fiquei surpreso:

— *Valéria?!* — exclamei com perplexidade.

Quando encarnado, minha família mantinha, há décadas, relações de amizade com a família de Valéria, uma boa amiga. Todavia, com as dificuldades que eu enfrentara no retorno à verdadeira vida, esquecera-me por completo dessa amiga de tantos anos, em razão de outras prioridades.

Bem, minha surpresa tinha razão de ser. A família dela, como a minha, era muito ligada à

Igreja Católica, o que justifica meu espanto. Como ela se dirigisse diretamente a mim, Paulo, seu amigo de outrora, senti-me no dever de socorrê-la. Na prece, Valéria não discorria sobre o problema que a levara a buscar-me em pensamento, solicitando ajuda. Senti-me envergonhado e em falta com ela, pois reconheci que eu esquecera por completo dela e da sua família. Além disso, as minhas condições, ainda incipientes, não me permitiriam tomar atitudes por mim mesmo, o que me fez repassar o pedido ao nosso orientador Matheus, à época, que nos convidou a visitá-la para verificar *in loco* o que estava acontecendo.

Tenho certeza de que Matheus, com suas condições de elevação, já estava informado do caso, porém nós, seus pupilos, precisávamos verificar pessoalmente o quadro das dificuldades que estariam afligindo minha cara amiga Valéria.

Como todas as atividades que desenvolvemos têm finalidade educativa, nosso grupo deslocou-se até a crosta, para verificar a situação da emitente do pedido.

Chegamos ao apartamento de Valéria bem cedo. Ela estava acordando e esperamos que ela se arrumasse e fizesse o desjejum, para acompanhá-la ao Instituto de Educação Bem Viver. Revi a amiga que conhecera desde criança e uma parte da mocidade, em outra situação. Agora era uma jovem mais madura, adulta, e com a responsabilidade de gerir um colégio. A aparência era ótima. Ela continuava bonita como sempre fora, mas agora com o encanto da sua personalidade já desenvolvida pela maturidade. Mostrava segurança, firmeza nos olhos, conquanto a preocupação, evidente em seus pensamentos com relação ao colégio.

Não obstante a apreensão, também notava nela a confiança que depositava no socorro dos amigos espirituais. Antes de tomar café, ela fez uma ligeira oração, que acompanhamos enviando-lhe nossas vibrações por meio das energias com que Matheus a envolveu.

Percebemos que ela sentira nossa a presença, embora não nos vendo, e suas condições físicas, mentais e espirituais melhoraram bastante, acusando pensamentos de alegria, paz interior e confiança em Deus. Ergueu-se, pegou a bolsa, as chaves e murmurou para si mesma:

— Vamos lá! Hoje é um novo dia que o Senhor me concede para trabalhar e servir fazendo o melhor. Obrigada, Senhor!

Descemos com Valéria até a garagem e nos acomodamos em seu carro. Quase chegando ao colégio, ela notou uma chamada no celular. Vinha da escola, mas, como estava no trânsito, não atendeu, pois estávamos chegando.

Ao entrar no estacionamento, Valéria notou algo estranho. Havia dois carros estacionados, e um deles era da polícia. Ela desceu rapidamente do veículo e correu para dentro do prédio, preocupada com o que estaria acontecendo. De repente, chegando ao pátio, parou perplexa diante do que viu: o muro e as paredes do prédio estavam pichadas, viam-se palavrões, ameaças e muita sujeira. Olhando para a esquerda, ela viu que os vândalos tinham entrado na lanchonete e destruído tudo, jogado comida no chão, papéis, quebrado recipientes de vidro, espalhado *catchup* e mostarda no piso e nas paredes e também destruído cadeiras, mesas, armários, enfim, feito um caos!

Valéria levou as mãos à cabeça, e as lágrimas lhe rolaram pelo rosto. Uma das auxiliares da limpeza, ao vê-la chegar, aproximou-se, assustada:

— Dona Valéria, quando cheguei e vi tudo assim, tentei ligar para a senhora, mas não consegui. Então, corri para a calçada para procurar ajuda e pus-me a gritar de medo, achando que eles pudessem ainda estar aqui dentro. Uma viatura da polícia, que passava pela frente, me acudiu. Os policiais querem falar com a senhora.

Nesse momento, um dos policiais apresentou-se:

— Sou o sargento Gilberto. A senhora é a diretora da escola?

— Sim, Valéria. Mas que absurdo, sargento! Por que fizeram tudo isso?!...

— Bem, pela nossa experiência, professora Valéria, isso pode ter sido provocado por alunos, mais provavelmente por ex-alunos — sugeriu o policial. — A senhora tem ideia de quem possa ter causado esses atos de vandalismo?

Valéria meneou a cabeça, perplexa:

— Não. Nunca um aluno nosso faria isso com a escola. Eles gostam daqui!

— Talvez um ex-aluno... — sugeriu.

— Pode ser, mas também não me atreveria a pensar em alguém que nos quisesse tão mal assim para causar tal destruição!

— Dona Valéria, a polícia lida com todo tipo de pessoas. Há muitas possibilidades. Uma delas é que isso tenha a mão de dependentes de drogas. Sob a ação delas, eles fazem qualquer coisa, muitas vezes até matam, e depois se horrorizam diante do que fizeram, após passado o efeito da substância alucinógena — considerou ainda o policial.

— Quem sabe... No momento não consigo pensar em nada. O que os senhores vão fazer?

— A primeira atitude é analisar tudo e ver se encontramos algo que possa identificar algum dos vândalos, porque um só não teria feito esse estrago. O colégio tem câmeras de segurança?

— Câmeras? Não, não tem. Nunca achamos necessário. Mas, então, fiquem à vontade. Vou para minha sala. Preciso relaxar um pouco, colocar as ideias no lugar e tentar digerir o acontecido. Se houver alguma novidade, me comuniquem, por favor.

— Sem dúvida. Orientamos a todos, especialmente ao pessoal da limpeza, que não mexam em nada até vasculharmos todo o local.

Valéria concordou com a cabeça e afastou-se. Abriu a porta e entrou com o coração apertado, mas não queria demonstrar fraqueza diante do pessoal e dos alunos que começavam a chegar, assim como dos professores. Pediu para Denise reunir as professoras na sala deles.

À medida que chegavam, eles mostravam o estupor diante do ato de vandalismo contra a escola. Conversavam sobre o assunto, fazendo a maior algazarra, quando Valéria entrou.

— Bom dia a todos.

O silêncio se fez, e os assustados professores aguardaram o que diria a diretora.

— Como estão sabendo, fomos vítimas de um ato de vandalismo. Quero pedir-lhes que acalmem seus alunos, mostrando serenidade, para que eles se sintam protegidos e tranquilos. Digam-lhes, apenas, que isso foi algo causado por gente que não tem o que fazer. Pronto. Mudem de assunto, promovam uma aula mais amena, mais alegre. Quero evitar que os alunos se influenciem com o peso do que aconteceu. Tudo bem?

Todos concordaram em uníssono. Realmente era o melhor a fazer. Quiseram saber se a polícia tinha alguma ideia de quem poderia ter causado o estrago.

— Não. Os policiais estão como nós. Não sabem de nada, mas sugerem que podem ter sido alunos, ex-alunos ou viciados sob o efeito da droga. Bem, vamos aguardar. Outra coisa: eu queria pedir a vocês que não comentem com ninguém fora daqui, para evitar maiores danos ao colégio. Se alguém perguntar, respondam, mas sem dar muita atenção ao fato. Certo? Tudo bem? Então vamos trabalhar.

Valéria acomodou-se em sua mesa procurando dar sequência às suas obrigações, evitando assim manter o pensamento ligado na destruição que ocorrera. Algum tempo depois os policiais terminaram o serviço, e Denise levou-os até à sala da direção. Ao vê-los, Valéria tirou os óculos, indagando:

— E então? Alguma novidade?

— Sim, senhora. Entre os destroços, encontramos um papelzinho que alguém perdeu e que tinha um nome. Procuramos pela pessoa e a encontramos. É um rapaz ligado a um grupinho de viciados. Aí ficou mais fácil. Conhecemos esses rapazes, e será fácil falar com eles e as respectivas famílias. São pessoas de classe média e conhecemos até alguns pais. Então, agora vamos atrás deles. Depois voltaremos a procurá-la para repassar a sequência das informações.

Valéria agradeceu aos policiais e respirou aliviada.

— Esses vândalos não são nossos alunos, Denise. Graças a Deus!

— Concordo. Como o sargento Gilberto disse que os garotos são de classe média, vamos até poder exigir reparação das famílias.

— Sem dúvida. Pensei nisso também, porque, com o estrago feito, a despesa não será pequena. Mas, vamos trabalhar! Felizmente os policiais foram rápidos na averiguação.

Denise e Valéria mergulharam no serviço que tinham de terminar. Estavam saindo para o almoço quando o sargento Gilberto telefonou e comunicou Denise que os rapazes compareceriam à delegacia — e especificou o endereço — às quinze horas daquele dia e pediam o comparecimento da responsável pelo colégio. Denise agradeceu e confirmou presença.

Valéria ouviu as notícias e depois sorriu:

— Denise, você reparou que o sargento Gilberto olha para você de maneira diferente? E quando precisa passar alguma informação, dá preferência a você?

— Valéria, está se sentindo preterida como diretora?! — Denise indagou, rindo.

— Não, querida. Mas creio que o tal sargento está interessado em você!

Denise corou diante desse comentário e depois deu uma risadinha completando:

— Não é só ele. Eu também fiquei interessada nele. Viu como é simpático e charmoso?

— Ah! Com certeza! Desejo-lhe boa sorte, Denise. Agora vamos almoçar, pois a tarde será curta em virtude desse novo compromisso.

Despediram-se, e cada uma tomou um rumo diferente. Valéria combinara de almoçar com Maurício no restaurante italiano de que eles gostavam. Ao chegar, Valéria viu-o numa mesa junto com Celeste. Ela aproximou-se, cumprimentando a amiga e depois o namorado, com um beijo carinhoso:

— Como está o colégio hoje, minha querida? — ele indagou.

Valéria sentou-se ao lado dele, acomodou a bolsa e respondeu:

— Vocês nem imaginam! Fomos vítimas de vandalismo esta noite! O instituto está um horror! — e contou aos seus ouvintes assustados e que a ouviam com interesse como ficou a escola e sobre a rápida ação dos policiais.

— Ainda bem que eles são estranhos, Valéria! Já pensou se fossem alunos? Você ficaria arrasada, imagino!... — exclamou Celeste.

— Exatamente, amiga. Fiquei muito aliviada ao saber que eram rapazes dependentes de drogas. Pelo menos, eles não fizeram por maldade, mas por estarem sob o efeito dos alucinógenos.

Maurício, que ouviu tudo atentamente, calado, considerou depois:

— Querida, mas nesse fato temos que considerar que houve ação de adversários desencarnados. Pode ter certeza!

— Você acha mesmo, Maurício?!

— Tenho a mais absoluta certeza. Dou o meu consultório, que é o que mais prezo, se não foi sob a ação dos desencarnados que esse grupo agiu.

Os três se calaram, pensativos. Como os pedidos estavam chegando, eles não pensaram mais no assunto, para não deixar esfriar o almoço. Comeram rapidamente, pois Valéria teria de voltar ao colégio e apanhar Denise, para irem juntas à delegacia. Após o almoço, eles se despediram, prometendo se encontrar na casa espírita logo mais à noite, quando ela teria novidades.

Valéria retornou ao colégio, onde Denise já a esperava. Resolveram algumas pendências necessárias e, em seguida, foram à Delegacia de Polícia onde os rapazes seriam ouvidos. Chegaram mais cedo e ficaram aguardando. Logo entram três rapazes, de caras lavadas, banhos tomados, bem-vestidos e calçados. Quem os visse não imaginaria que pudessem ser capazes de tamanho estrago ao patrimônio alheio.

O advogado deles veio junto, com uma pasta enorme na mão. Foi direto ao balcão, querendo saber se o delegado já estava presente, pois ele não poderia aguardar muito tempo, visto ser bastante ocupado e ter outros casos a atender. O atendente respondeu sério:

— Doutor, não se preocupe. O doutor delegado está chegando e vai atendê-los o mais rápido possível. Ah! Estão chegando os policiais responsáveis por este caso!

— Ainda bem. Não estou disposto a esperar — respondeu o advogado, com arrogância.

Valéria e Denise trocaram um olhar de entendimento. O advogado aproximou-se de novo do atendente e, em voz baixa, mas não o suficiente para que elas não ouvissem, indagou:

— Quem são "essas" aí?

— São as vítimas deste caso, doutor.

— Ah! — exclamou ele e aproximou-se delas.

— Boa tarde! Como vão? — disse estendendo a mão para cumprimentá-las. — As "jovens" é que trabalham no Instituto de Educação Bem Viver?

— Sim — elas concordaram.

Com sorriso meloso, o advogado pediu licença e sentou-se ao lado delas. Depois, começou a conversar:

— Talvez não saibam como tudo aconteceu, mas posso explicar-lhes. Meus clientes não quiseram provocar dano algum ao colégio. O que aconteceu foi maldade de outro grupo, que queria destruir o Instituto de Educação Bem Viver, que possui uma excelente reputação na cidade, fato que os incomodava! Vejam que absurdo! A culpa recaiu nas costas dos meus clientes, que nada têm contra o nobre colégio que dirigem!

Valéria e Denise trocaram um olhar de entendimento e sorriram. A proprietária tomou a palavra:

— Lamento informá-lo, doutor, porém seus clientes estão envolvidos até o último fio de cabelo pelo ato de vandalismo que fizeram ao meu colégio. Vamos aguardar.

Nesse momento entrou o delegado, um senhor de calças jeans e camisa de mangas longas. Olhou para as senhoras que ali aguardavam, depois falou em voz baixa com o atendente e entrou na sua sala, sem olhar para o advogado. Os policiais que haviam trabalhado na averiguação do caso já estavam na delegacia e também entraram.

O delegado mandou que entrassem as senhoras, os rapazes e o advogado, que os conduziu orientando-os para que falassem apenas o que fosse perguntado e sem muitas palavras, ele se encarregaria do resto. Quem estivesse do lado de fora da sala do delegado, que era de vidro, embora tivesse persianas, poderia vê-lo questionando os rapazes sobre o acontecido. Eles responderam que não sabiam de nada, que ficaram surpresos por terem sido convocados para ir à delegacia.

— Ah! Não sabiam de nada? Interessante... — respondeu o delegado, prosseguindo. — Lamento informá-los de que deixaram muitos vestígios da passagem de vocês pelo Instituto de Educação Bem Viver.

— Protesto, doutor delegado! Meus clientes nem sabem onde fica esse tal colégio, Instituto de Educação Bem Viver! Posso provar que eles estavam em uma festa, bem longe desse colégio, e que só voltaram para casa à meia-noite! Seus pais estão à sua disposição.

— Os pais deles? Muito bem. Vou chamar os policiais que atenderam o caso, sargento Gilberto e policial Manoel. — Fez um sinal ao rapaz que transcrevia tudo que era dito, e este chamou os policiais, que entraram em seguida.

— Muito bem. Sargento Gilberto, conte-nos como encontrou o Instituto de Educação Bem Viver. Como foram até lá?

O sargento Gilberto informou que eles estavam passando pela rua e viram alguém chorando, com os braços para o alto, pedindo ajuda. Pararam para saber o que estava acontecendo, e a senhora, funcionária do colégio, contou que a escola fora toda depredada por vândalos, e tinha medo de entrar, por não saber se os responsáveis já teriam deixado o local ou não. Entraram e viram o estrago que fora feito. Logo chegaram a diretora Valéria e Denise, sua auxiliar.

— As paredes estavam pichadas de preto, tudo quebrado e jogado no chão... — disse ele, explicando direitinho tudo como acontecera.

— Mas, sargento, por que julgam que foi obra desses jovens que estão aqui? Pode não ter sido! — questionou o advogado.

— Porque fizemos a análise dos dedos e das digitais encontradas, batem com as digitais de membros deste grupo presente.

O advogado avermelhou, erguendo-se e tentando mudar a situação, sem conseguir. Ainda prosseguiram mais um pouco, até que ficou resolvido o caso, responsabilizando-se os pais dos responsáveis e fazendo-os ir à delegacia para colocar um ponto-final na ação que, não fora o esforço dos policiais, estaria sujeita a um processo. Além disso, ficariam os jovens obrigados a ajudar no Instituto de Educação Bem Viver, por um período de seis meses, como medida socioeducativa.

    Desse modo, tudo ficou bem resolvido, para alívio de Valéria, que agradeceu ao delegado e ao sargento Gilberto.

19

DECISÕES ACERTADAS

Assim, Valéria e Denise saíram da delegacia de polícia satisfeitas com o resultado da ação.

Na manhã seguinte, os três jovens deveriam se apresentar no Instituto de Educação Bem Viver para tomar ciência das atividades que deveriam realizar, como penalidade pelo ato de vandalismo cometido.

Maurício, antes de retornar ao consultório, pediu a Valéria que o avisasse quando os rapazes chegassem para trabalhar, o que ela prometeu fazer. Assim, no dia seguinte, eles compareceram cedinho no colégio, tímidos, envergonhados e sem saber o que seria exigido deles. Denise, assim que os viu chegar, encaminhou-os à sala da direção, onde Valéria já se encontrava.

Abrindo a porta, Denise comunicou à diretora:

— Valéria, os rapazes estão aqui!

— Ótimo. Entrem, por favor. Denise, por gentileza, pegue mais duas cadeiras.

Após cumprir o pedido de Valéria, Denise acomodou-se também. A diretora fitou os três rapazes como se os examinasse intimamente para descobrir o que estavam pensando, depois começou a falar:

— Sinto-me satisfeita em vê-los aqui no colégio. Quero saber o nome de cada um por completo, idade, onde moram e em qual escola estudam. Vamos começar por você! — disse, apontando o jovem sentado à sua esquerda.

O rapaz, que era alto e um tanto obeso, mas com feições ainda infantis, tirou o boné da cabeça, fazendo surgir tufos dourados de cabelos encaracolados, que lhe davam ar mais infantil ainda. Agitou-se na cadeira, meio envergonhado, e começou a falar:

— Sou David Ricardo Oliveira, tenho 15 anos, moro no Jardim América e estudo num colégio estadual.

Em seguida, o segundo rapaz, magro e alto, de cabelos claros e voz de adolescente, começou a falar:

— Sou José Antônio de Lima, tenho 14 anos, moro no Tatuapé e também estudo em escola pública.

O terceiro jovem, mais velho que os outros dois, com a pele morena de sol, expressão atrevida e fronte erguida, disse:

— Sou Paulo da Silva, tenho 18 anos, moro em uma favela e não estou estudando mais. Saí da escola. Não aguentava as cobranças e exigências. É isso aí.

Valéria, que ouvia tudo calada, balançou a cabeça:

— Muito bem. Vocês devem estar se perguntando por que fiz questão de que cada um falasse por sua vez, se na delegacia de polícia já ouvira vocês darem seus dados. É que desejava ouvi-los fora daquele ambiente pesado, que influencia negativamente. E quanto à destruição contra o colégio naquela madrugada? Por que fizeram aquilo? Eu gostaria que fossem francos, não se acanhem. Quero saber a verdade! — exigiu, esperando que um deles falasse.

— Dona Valéria — começou Paulo, erguendo a mão —, na verdade, não fizemos de propósito para destruir o "seu" colégio. Poderia ser qualquer outro! Estávamos com raiva do sistema, da vida que nos empurrava para baixo, negando-nos uma posição melhor, mais vantajosa. Nós três somos de classe social baixa e nos unimos por essa razão, para fazer a sociedade pagar o que nos deve!

Como Paulo houvesse feito uma interrupção, Valéria aproveitou para indagar fitando os três:

— Vocês nos consideram responsáveis pela situação em que estão?

Eles trocaram um olhar entre si, e quem falou foi David:

— Meus motivos são diferentes dos de Paulo. Tenho dificuldades na família. Meu pai foi embora há muitos anos e ouvi até alguém dizer que ele teria morrido; minha mãe arranjou outro cara, do qual não gosto e não aceito e que, apesar do meu tamanho, ainda bate em mim, porque é maior que eu. Por isso, sinto-me revoltado com tudo! Queria ter uma vida diferente daquela que tenho, mas é impossível. Então, cheio de raiva, desejo descontar nas outras pessoas o que sinto... Ou pelo menos na comida! Deu pra entender?!...

A diretora balançou a cabeça mostrando que tinha entendido. Depois indagou:

— E você, José Antônio? O que o levou a sair pelas ruas destruindo tudo? — perguntou ao que tinha a aparência mais tímida dos três.

— Geralmente, sinto raiva de quem estuda em colégio para "riquinhos". São muito metidos, andam de nariz empinado e fazem pouco caso da gente! Quando nos encontram na rua, olham com desprezo para nossas roupas e dão risadinhas de deboche por causa da nossa aparência. É isso o que penso.

Ninguém gosta de ser tratado dessa maneira. Afinal, também somos gente!... Por isso gostamos de nos vestir bem, para mostrar que não somos diferentes de ninguém.

— Entendi. Vocês três têm motivações diferentes para o que fazem. Bem, vou mostrar-lhes o colégio e ver onde poderão trabalhar.

Antes de sair, Valéria agradeceu à Denise, acrescentando que sabia que ela teria muitas tarefas a executar e que poderia retornar ao seu trabalho. Depois voltariam a conversar.

Valéria levou-os para que vissem as salas de aula, a biblioteca, o pátio — que eles já conheciam —, a lanchonete, agora toda destruída. Ao perceber o estrago que haviam feito, abaixaram as cabeças, constrangidos. Sem demonstrar ter notado o mal-estar deles, Valéria indagou:

— Onde gostariam de trabalhar?

— Ah! Eu gostaria de trabalhar na lanchonete! Eu me amarro nesse negócio de sanduíches e sucos, de servir mesas. Sempre quis ser garçom — disse David, o mais rechonchudo.

Paulo escolheu a biblioteca, alegando que gostava muito de livros, e José Antônio, o jardim, pois adorava plantas. Valéria concordou com a escolha de cada um, deixando-os satisfeitos. Pela primeira vez, viu um sorriso no rosto deles.

Nesse instante, para surpresa de Valéria, Maurício chegou e pôs-se a conversar com os rapazes. Ao mesmo tempo, uma funcionária veio avisá-la de que a chamavam na tesouraria, e ela pediu licença, deixando-os junto com Maurício, que se acomodou com eles em bancos no pátio. O médico não tocou na razão de eles estarem ali no colégio, como se não soubesse, e falou de outros assuntos, encaminhando a conversa para saber como cada um pensava, de forma bem descontraída. Direcionou o assunto falando de como ele mesmo se sentia quando mais jovem, as dificuldades que enfrentara e, em dado momento, comentou:

— Ah! Às vezes tenho pensamentos tão estranhos — afirmou ele — que sinto até não serem meus! Já aconteceu isso com vocês também?

Os três concordaram, balançando a cabeça. E José Antônio, o mais novo dos três, afirmou:

— Sabe que, de madrugada, quando passamos por este colégio, veio um pensamento de que deveríamos destruir tudo aqui? Mas estranhei, pois nunca tinha passado nesta rua, não conhecia o colégio, ninguém daqui, por que tal desejo de destruição?!...

Maurício concordou com ele, afirmando que também já tivera pensamentos bem estranhos. David e Paulo concordaram ter sentido a mesma coisa que José Antônio, o que fez Maurício considerar:

— Interessante! Como vocês três tiveram desejos iguais? Não é incrível? Acho esse fato preocupante!...

— Preocupante por quê? — indagou Paulo, intrigado.

Maurício olhou cada um deles e respondeu:

— Não sei se vocês sabem que podemos ser comandados por "outras mentes".

— Como assim? Explique-se melhor — Paulo voltou a indagar, inclinando-se para a frente e mostrando interesse.

— Talvez não seja bom para vocês falarmos sobre isso. Esqueçam! — respondeu Maurício com um gesto de mão e virando para outro lado, como se quisesse evitar o assunto, com isso atiçando ainda mais a curiosidade dos rapazes.

Despertado o interesse do trio, eles insistiram para que Maurício esclarecesse o que queria dizer com "ser comandados por outras mentes".

— Bem, já que insistem, vou dizer. Não sei se vocês acreditam em vida após a morte. Mas a realidade é que ninguém morre. Assim, quando alguém morre aqui no plano terreno, continua vivendo em outra realidade, porque só o corpo é perecível, o espírito é imortal! Ele continua vivendo e aprendendo sempre e amando as mesmas pessoas ou odiando seus desafetos.

— E daí? — indagou Paulo — Aonde quer chegar? Que conversa sinistra!

— Pode ser sinistra, mas é verdadeira. Como o que comanda nosso corpo material é o espírito, ele continua sendo o mesmo e pensando da mesma maneira. Se ele não gosta de alguém, vai ter mais facilidade para prejudicá-lo. Mas se ele gosta das pessoas, vai ajudá-las, ampará-las! Já ouviram falar em "anjo da guarda"? Pois é. Todos nós temos um "anjo da guarda" que nos ampara e dirige para o bem. É um espírito de grande elevação que o Senhor colocou ao nosso lado para nos ajudar e proteger na existência. Ele vê tudo o que fazemos, fica triste com nossos erros e tenta nos conduzir para o caminho do bem.

Os três rapazes ficaram calados por alguns segundos. Depois, David perguntou:

— Mas o que tem isso a ver com nossa vontade de quebrar o colégio?

— Este é o xis da questão. Lembram que vocês três disseram ter tido a mesma ideia de quebrar o colégio? Pois isso significa que os três ouviram a mesma ordem, dada por alguém que não gosta do colégio ou das pessoas que aqui trabalham.

— Um espírito? Uma alma do outro mundo?!... — indagou Paulo, assustado.

— Exatamente! Ou, então, como seria possível que os três tivessem a mesma intenção?

— Qual a sua religião? — quis saber José Antônio.

— Sou espírita — respondeu Maurício.

— Ah! Logo vi! — comentou Paulo com ar irônico.

— Sim, sou espírita, nossa religião ensina tudo o que Jesus pregou, mas também mostra-nos as realidades do mundo espiritual, que é nossa verdadeira vida. Assim, o amor continua existindo. Quando perdemos um familiar querido ou um amigo do coração, temos a certeza de que eles continuam a nos amar e a nos proteger mesmo estando do outro lado da vida.

Os rapazes abaixaram a cabeça, pensativos, lembrando de seus entes queridos que já não estavam mais na Terra, que haviam morrido. E Maurício, julgando ter colocado coisas novas na cabecinha deles, despediu-se:

— Rapazes, a conversa está boa, mas preciso voltar ao meu consultório.

— O que você faz? — quis saber David.

— Sou médico.

— Médico de quê? — indagou Paulo.

— Atuo na área de cirurgia plástica — respondeu Maurício.

— Então deve ganhar dinheiro fácil atendendo às dondocas endinheiradas que querem mudar de cara! — exclamou Paulo.

Maurício sorriu concordando:

— É verdade. Atendo muitas mulheres vaidosas, sim. Mas são elas que me permitem atender àqueles que realmente necessitam de correções no corpo em virtude de problemas genéticos, de acidentes graves, e que não têm com que pagar uma cirurgia restauradora.

Os rapazes olhavam para o médico agora com nova expressão. Maurício despediu-se de olho no relógio de pulso:

— E por falar nisso, tenho paciente daqui a pouco. Até outra hora, pessoal. Gostei de conhecê-los! Quando quiserem falar comigo, é só aparecer em meu consultório ou me avisarem, que virei até aqui. Valéria sabe onde me encontrar. Até outra hora!

Os três estavam de boca aberta. Aquele rapaz tão falante e simpático era médico! Deveria ser muito ocupado, mas ficou ali a conversar com eles, como se fossem amigos de longo tempo! Legal!

Nesse momento, Denise passava pelo pátio e, vendo-os sozinhos, convidou-os para verem seus locais de trabalho, pois a diretora estava ocupada. Pela proximidade, começou por David, que escolhera trabalhar na lanchonete. Levou-o até lá e apresentou-o a Dora, que todos chamavam de Dorinha, a responsável pela lanchonete. Ele logo gostou dela. Dorinha era simpática, risonha e rechonchuda como ele, e o levou a conhecer o local. Como estivesse em boas mãos, Denise deixou-o todo animado, enquanto Dorinha o ensinava a lidar com a máquina de fazer suco de laranja. Para começar, deu-lhe um avental, um boné e colocou-o na pia, pedindo-lhe que lavasse o que estava sujo. Contente, David pôs-se a trabalhar. Isso era coisa que sabia fazer, às vezes ajudava sua mãe em casa.

Com David envolvido no serviço, Denise levou Paulo para a biblioteca, deixando-o maravilhado com a quantidade de livros que havia ali.

— Esse lugar é o paraíso! — ele comentou quando se encaminharam para a funcionária que tomava conta do local.

Denise apresentou-o à bibliotecária Carmen, que o recebeu com alegria:

— Que bom! Estou mesmo precisando de alguém que me ajude, Paulo. Espero que goste de livros!

— Sou vidrado em livros. O perigo está em me distrair lendo e não fazer mais nada — ele comentou com uma risadinha.

— Se estiver tudo em ordem, não tem problema algum. Você não está impedido de ler, o que não pode é deixar o serviço por fazer.

— Pode confiar em mim, dona Carmen. Não vai se arrepender por me aceitar aqui neste paraíso dos livros. Obrigado.

Denise deixou-o a cargo de Carmen e levou José Antônio para o jardim. Caminhando com ele em meio aos canteiros, mostrava-lhe o trabalho do seu Benedito, que todos chamavam de seu Benê. Logo o encontraram atrás de um arbusto, fazendo a poda. Ao ver Denise com um rapaz estranho, o jardineiro deixou a tesoura, tirou o chapéu da cabeça, enxugou o suor que escorria pela testa, limpou a mão nas calças e estendeu-a para cumprimentá-lo:

— Prazer em conhecê-lo! É novo aqui na escola? — indagou.

— Seu Benê, José Antônio vai ajudá-lo, a partir de agora, com o serviço do jardim.

— Ah! É mesmo?! Muito bom, José Antônio! Estou mesmo precisando de um auxiliar. Gosta de plantas?

— Gosto muito, sim senhor! Ajudo minha mãe a cuidar do jardim em nossa casa. Também temos um pé de murta, como este aqui. Quando floresce, seu perfume toma conta de tudo.

— Ah! É verdade! Até por isso tem gente que não gosta dessa árvore. Acha o odor muito forte, porém ela fica linda quando florida. Veja esta outra espécie aqui. Você a conhece? Não? É manacá! Também fica linda quando floresce e é muito perfumada.

José Antônio ia responder, porém Denise interrompeu a conversa dizendo:

— Já vi que se entendem muito bem. Vou deixá-los com suas plantas. Tenho serviço à minha espera. Seu Benê, na hora do almoço leve seu ajudante para almoçar, porque ele ainda nada conhece os hábitos e os horários da escola. Até mais tarde!

Retornando para a diretoria, foi dar contas da sua tarefa à diretora:

— Valéria, ponto para nós! Eles estão adorando o local onde vão trabalhar.

— Isso mesmo! Quando pensei em colocá-los em locais de que eles pudessem gostar, já imaginava que se mostrariam bem melhor. Afinal, a dificuldade desses rapazes é que nunca lhes deram oportunidade de exercer alguma tarefa que pudesse lhes agradar e dar satisfação. Concordo com você, Denise. Acertamos na mosca.

— Também penso que agimos bem. Ao ouvir cada um falando da sua vida, enchi-me de compaixão por eles, Valéria. Todos são garotos que nunca tiveram chance na vida. E tem mais: Maurício conversou com os três e, de longe, fiquei observando. Não sei sobre o que falaram, mas, pelas expressões dos rapazes, eles estavam muito interessados!

— Vou almoçar com Maurício e ficarei sabendo sobre o que conversaram. Mas tem um assunto de que ainda não falamos, Denise: a questão da dependência química.

— É verdade, Valéria. Quando se tocou nesse assunto na delegacia, fiquei um tanto preocupada em deixá-los junto com os demais alunos.

— Eu também, Denise. Todavia, creio que primeiro precisamos levantar o moral desses rapazes, para depois trabalharmos esse outro lado da questão. Teremos um grande auxiliar em Maurício, que conhece bem essa questão dos tóxicos.

Terminada a conversa, Denise saiu da sala alegando muito serviço, e Valéria prosseguiu no relatório que estava fazendo. A manhã passou rapidamente. Terminando o turno matinal, Valéria ligou para o namorado:

— Querido, tudo bem? Será que dá para almoçarmos juntos hoje?

— Claro! Vamos nos encontrar no italiano? Estou terminando uma consulta e ganharemos tempo. Tudo bem, querida?

Ela concordou, desligou o fone, pegou a bolsa e saiu. No jardim, com satisfação, viu seu Benê e José Antônio a conversar entretidos com as plantas. Parou e sorriu:

— Seu Benê, vocês não foram almoçar ainda? Seu ajudante deve estar com fome!

— Não se preocupe, dona Valéria. Trouxe um lanche e comemos juntos!

— Ah, que bom. Mas aproveitem agora que não tem movimento para irem almoçar. Acho que José Antônio está faminto! Até mais tarde!

20
SURPRESA

Chegando ao restaurante, Valéria estacionou o carro e entrou. Maurício a aguardava. Levantou-se ao vê-la caminhar sorridente até a mesa onde costumavam ficar, abraçando-a e dando-lhe um beijo ligeiro. Sentados, eles começaram a conversar, e ele perguntou interessado:

— Como estão as coisas na escola, querida?

— Ótimas! Melhores do que eu esperava. Pensei que teria problemas com os rapazes, mas eles estão adorando o serviço que lhes demos.

Segurando as mãos dela sobre a mesa, ele fitou-a com carinho:

— Querida, você agiu de maneira sábia permitindo-lhes a escolha do que queriam fazer. Eu tinha certeza de que iria funcionar às mil maravilhas!

Valéria sorriu de leve, ainda um tanto cética, e considerou:

— Creio que é cedo para julgar, Maurício. Vamos ver com o transcorrer dos dias como eles se comportam. Mas concordo com você. Também acho que fizemos o melhor. Se déssemos a eles serviços desinteressantes, que não lhes agradassem, estaríamos fadados ao fracasso. Talvez eles cumprissem seus deveres, por obrigação, mas jamais apreciariam o colégio, porque executar aquilo de que a gente gosta é bem diferente! É esperar para ver. Vamos dar tempo ao tempo.

O médico balançou a cabeça concordando, mas ajuntou:

— Você não sabe..., andei colocando ideias na cabecinha deles e agora tenho de esperar vê-las frutificar.

Valéria arregalou os olhos, lembrando-se de tê-lo visto conversando com os rapazes, sem que mais alguém escutasse.

— É verdade! Quase me esquecia desse fato. Conte-me, o que você conversou com eles, querido? Como assim?!... Que tipo de ideias colocou na cabecinha deles?

— Procurei encaminhar o assunto para o lado que desejava abordar, dizendo que às vezes "eu" tenho pensamentos estranhos. E os rapazes falaram que isso também acontece com eles! Inclusive, José Antônio lembrou que, sem nunca ter passado pela rua do colégio, sem conhecer ninguém dali, teve vontade de quebrar tudo naquela madrugada, como se alguém desejasse que fizessem isso!

— Interessante! E depois?

— Pasme, meu bem! Os outros dois confessaram que tiveram a mesma ideia. Então, os três obedeceram a um mesmo impulso!

— Meu Deus! E o que você lhes disse?

— Expliquei que realmente pode acontecer de termos pensamentos estranhos, e que estes são induzidos por outras "mentes". Também expliquei que ninguém morre e que todos continuam vivendo; que os que partiram podem nos influenciar mesmo sem percebermos. Foi legal! Coloquei-me à disposição deles, se tivessem vontade de conversar sobre o assunto. Então, joguei as sementes e vou esperar para vê-las brotarem.

Nesse instante o garçom chegou com os pedidos, e eles interromperam a conversa. Fizeram a refeição falando de outras coisas e logo saíram, pois ambos tinham muito serviço. Despediram-se no estacionamento com um beijo, e cada um tomou o seu rumo.

Chegando ao colégio, Valéria foi até a lanchonete, que na hora do almoço funcionava como restaurante para os alunos, professores e funcionários que residiam longe do local de trabalho ou que preferissem economizar tempo e transporte, já que teriam atividades no período da tarde. Ela passou os olhos lentamente pelo ambiente e deparou com os três rapazes, que estavam almoçando. A expressão satisfeita deles deixou-a mais tranquila. Andou pelas mesas, conversando com um e com outro, até que se aproximou deles e perguntou:

— O almoço está bom, rapazes?

Eles levantaram a cabeça, sorridentes:

— A comida daqui é ótima, dona Valéria! Eu comeria aqui todos os dias da minha vida, se pudesse — disse José Antônio.

— Eu não sairia mais daqui, dona Valéria! Pode acreditar! Sabe que ajudei Dorinha a fazer o almoço? — comentou David, com os cachinhos dourados caindo sobre a testa.

Paulo, o mais sério dos três, considerou com expressão que desejava que fosse desdenhosa, mas que pelo brilho dos olhos mostrava sua satisfação:

— Claro! A gente nunca tinha hora certa para comer, tinha de procurar comida até no lixo! Temos de achar boa mesmo essa comida e aproveitar enquanto temos. Tudo isso vai acabar um dia, vocês sabem.

Os outros dois abaixaram a cabeça, com cara de quem lamenta ter de sair dali. Valéria sentiu um aperto no peito ao imaginar o grau de dificuldades que eles tinham e respondeu compassiva:

— Isso vai depender de vocês. Se quiserem continuar aqui, poderão ficar. Vamos ver um jeito de fazer isso, está bem? Agora comam antes que esfrie!

Ela afastou-se com os olhos úmidos de emoção. No fundo, sabia que os três rapazes eram apenas garotos que nunca tinham tido cuidados reais de uma família e precisavam de quem os direcionasse para uma existência de responsabilidade, carinho e amor.

Esse era o primeiro dia deles, mas, no fundo, Valéria já resolvera que os manteria no colégio, nem que fosse como alunos bolsistas. Achou estranho que, para os policiais, os três pertenciam à classe média! Como? Só se fosse classe média baixa, e os policiais englobaram todos no mesmo pacote.

No final da semana, estava programada a Festa da Primavera, visto estarem no mês de setembro. Então todos, alunos, pais de alunos e funcionários, tiveram de trabalhar bastante para deixar o pátio e a quadra de esportes em ordem. O esforço foi grande, mas, ao ver tudo pronto, aguardando a chegada do público, os organizadores sentiam-se satisfeitos e orgulhosos.

Valéria chegou e viu Paulo olhando tudo com interesse e admiração: os enfeites de flores, as luzes agora acesas, que davam um colorido especial ao local, a quadra de esportes. Aproximou-se dele e, colocando a mão em seu ombro, disse:

— Dá trabalho, mas como é bom ver tudo arrumado, não é, Paulo?

O rapaz, que se virara ao sentir o braço em seu ombro, olhou-a com expressão emocionada:

— Diretora, é inacreditável a mudança! Parece um sonho! Não dá para acreditar. Está tudo lindo!

— Mas vocês merecem! Tudo isso é o resultado do esforço de todos vocês. Parabéns, Paulo! Sei que trabalhou duro, e isso não estava previsto no nosso acordo — ela completou com um sorriso.

— Trabalhei com gosto, diretora! Nunca senti tanto orgulho de ter feito alguma coisa assim! — confessou o rapaz, que se virou novamente para ela e sorriu.

Mudando de assunto ao ver a emoção dele, Valéria perguntou:

— E o som? Está tudo em ordem? Nada pode falhar.

— Sim, eu o chequei pessoalmente. Tenho algum conhecimento desses aparelhos e está tudo perfeito. Agora, é só esperar o pessoal.

Não demorou muito, o público começou a chegar. As famílias dos alunos, convidados, vizinhos do colégio que adoravam esse tipo de festa e não perdiam oportunidade de participar. As barraquinhas de doces, salgados, pipocas, amendoins, tudo funcionando. Os responsáveis por elas estavam em seus postos, além dos espaços para as brincadeiras, como pescaria, tomba-lata, tiro ao alvo e outras.

Quando os três amigos se encontraram na festa, foi uma alegria. Valéria pediu que convidassem suas famílias, e elas compareceram, trazidas por David, José Antônio e Paulo.

Ao ver o pessoal de José Antônio chegando, Valéria aproximou-se para cumprimentá-los, dando-lhes as boas-vindas:

— Que bom que vieram! Obrigada por participarem da nossa festa! Fiquem à vontade. Comam, brinquem e divirtam-se!

José Antônio agradeceu, apresentando a diretora do colégio para a mãe, o pai e os irmãos:

— Mãe, pai, esta é a nossa diretora, dona Valéria! Diretora, eu quero apresentar-lhe minha mãe, meu pai e meus irmãos!

Valéria cumprimentou-os muito contente, colocando-se à disposição deles para o que precisassem, e acrescentou:

— Todos aqui gostam muito do José Antônio, que está se saindo um excelente auxiliar de jardineiro. E olha que ele leva jeito para esse serviço! Aliás, quando a gente gosta do que faz, nada dá errado!

Conversaram mais um pouco, depois Valéria viu David, que chegava com os seus. Pediu licença à família de José Antônio e foi receber David.

— Estou muito grata por terem vindo. Sintam-se à vontade, pois a casa é de vocês também!

Nesse instante, o padrasto de David, homem grande e forte, deu uma risada e disse:

— Pode ter certeza de que vou aproveitar bastante a festa, dona diretora. Onde fica a barraca da bebida? Estou com a garganta seca! Vou pegar uma cerveja!

Ouvindo isso, David, de pele muito clara, avermelhou de vergonha, mas Valéria, sem perder a gentileza, explicou:

— Lamento, mas aqui só temos sucos e refrigerantes! Mas, se o senhor está com sede, a barraca de bebidas fica do lado esquerdo da quadra. Fiquem à vontade. Com licença, preciso ver se tudo está em ordem.

Deixou-os para atender outra família que chegava: a do Paulo, que, sorridente, tinha aguardado no portão de entrada. Valéria estendeu a mão e cumprimentou os pais dele e seus irmãos, dando-lhes as boas-vindas e desejando-lhes um bom divertimento.

— Que festa mais linda, dona Valéria! — exclamou a mãe de Paulo.

— É verdade. Fico contente que tenha gostado! Sabem que Paulo trabalhou muito para que tudo saísse perfeito nesta noite? Inclusive, foi ele que colocou a iluminação na quadra! Vejam como ficou linda!

Os pais sorriram de olhos arregalados, mostrando o orgulho que sentiam do filho. Sim, realmente estava tudo uma beleza! — concordaram.

Deixando-os à vontade, Valéria pediu licença para ver se estava tudo em ordem. Encontrando Denise, ambas trocaram um olhar, aliviadas por ver que tudo estava caminhando a contento.

— Sabe que encontrei David mostrando a lanchonete para a família? Todo orgulhoso, ele contava que já sabia fazer de tudo, desde suco de laranja até comida! Valéria, não pude deixar de me emocionar ao ver a expressão de respeito dos familiares endereçado ao nosso querido David!

De repente, Valéria viu Maurício entrando pelo grande portão. Com expressão carinhosa, sorriu e encaminhou-se para recebê-lo, embora tivesse um comitê de recepção, que constava de garotas e rapazes com flores artificiais nas mãos, rosas de várias tonalidades, entregando uma flor a cada convidado como gesto de boas-vindas, para serem colocadas na roupa, como um broche.

Ao vê-la, Maurício mostrou-lhe a rosa amarela que recebera e estendeu-a para a namorada:

— É sua, querida! Parabéns! Vocês trabalharam bastante, mas valeu a pena — disse abraçando-a com amor.

— Sim, meu amor. Porém, esta flor é sua! Deixe-me colocá-la aqui na lapela do seu paletó!

Maurício agradeceu, e de mãos dadas caminharam para junto dos convidados, que se divertiam sentados nas mesinhas, comendo em pé para ver tudo ou levando as crianças para brincarem nas barraquinhas. Cansada, Valéria convidou Maurício para se sentarem a uma mesa.

— E os seus novos auxiliares?

— Você não vai acreditar, querido! Eles trabalharam muito e com prazer! Divertiram-se o tempo todo! Especialmente Paulo, que mostrou habilidades especiais para lidar com aparelhamento eletrônico. A colaboração dele foi uma mão na roda, como costumamos dizer!

— Está mesmo tudo perfeito. Parabéns, meu amor! Você conseguiu que eles, de garotos-problema se transformassem em auxiliares devotados — Maurício comentou com expressão de respeito pelo trabalho dela.

Nesse momento, alguém veio chamar Valéria por algum motivo, e Maurício ficou sozinho na mesa, tomando um guaraná e observando o movimento, que aumentava sempre. De repente, ele viu que alguém chegou e sentou-se ao seu lado. Olhou e sorriu. Era José Antônio.

— Como vai, doutor Maurício?

— Vou bem, José Antônio! Mas sou um amigo e faço questão que tire o doutor do nome. Sou Maurício apenas.

O ajudante de jardineiro sorriu satisfeito:

— Queria mesmo voltar a encontrá-lo, Maurício. Depois do que conversamos naquele dia, fiquei sem conseguir parar de pensar em tudo aquilo. Minha cabeça não esquecia o que nos disse. É verdade mesmo o que falou?

— Com certeza, Zé Antônio. Acha que eu iria enganar vocês? De jeito nenhum. Eu disse só a verdade. Se você tiver interesse em saber mais, estou à sua disposição, como já afirmei naquele dia.

— Mas de onde você tirou esses conhecimentos, Maurício?

— O Espiritismo é uma doutrina que está assentada em três áreas distintas: ciência, filosofia e religião. Esses três ângulos se completam, sendo que a religião baseia-se no Novo Testamento, isto é, nos ensinamentos que Jesus legou à humanidade. A filosofia analisa, indica caminhos; a ciência estuda e prova. E a religião nos eleva para Deus, nosso Pai e Criador.

À medida que Maurício falava, José Antônio ia arregalando os olhos, surpreso e fascinado por tudo o que ouvia. Não demorou muito, aproximaram-se Paulo e, depois, David e ficaram ouvindo também, muito interessados.

Como Valéria chegasse para buscar o namorado para ver alguma coisa, Maurício ofereceu-se:

— Olhem, aqui é difícil falar sobre assuntos sérios. Não é a hora nem o local, mas vou passar-lhes um endereço onde se reúnem jovens da idade de vocês e que se interessam por esses estudos. Aceitam?

— Eles não vão nos zoar como sempre fazem?

— Não. São jovens muito sérios e simpáticos. Vocês vão gostar deles.

— Está bem. Então, passe-nos o endereço e o horário em que eles fazem esses estudos.

Maurício tirou um cartão do bolso da camisa e escreveu o endereço, depois deu a anotação a Paulo, que repassaria aos outros dois.

Deixando-os a conversar, Valéria e Maurício foram até a quadra, onde fora levantado o palco. Alguns grupos iriam se apresentar com músicas, e eles ficaram por ali ouvindo, embora o som bastante alto pudesse ser apreciado de qualquer lugar. De repente, um dos garotos de uma pequena banda convidada olhou e viu Paulo. Murmurou algo aos demais e depois o chamou para tocar com eles.

No início, um tanto constrangido pela surpresa, Paulo subiu ao palco e começou a tocar e cantar com a banda. De repente, o vocalista do grupo pediu-lhe que cantasse uma determinada música da autoria dele, Paulo.

A princípio um tanto tímido por ser pego de surpresa, depois Paulo acabou aceitando uma guitarra e, experimentando-a, posicionou-se junto ao microfone e começou a cantar, acompanhado pela banda, que conhecia bem a música. Sua voz soava limpa e clara, com tonalidade especial, que encantou o público. O barulho cessou, e só se ouvia aquela bela voz cantando. Quando ele terminou, o público ficou parado por instantes, até explodir em palmas, assobiando e gritando, entusiasmado.

Ele desceu do palco, tímido, misturando-se com o povo. Valéria e Denise, que estavam lado a lado, trocaram um olhar entre surpreso e encantado.

— Incrível! — sussurrou Denise para Valéria.

— Muito mais do que isso, Denise. Creio que teremos muito que fazer. Paulo deve ter tido uma razão forte para afastar-se da banda, porque, pelo jeito, eles têm grande afinidade.

— Vamos pesquisar na internet. Ali a gente descobre tudo — murmurou Denise, pensativa.

Aos poucos, todos foram embora satisfeitos, porém elas não conseguiam esquecer o acontecido. O resto do público ficou maravilhado com a música, mas foi só, com exceção de Maurício, Valéria e Denise, que não conseguiam deixar de pensar no que acontecera.

21

DEPOIS DA FESTA

A festa durou até as vinte e quatro horas, com bastante movimento, e o público numeroso se divertiu e comeu os quitutes, em parte confeccionados pelas funcionárias da escola, outra parte era colaboração das famílias dos alunos e dos demais participantes do bairro, acostumados a esse tipo de evento. Conquanto o sucesso da festa, não poderia exceder o horário, visto que o bairro era residencial. Os vizinhos não se incomodavam, porque também se faziam presentes e sabiam que o colégio respeitava o horário do término.

Mas todos deixaram o local com desejo de prosseguir comendo, bebendo e cantando com as bandas que se apresentavam, em rodízio. Valéria escolhia sempre as mesmas bandas, porque sabia que eram muito apreciadas.

Como Valéria estivesse exausta, Denise recomendou que ela fosse embora, pois tinha bastante gente para ajudar. Assim, Valéria e Maurício saíram antes, comentando a excelência da festa. Maurício, que também tivera várias cirurgias naquele dia, estava exausto. Não obstante, fez questão de subir com Valéria, deixando-a no apartamento. Por sua vez, ela resolveu fazer um pouco de café, para que ele pudesse voltar à sua casa sem tanta sonolência.

Enquanto ele esperava o café que Valéria foi fazer, sentou-se no sofá da sala e, quando ela entrou comentando alguma coisa, tendo nas mãos a bandeja de café com as xícaras, encontrou-o dormindo. Tentou acordá-lo, mas não conseguiu. Então, com delicadeza, tirou-lhe os sapatos e as meias, acomodou-o melhor e colocou um travesseiro sob sua cabeça; depois, estendeu uma manta por cima e, beijando-o de leve na testa, apagou a luz e foi para o seu quarto.

Na manhã seguinte, como não tinham atividade, por ser domingo, eles dormiram um pouco mais. Acostumada a se levantar cedo, Valéria tomou banho, saiu e comprou pão fresco na padaria que havia na quadra seguinte; depois arrumou a mesa, fez o café e esquentou um pouco de leite; só depois dessas providências foi tentar acordar Maurício, que dormia a sono solto.

Com delicadeza, ajeitou a manta que escorregara para o chão e fechou as cortinas para que o sol da manhã não batesse em seu rosto. Depois, acomodou-se numa poltrona e, pegando o livro que já começara a ler, que deixara na mesinha ao lado, abriu-o e mergulhou na leitura. De repente, ouviu-o dizer:

— Nossa! Que horas são? Dez horas?! Valéria, dormi aqui?

— Bom dia, querido! Dormiu bem?

Ele sorriu passando a mão pelo rosto:

— Pelo jeito, dormi muito bem. Por que não me acordou? Que mancada!

Valéria deu uma risada bem-humorada:

— Não vi você dormir, querido. Fui fazer um cafezinho para nós e, quando voltei para a sala, você estava mergulhado em sono profundo. Certamente não iria acordá-lo; você estava bem cansado...

— É verdade. Trabalhei muito ontem, e, entre as cirurgias, uma foi bastante complicada, o que me desgastou mais — considerou ele sentando-se no sofá.

Valéria ergueu-se e, chegando perto dele, deu-lhe um rápido beijo e puxou-o do sofá:

— Agora que está descansado, vá lavar o rosto e venha para a cozinha tomar o café. A mesa está pronta há horas! Se quiser tomar banho, coloquei uma toalha limpa.

Maurício levantou-se, enquanto Valéria foi para a cozinha esquentar de novo o leite, que esfriara. Alguns minutos depois, Maurício entrou na cozinha e acomodou-se à mesa. Conversaram bastante sobre a festa, inclusive sobre a bela surpresa que Paulo lhes reservara.

— Realmente foi uma surpresa e tanto, Valéria. E o danado tem uma voz linda e de tonalidade diferente. Excelente!

Valéria, que levava a xícara aos lábios, parou a meio caminho e murmurou:

— O mais importante, Maurício, é que a gente sente que ele está bem! Aquele rapaz contestador, arrogante, que vivia aprontando coisas erradas para agredir a sociedade e divertindo-se com esse comportamento, parece que não existe mais. Pelo menos, está adormecido num canto da sua realidade espiritual. Não acha?

Passando geleia numa torrada, Maurício balançou a cabeça concordando:

— Sem dúvida, querida. Durante esses últimos dias pude verificar que não apenas ele, mas os outros também estão diferentes daqueles adolescentes revoltados capazes de cometer atos de vandalismo. Outro dia cheguei ao colégio e, como você estivesse ocupada, fui para o pátio; era horário de intervalo, e os alunos estavam todos lá. Cheguei até a cantina e vi David servindo uma mesa todo sorridente. Os alunos pediam coisas diferentes, e ele os atendia bem-humorado. E o importante é que o sorriso dele não era de irritação, ou de pouco caso, mas de alegria por estar executando aquele trabalho. Foi o que senti! Confesso que fiquei emocionado, Valéria.

Ela concordou com um sorriso:

— Entendo o que você quer dizer, Maurício. É exatamente assim que me sinto em relação a qualquer um deles! Outro dia entrei na biblioteca e encontrei Paulo mergulhado na leitura de um livro. Ele nem notou que eu estava ali, observando-o. Pigarreei discretamente, e ele ergueu a cabeça, assustado. Desculpou-se dizendo que não tinha me visto chegar, erguendo-se todo afobado. Tranquilizei-o afirmando que não se preocupasse por estar lendo; se não havia alunos exigindo sua atenção ou serviços a fazer, ele tinha liberdade para ler. Conversei um pouco com ele, interessei-me sobre a obra que estava lendo, e, pasme, ele tinha nas mãos uma obra de Leon Tolstoi, mais precisamente, *Guerra e Paz*. Admirada, felicitei-o pela escolha da obra, e ele me disse que estava adorando a leitura.

— Creio que todos os três têm muito a dar. Necessário aproveitarmos a oportunidade que o Senhor nos concedeu de os termos por perto. Esses garotos são três joias que precisam ser lapidadas e que Jesus colocou em nosso caminho para que possamos ajudá-los, querida.

— Penso exatamente a mesma coisa, Maurício. Conversando com eles, falaram sobre a família, e, na verdade, todas precisam de ajuda, de socorro. Especialmente com relação às drogas.

Maurício segurou a mão dela, depositou um delicado beijo:

— É por isso que eu amo você, Val. Pensamos da mesma maneira e podemos fazer muito juntos! Aceita ser minha parceira?

— Onde?

— Na vida!

— Está me pedindo em casamento, Maurício?

— Estou. O que acha?

Valéria pensou um pouco e, olhando para ele, murmurou:

— Não é muito cedo para isso? Mal nos conhecemos!

— Como assim? Você acha que não me conhece?! Pois eu conheço você desde o dia em que apareceu no meu consultório com aquela sua amiga... Como era mesmo o nome dela? Ah! Carla! Desde aquele dia, você não saiu mais da minha cabeça.

— Foi tão forte assim? Mas não fiz nada para...

— Não precisava, querida. Só o fato de não concordar com Carla, para mim já foi o suficiente! Vi que você não era cabecinha oca como ela!

Valéria não se conteve e caiu numa gargalhada, enquanto Maurício a olhava com leve sorriso no rosto.

Ela parou de rir e, enxugando os olhos, fitou-o. Depois, passou a mão levemente sobre o rosto dele considerando:

— Meu querido, eu o amo, você sabe disso. Porém, temos tantos problemas atualmente que eu gostaria de resolvê-los antes de uma decisão definitiva. Quero poder dedicar-me a você com toda a alma, todinha. E, confesso-lhe, não sei pensar em várias coisas ao mesmo tempo, entende? Não saberia decidir, por exemplo, ao mesmo tempo sobre vestido de casamento e como estão agindo nossos protegidos. Você pode entender isso? Ou fulaninho está aprontando alguma coisa, mas não posso cuidar disso agora porque tenho de decidir como será nossa festa de casamento! Entendeu?

Maurício sorriu e respondeu, beijando-lhe a mão:

— Mas não estou pedindo que você resolva isso agora! Só que aceite meu pedido de casamento!

— Eu sei, querido. Mas, para isso, também precisamos de mais tempo, não acha?

— Eu acho que já pensei o suficiente. Mas se você ainda não tem certeza dos seus sentimentos, eu entendo, Valéria.

— Não foi isso o que eu disse, querido. Eu amo você. Tenho certeza disso.

— Está bem. Tenho que ir agora. Preciso trabalhar um pouco no consultório.

— Mas hoje é domingo, Maurício!

— É verdade, mas tenho alguns casos que preciso analisar melhor, para decidir como agir. Tenho de analisar com cuidado os exames, ultrassons e tudo mais. São casos muito delicados e necessito comunicar minha posição às famílias.

— Lamento, querido. Poderíamos aproveitar e passar este dia juntos!

— Sem problema! Só que, agora, vou para o consultório. Podemos almoçar juntos. Vá pensando num lugar diferente desses a que vamos sempre.

Maurício pegou o chaveiro, que estava numa mesinha à entrada, e deu um ligeiro beijo em Valéria.

— Até mais, querida!

— Até! Vou ficar esperando você ligar. Que os amigos espirituais o ajudem nas decisões que precisa tomar.

Ele agradeceu e tomou o elevador, que já chegara. Valéria voltou para o apartamento, pensativa.

Aquele domingo passou rapidamente. Valéria leu um pouco, depois se vestiu melhor para sair e ficou aguardando o namorado ligar. De súbito, Valéria ouviu a campainha do telefone. Era Maurício, mas sua voz estava tão cansada que ela estranhou e indagou a razão.

— Trabalhei muito. Estou exausto! Teve um caso que demorei a decidir como resolver o problema.

— Ah, querido! Então, que tal você vir para cá? Faço alguma coisa aqui mesmo. Se conseguir, pelo adiantado da hora, traga uma carne assada. O resto eu faço.

Ele concordou. Valéria foi até a cozinha verificar o que teria para fazer. Abriu a geladeira e viu que para salada tinha alfaces e tomates. Tinha também o molho de tomates, a massa, queijo ralado. E um suco de garrafinha. Tudo resolvido, Valéria colocou água para ferver e, enquanto aguardava, fez a salada e o suco. Arrumou a mesa com capricho e voltou para a cozinha. A água estava fervendo; jogou a massa e depois marcou os minutos para cozinhar. Logo estava pronta. Deixou a porta da sala aberta para que ele pudesse entrar sem bater.

Alguns minutos depois, Maurício entrou. Trazia um pacote de comida, um doce e uma garrafa de refrigerante. Ao ver a mesa posta, ele se admirou:

— Tudo pronto? Que rapidez, Val!

— Não queria que você esperasse. Foi fácil. O mais demorado foi aguardar a água ferver. Então, cavalheiro, sente-se! Vou colocar a carne numa travessa e já volto.

Maurício foi lavar as mãos e voltou, acomodando-se à mesa. Valéria retornou com a carne já cortada em fatias, numa travessa. Fizeram uma prece rápida, agradecendo o alimento, e depois se serviram.

— Estava tudo muito bom — elogiou Maurício. — Agora, vamos para a sobremesa! — disse entusiasmado.

Valéria abriu: era um pudim de leite condensado! Trouxe-o para a mesa, depois pegou duas taças e duas colheres e serviu.

— Uma verdadeira delícia! — ela reconheceu.

— É o doce que mais aprecio. Está muito bom mesmo! Aliás, acho que é unanimidade nacional, pois nunca encontrei ninguém que não gostasse dele — considerou Maurício, animado.

Em seguida, Valéria fez um cafezinho novo, que eles tomaram sentados na sala, diante da televisão. Como na TV nada tivesse de bom, Valéria pegou um filme que tinha adquirido, e eles o viram. Passaram a tarde inteira juntos. Quando começou a anoitecer, ele despediu-se dela alegando que precisava dormir, pois tinha cirurgias no dia seguinte bem cedo. Despediram-se com um beijo carinhoso.

Valéria também aproveitou para deitar-se mais cedo. Gostava de ler na cama, e logo adormecia. Na segunda-feira teria de ir cedo para o colégio.

Deitada, com o livro na mão, pôs-se a pensar no namorado. Ele era a melhor coisa que já lhe tinha acontecido. Eles se entendiam em tudo, nunca discutiam por nada. Gostavam das mesmas coisas, pensavam do mesmo jeito, e havia amor entre eles, além de atração física.

Logo estava dormindo serenamente. No dia seguinte, ela levantou-se cedo para ver como ficara tudo no colégio. Afinal, uma festa dessas pode causar muitos transtornos, prejuízos e sujeiras.

Chegando lá, surpresa: Valéria viu que já estava tudo limpo.

"Tudo limpo?!... Por que milagre isso aconteceu?", pensou perplexa.

Viu pela fisionomia das funcionárias que já tinham chegado que havia a mesma perplexidade. Ninguém sabia como e quem arrumara tudo. Até que, ao chegarem os três rapazes, sorridentes, tudo foi esclarecido. Ao perguntar a um deles:

— Paulo, você sabe quem deixou tudo limpo?

O rapaz sorriu e olhou para os outros dois, que também sorriam, e confessou:

— Fomos nós, diretora Valéria.

— Como assim? No mínimo, teriam de ter chaves para entrar, e vocês não as têm!

Nisso, Dorinha, a responsável pela cantina, levantou a mão e confessou:

— Fui eu que lhes dei, Valéria. Os rapazes me pediram as chaves porque queriam deixar tudo arrumado para a segunda-feira, e eu as entreguei.

Valéria ouvia calada a explicação de Dorinha, depois indagou:

— E eles fizeram tudo sozinhos?

— Não, eu também ajudei! Eles não saberiam onde guardar as coisas, nem identificar as chaves de cada porta — explicou Dorinha.

— Entendo. Considero que trabalharam bastante no domingo, rapazes. Mas por que quiseram fazer tudo isso sozinhos?!

Um olhou para o outro, e, depois, foi Paulo quem respondeu:

— Dona Valéria, achamos que seria uma maneira de pedir perdão pelo estrago que fizemos no colégio. Explicamos a situação à Dorinha, e ela concordou que seria uma maneira de nos reabilitarmos perante todo o colégio!

Valéria tinha um nó na garganta, a emoção a invadia e ameaçava sair pelos olhos, derramando-se pelo seu rosto.

— E de quem foi a excelente ideia?

— Foi do David! — exclamaram eles, satisfeitos.

Valéria aproximou-se deles e, chegando junto a David, vermelho e assustado, abraçou-o demoradamente. Depois, enxugando disfarçadamente as lágrimas, disse:

— David, José Antônio e Paulo, vocês demonstraram que têm bons sentimentos e que não são aqueles mesmos garotos que cometeram aquele estrago aqui no Instituto de Educação Bem Viver. Estou satisfeita com vocês que, em pouco tempo, mostraram uma grande mudança no comportamento. Agradeço-lhes de coração! Vou, inclusive, procurar o delegado de polícia que nos atendeu aquele dia para contar-lhe como vocês estão mudados, para melhor. Obrigada! Vocês merecem uma vida diferente! E, no que depender de mim, vocês a terão.

A diretora saiu, buscando a sua sala, com um grande sentimento de carinho por aqueles jovens que poderiam estar criando confusão em outros lugares da cidade, mas estavam se recuperando e buscando novas respostas para sua existência.

22

ENFRENTANDO PROBLEMAS

De modo geral, todos estavam animados com a atuação dos três rapazes. As melhoras neles eram visíveis, o que enchia de satisfação professores, funcionários e a direção da escola.

Contudo, havia ainda um grande problema a ser resolvido e que não fora abordado, dando um tempo para que os rapazes se adequassem à escola: a questão das drogas. Preocupada com o assunto, Valéria resolveu marcar reunião com algumas pessoas essenciais: Denise, como vice-diretora; Amélia, psicopedagoga, e os responsáveis pela biblioteca, cantina e jardim, isto é, Carmen, Dorinha e seu Benê, além dela e, naturalmente, contando com a presença de Maurício, que, por ser médico, tinha uma visão mais ampla do problema, além de manter um bom relacionamento com os três rapazes, David Ricardo, José Antônio e Paulo.

Marcara a reunião para o sábado à tarde, em virtude de todos os envolvidos estarem livres nessa ocasião. Dias antes, Valéria conversou particularmente com cada um deles; chamou-os à diretoria com o objetivo de saber como estavam se sentindo no colégio, no trabalho que executavam, no relacionamento com os alunos, enfim, se o ambiente estava sendo bom para eles.

O primeiro a ser chamado foi David Ricardo. Ele entrou na sala ainda enxugando as mãos, com os olhos azuis arregalados, um tanto temeroso, julgando que poderia ter feito algo errado no serviço. Tirou o boné da cabeça, e uma massa de cabelos claros e encaracolados surgiu. Todavia, aliviado, foi recebido por Valéria e Denise com um sorriso; sentou-se e pediu desculpas por estar com o uniforme um pouco sujo, pois estava lavando a louça do almoço quando recebeu o chamado. Ambas sorriram, e Valéria tranquilizou-o:

— Não se preocupe com isso, David. Sabemos que você está em horário de serviço e que se sujar faz parte da função, é natural. Porém, como não conversamos mais após esse período de serviço, gostaríamos de saber como está se sentindo na lanchonete.

O rapaz respirou fundo e deu um belo sorriso, aliviado:

— Ah! Ainda bem, dona Valéria! Pensei que a senhora não estivesse gostando do meu trabalho! Desde que comecei a servir na lanchonete, minha vida mudou. Adoro o que faço! Tanto ajudar a fazer os lanches, os sucos, servir às mesas e até arrumar a cozinha. Dorinha é ótima e nos damos muito bem. Claro que, no começo, eu dei algumas mancadas, mas logo aprendi e me sinto feliz ali. Quando vou para casa, não vejo a hora de voltar no dia seguinte e, para alegria de minha mãe, ainda a ajudo na cozinha; afinal, agora sei o que faço! Acordo até mais cedo, para não perder a hora. E isso agradeço à senhora. Muito obrigado, dona Valéria!

Valéria e Denise sorriram, satisfeitas. A diretora balançou a cabeça, contente, e perguntou:

— Desculpe-me tocar neste assunto, David, mas e quanto à questão das drogas, o que me diz? Fique tranquilo para responder. Não estamos aqui para julgá-lo em hipótese alguma. Nosso objetivo é ajudar.

O rapaz abaixou a cabeça, enrolou a bainha da camiseta, depois disse:

— Dona Valéria, confesso-lhe que durante algum tempo fiz uso de maconha. Sentia necessidade, pela vida que levava; não gostava de mim, de voltar para casa e ver meu padrasto lá, bebendo e, muitas vezes, espancando minha mãe; cheio de raiva, eu avançava sobre ele, que, mais alto e forte, fazia o mesmo comigo; eu aguentava firme, pois preferia apanhar a ver minha mãe sujeitar-se àquele cara. Por essas e outras coisas, sentia-me sem ânimo para estudar, enfim, minha vida toda estava errada. Assim, quando me ofereceram uma tragada, aceitei. Pior não poderia ficar, e disseram-me que os problemas iriam desaparecer. Na verdade, não foi isso que aconteceu. Ao contrário, as coisas só pioraram em minha vida; a única coisa boa era a maconha, pois me fazia ter um pouco de prazer, esquecendo tudo o mais.

Aproveitando um instante de pausa que David fizera para enxugar os olhos, Valéria perguntou:

— E agora, David, como se sente?

Ele ergueu a cabeça, e seus olhos brilharam entre as lágrimas:

— Sinto-me muito bem, dona Valéria. Nem preciso mais de maconha!

— Então você fez uso por pouco tempo, imagino.

— Sim. Graças a Deus, quando cometemos aquele ato, a senhora sabe, aquele que nos levou à delegacia de polícia, enfim, fiquei apavorado. Era a primeira vez que entrava num lugar daqueles, cheio de policiais. Mas para mim foi uma bênção. Graças a isso, estou aqui neste colégio, que considero a melhor coisa que já me aconteceu.

Valéria trocou um olhar com Denise, e ambas sorriram, aliviadas. Depois fitaram o rapaz, e a diretora concordou:

— Se é assim como você nos contou David, realmente foi a melhor opção para a sua vida. Olhe, quero que confie em nós. Se precisar de alguma coisa, qualquer coisa que seja, estaremos à sua disposição para ajudá-lo. Se, de repente, tiver vontade de retornar ao vício, avise e o ajudaremos a sair dessa fase.

— Obrigado, dona Valéria.

— Tem mais, David. Por certo período, você terá de trabalhar aqui no colégio, prestando sua colaboração, em virtude do que aconteceu. Mas você gostaria de estudar aqui?

— Estudar aqui? Como aluno? — indagou gaguejando.

— Sim, como aluno. Com bolsa de estudos, sem precisar pagar nada.

— Claro que eu gostaria, dona Valéria! É o que mais quero na vida! E, depois, tenho pensado bastante na minha vida daqui a alguns anos e decidi: quero montar um restaurante. Ouvi dizer que tem até curso de gastronomia! É verdade?

— Sim, é verdade! Mas você precisa estudar para terminar o ensino fundamental e depois o ensino médio. Gastronomia é curso universitário! Pois está combinado. Você estudará aqui no colégio enquanto puder. Depois, terá de fazer o vestibular. Porém você precisa ficar limpo, entendeu?

— Entendi. Nunca mais vou usar maconha. Prometo — afirmou ele, todo feliz.

— Então, pode voltar para a lanchonete, David.

O rapaz levantou-se, todo satisfeito e sorridente, despedindo-se das duas mulheres que ali estavam. Ao fechar a porta da sala atrás de si, elas ouviram um grito de alegria que ele soltou. Elas também riram, satisfeitas.

Algum tempo depois, apareceu a cabecinha de José Antônio na porta. Pediu licença e entrou.

— Dona Valéria, fiquei sabendo que a senhora quer falar comigo.

— Sim. Sente-se, José Antônio! Vamos conversar um pouco. Gostaria de saber como se sente trabalhando em nosso colégio. Está tendo alguma dificuldade?

O rapaz, magro e alto, o oposto de David, ficou tenso, com a fisionomia preocupada:

— Como assim, dona Valéria? Se eu gosto daqui? Mas alguém reclamou de mim?

— Calma! Fique tranquilo. É apenas o que eu disse, José Antônio. Ninguém falou nada contra você. Nós é que desejamos saber, após esse período de trabalho, se você está bem, contente com o serviço. Só isso.

— Ah!... Ainda bem! Sabe, dona Valéria, sempre gostei de plantas. Lá em casa minha mãe tem um jardinzinho, e eu adoro cuidar dele. Sou vidrado em flores! E aqui, que o jardim é enorme, tenho mais oportunidade de trabalhar e ver espécies de flores diferentes e até mudas que não conhecia e que servem para a saúde. E seu Benê, que conhece muito dessa área, tem me ensinado bastante. Nunca me senti tão bem na vida! Além disso, também não passo fome; em casa às vezes a gente não tinha nada para comer. E não sei se é por isso que a senhora me chamou aqui. O seu Benê, às vezes, quando tem frutas, ele me dá uma ou outra, para levar. Se for por essa razão que me chamaram aqui, peço-lhe que a senhora não brigue com ele, dona Valéria. Seu Benê não faz por mal. Só para me ajudar!

Valéria e Denise estavam emocionadas diante a confissão de José Antônio, e a diretora esclareceu:

— José Antônio, fique tranquilo, não foi por isso que chamei você aqui. Só queria mesmo saber como está se sentindo, se gosta do serviço, do local...

— Ah! Quanto a isso, dona Valéria, a senhora não precisa se preocupar. Gosto muito de trabalhar aqui no jardim. Seu Benê é uma criatura boníssima! Sabe que outro dia ele me levou até a casa dele para jantar? É verdade! Depois, ainda deu comida pra eu levar. Aquele dia foi festa lá em casa!

— Fico contente por isso. Olhe, quando precisar de alguma coisa, pode pedir. Na medida do possível, nós o atenderemos. Gostaria de fazer alguma pergunta?

O rapaz revirou o chapéu que tinha nas mãos e depois disse:

— A senhora me chamou aqui por que não está contente comigo? Se for isso, pode dizer que faço tudo o que for preciso. Só não quero perder esse tempo que devo trabalhar aqui na escola. Por Deus no Céu, dona Valéria, não me tire daqui!

Valéria respirou fundo, sentindo um aperto no coração pela preocupação do rapazinho, e respondeu:

— Fique tranquilo. Não pretendo dispensá-lo, José Antônio. Ao contrário, quero saber se tem interesse em continuar aqui conosco, de estudar aqui no colégio.

— Ser aluno aqui? Claro que quero, dona Valéria! É o meu sonho! Quando vejo os alunos chegando de manhã, de banho tomado, com a mochila nas costas, animados por se encontrarem com os colegas, fico com muita inveja deles. No bom sentido. Não faria nada para prejudicá-los, acredite!

— Acredito em você, José Antônio. Quando acabar esse período de serviço, vamos estudar a possibilidade de você continuar aqui como nosso aluno.

O rapazinho levantou-se da cadeira, inclinando-se para frente e, amassando o chapéu que tinha nas mãos, disse com lágrimas nos olhos:

— Dona Valéria, se a senhora fizer isso por mim, lhe serei grato o resto da vida. Mas, se não for pedir demais, eu poderia continuar a trabalhar com seu Benê no jardim?

— Creio que não haverá problema, desde que você consiga realizar as duas coisas, isto é, em um período estudaria e no outro trabalharia no jardim. Mas, sente-se, José Antônio. Ainda precisamos conversar. E quanto ao problema das drogas? Tem feito uso delas? Seja sincero, nosso objetivo é apenas ajudá-lo.

O rapazinho acomodou-se lentamente, preocupado, e respondeu:

— Dona Valéria, não quero mentir para a senhora. Tenho usado um pouco, de vez em quando, quando a coisa fica preta lá em casa.

— E o que você usa nessas ocasiões?

— Eu fumava maconha. Mas, outro dia, me ofereceram *crack*. Não sei se a senhora sabe, mas é bem mais forte e é baratinho.

Tentando não mostrar o quanto estava assustada, Valéria ponderou:

— José Antônio, você sabe que o *crack* é muito perigoso? Que destrói a pessoa em pouco tempo?

O garoto começou a chorar, amassando o chapéu com as mãos, cheio de medo.

— Dona Valéria, a senhora não vai mais me querer aqui por causa disso?

— Fique tranquilo, José Antônio. Queremos ajudá-lo, não se preocupe. Mas queremos ajudá-lo para valer, de modo que você possa libertar-se dessas substâncias que só lhe fazem mal! Aceita nossa ajuda?

Ele balançou a cabeça afirmativamente e explicou:

— Eu ficaria muito agradecido, dona Valéria. Mas só entrei nessa onda por causa da nossa condição em casa. Quando não temos o que comer, a maconha ajuda a gente a esquecer da fome. Além disso, era só o que eu tinha! Não podia estudar, não tinha amigos que me ajudassem a superar essa fase, porque todos eles também dão suas fumadinhas.

— Entendo. Então, vamos ver como ajudá-lo e aos outros. Tudo bem, José Antônio?

— Eu ficaria muito agradecido, dona Valéria. Posso ir agora? Seu Benê deve estar precisando de mim!

— Pode ir. Voltaremos a conversar — concordou a diretora.

José Antônio saiu aliviado e contente; primeiro, porque julgava que fosse ficar sem o serviço, depois por ver que a diretora não queria livrar-se dele, mas apenas ajudá-lo.

Após a saída de José Antônio, não demorou muito e apareceu a cabeça de Paulo no vão da porta:

— A senhora mandou me chamar, dona Valéria?

— Olá! Entre, Paulo! Sim, desejo conversar com você. Sente-se.

— Está acontecendo alguma coisa, dona Valéria? Alguma reclamação? Se for por isso, garanto-lhe que...

Interrompendo-o, ela afirmou:

— Relaxe! Não há nada contra você, Paulo. Carmen está gostando bastante da sua presença na biblioteca e do seu serviço. Quanto a isso, fique tranquilo.

— Se não é isso então... — murmurou ele, curioso.

E a diretora sorriu, completando:

— Queremos saber como está se sentindo em relação ao serviço que faz. Está contente?

— Muito contente, dona Valéria! Estar no meio de livros, que são minha paixão, é sensacional! Adoro o que faço e agora já estou conhecendo bastante os títulos. Assim, quando um aluno pergunta sobre uma determinada obra, sei exatamente onde encontrá-la! Conheço autores sobre os quais nunca tinha ouvido falar e que escreveram coisas fabulosas!... O dia passa, e nem percebo; quando vou ver, já está na hora de ir almoçar ou de ir embora. Se pudesse, ficaria lá à noite também!

Valéria trocou um olhar com Denise, e ambas sorriram, satisfeitas. Era como se dissessem: "Acertamos em cheio!". Depois, a diretora disse:

— Que bom quando a gente faz o que gosta, não é Paulo?

— Com certeza! O serviço rende muito mais. Uma vez, arrumei um trabalho numa borracharia e tinha de consertar pneus. Nada dava certo porque eu não gostava do serviço! Agora é diferente, sinto-me no meu elemento. É como se sempre tivesse trabalhado com livros, a senhora acredita?

— Acredito sim, Paulo. E quanto à questão das drogas?

— Das drogas?! A senhora... vai me dispensar por causa disso?

Valéria balançou a cabeça, negativamente.

— De modo nenhum, Paulo. Quero ajudá-lo, se possível, para que se liberte do vício. Isto é, se você quiser e concordar.

— Por que, dona Valéria?

— Porque gosto de você e vejo um grande futuro à sua frente! Ficamos todos encantados com a sua música e seu talento na Festa da Primavera! Você se mostrou um grande líder, dirigindo os alunos que estavam ajudando na organização, resolvendo problemas com criatividade e competência. Naquele dia, Paulo, você cresceu muito no meu conceito e no de todos os professores, funcionários e alunos!

— É verdade, diretora? — ele indagou, vermelho de vergonha por ouvir tudo o que Valéria pensava a seu respeito.

— Nunca pensei que pudesse me ver assim, dona Valéria.

— Sim, eu o vejo assim, com grandes possibilidades! Mas creio que "você" não enxerga suas potencialidades — concluiu frisando a palavra.

— Na verdade, a senhora tem uma visão da minha pessoa que não corresponde à realidade — considerou ele, de cabeça baixa.

Denise, que se mantivera calada o tempo todo, interferiu:

— Não, Paulo. É você que não se aceita, que não se ama!

— As senhoras não me conhecem direito... Tenho muitos defeitos.

— Sabemos disso. Todos os temos, pois não somos perfeitos. E o seu problema maior é ser usuário de drogas, não é?

Paulo abaixou a cabeça e manteve-se calado, o que significava concordância.

— Meu filho — permita que eu o chame assim —, você gostaria de deixar as drogas, quaisquer que sejam?

— Sou muito mais comprometido do que as senhoras pensam. Não posso sair delas.

— Por quê? O que o impede? — indagou Valéria.

— Os traficantes. Faço parte desse sistema, até para poder satisfazer minhas necessidades. Entendem?

Valéria e Denise trocaram um olhar preocupado, depois a diretora sugeriu:

— Sempre se pode mudar de vida, desde que se queira. Se você resolver lutar, nós também estaremos nessa luta, ajudando-o. Porém, depende de você. Se quiser sair dessa roubada, estaremos aqui para ajudá-lo e protegê-lo.

E Denise completou, com suavidade:

— Paulo, você afirmou há pouco que a biblioteca e os livros são para você o que há de mais importante. Se continuar nessa vida, não poderemos deixá-lo em contato com nossos alunos, percebe?

O rapaz, que sempre parecera forte e decidido, fragilizou-se ante essa possibilidade de perder o acesso aos livros, que ele tanto amava, e pôs-se a chorar.

Valéria estendeu um lencinho de papel para ele, delicadamente, e considerou:

— Paulo, aqui todos gostam muito de você! Quer lutar para se libertar do vício? Estaremos ao seu lado.

Ele enxugou as lágrimas, assoo o nariz, depois lentamente começou a desabafar:

— Pensam que não quero sair dessa situação? Antes, confesso que estava contente com minha vida. Tinha dinheiro, comprava boas roupas, ajudava nas despesas de casa e tinha muitos amigos. Vivia rodeado deles! Todos que eu levei ao vício e que estavam sempre buscando mais, sempre mais. Quando nos descobriram por depredar o colégio e fomos levados para a delegacia, foi o começo de nova situação. Tanto eu quanto os meus colegas gostamos daqui. Era a primeira vez que teríamos uma vida normal, junto com pessoas normais. E fiquei apaixonado pela escola e pela biblioteca! Desde esse dia, tenho tido dificuldade de continuar com a vida que levava antes. As senhoras não pensem que não sei onde estou pisando. Quero melhorar, tenho lido nos livros o que falam sobre as drogas e o caminho a que elas nos conduzem.

Ele fez uma pausa para enxugar os olhos, e Valéria aproveitou para dizer:

— Paulo, você é muito querido aqui! Os alunos o adoram! Carmen, sua chefe, também! Deixe-nos ajudá-lo, por favor.

Ele balançou a cabeça e prosseguiu:

— Sinto-me preocupado pelo caminho que venho trilhando e levando outros para o mesmo buraco. Mas tenho medo de mudar, podem entender isso? Medo das consequências.

— Nós o ajudaremos, Paulo. Em qualquer circunstância poderá contar conosco!

— Está bem. Vamos tentar — concordou ele, finalmente se rendendo. — Mas não será fácil. As senhoras não sabem como funciona esse esquema, as ameaças que recebemos dos "chefes" da rede.

As duas mulheres o abraçaram com muito carinho, e ele, mais confiante, sentiu-se determinado a vencer. Após a saída de Paulo, Valéria e Denise tinham lágrimas nos olhos.

Elas sabiam que não seria fácil, que enfrentariam problemas muito grandes, mas estavam determinadas a vencer essa situação.

23

TOMANDO DECISÕES

O resto daquele dia, Valéria e Denise usaram para fazer planos, organizar prioridades e manter contato com pessoas que poderiam ajudá-las. Denise lembrou-se de ligar para a Delegacia de Polícia mais próxima.

— Alô? Por gentileza, o sargento Gilberto está?

— Sim. Vou chamá-lo. Gilberto! Telefone para você! — alguém gritou.

Denise ouviu passos, e logo ele atendeu:

— Sim? Sargento Gilberto falando.

— Sargento, aqui é Denise, do Instituto de Educação Bem Viver. Lembra-se de mim?

— Sem dúvida, professora Denise. Algum problema com os rapazes? Estão dando trabalho? Se for...

— De modo algum, sargento! — ela o interrompeu sorrindo. — Eles estão muito bem aqui no colégio. Mas gostaríamos de falar com o senhor, é possível?

— Claro. Se quiserem, vou até o colégio. É urgente?

— Digamos que o assunto exige certa rapidez.

— Bem, então irei agora mesmo. Podem me aguardar. Estou terminando de fazer um relatório e irei em seguida.

Denise lhe agradeceu a gentileza e desligou o fone com um belo sorriso no rosto corado. Vendo a alegria dela, Valéria murmurou:

— Que grande oportunidade para revê-lo, não é?

— Sem dúvida! Vou retocar a maquiagem e volto logo. Ele ficou de vir logo!

Não demorou dez minutos, e o sargento chegou ao colégio. Como já conhecia o prédio, encaminhou-se direto para a diretoria. Leve batida na porta, e Denise a abriu com os olhos brilhando:

— Sargento Gilberto! Entre, por gentileza. Veio rápido!

— Como lhe disse, professora Denise, estava terminando um relatório. Bom dia, diretora Valéria! — cumprimentou com a mão estendida.

— Bom dia, sargento Gilberto. Agradecemos sua presteza em atender nossa solicitação.

— É meu dever, diretora. Mas qual é o problema?

— Sente-se, sargento. Valéria e eu queremos conversar com o senhor. Desculpe-nos tirá-lo do seu serviço, porém era necessário.

E passou a relatar ao policial o que estava acontecendo. Falou sobre o bom comportamento dos rapazes, do trabalho que faziam e que adoravam e finalizou abordando o assunto sobre o qual realmente desejava falar: as drogas.

Ele acomodou-se melhor na cadeira, balançou a cabeça, mostrando que compreendia a situação, e afinal considerou:

— Bem, sabíamos que não seria um mar de rosas a presença desses rapazes aqui no colégio, mas foi a melhor opção de fazê-los pagar pelos estragos que fizeram. Quanto às drogas, lamento dizer-lhes: eles estão bastante envolvidos com elas. Só posso lhes assegurar que, se houver qualquer fato neste sentido, que envolva outros alunos, precisamos ser informados imediatamente.

Valéria sorriu e, trocando um olhar com Denise, interrompeu-o, meneando a cabeça negativamente:

— Sargento, creio que não nos fizemos entender devidamente. Os três rapazes estão se comportando muito bem aqui dentro e trabalhando com prazer, pois deixamos que eles escolhessem as áreas com que têm mais afinidade. Talvez seja melhor que o senhor veja por si mesmo. Venha conosco, vai vê-los trabalhando!

As duas mulheres, acompanhadas do sargento, percorreram o colégio e lhe mostraram a função de cada um, a começar pela lanchonete, depois a biblioteca e, para finalizar, o jardim. O policial ficou surpreso com o excelente comportamento dos rapazes, a satisfação com que executavam o serviço e o desejo de continuarem ali, no colégio, trabalhando e estudando.

Voltando para a sala da diretoria, o sargento estava maravilhado e expôs suas impressões:

— As senhoras me deixaram impressionado. Jamais em minha vida vi um trabalho tão bom em período tão curto. Eles estão realmente satisfeitos, felizes!

— Sim, e desejam continuar conosco. Por isso o chamamos, sargento. Os três são usuários de drogas, em níveis diferentes; o mais comprometido é Paulo, como o senhor deve saber.

— Exato. Ele está metido até o pescoço nesse problema.

— Não ignoramos esse fato, sargento. Conversamos particularmente com cada um deles, e foram francos ao falar sobre essa questão. Eles se abriram e nos contaram sobre sua vida, suas dificuldades. Paulo, especialmente, faz parte do processo e relatou-nos que os traficantes não irão lhe permitir sair do esquema; quanto a David Ricardo e José Antônio, a questão é bem mais fácil. Porém Paulo, o caso mais complicado, nos preocupa, e por isso o chamamos aqui!

O sargento Gilberto balançou a cabeça, compenetrado, mostrando que entendera a situação:

— O que as senhoras desejam que eu faça? Estarei à disposição para ajudá-las em todas as questões relativas a essa área. E se, porventura, os "donos de pontos de vendas" fizerem qualquer ameaça, nos avisem. Vou repassar a situação ao comandante do nosso destacamento, e, assim, todos nós ficaremos em alerta.

— Agradecemos, sargento Gilberto, e nos sentimos mais seguras sabendo que os garotos também estarão mais protegidos. Estamos planejando as atitudes que devemos tomar sobre este assunto.

— Ótimo. O que pretendem fazer? Estou às suas ordens!

— Sargento, marcamos uma reunião para sábado próximo, às nove horas, com todos os professores e funcionários. Se puder comparecer, será importante para falar sobre como age o Departamento de Polícia.

— Sem dúvida, podem contar comigo. Estarei presente. Agora preciso retornar ao meu posto — disse, olhando o relógio de pulso. — Mantenham-me informado de tudo e de todas as medidas que tomarem. Tenham um bom dia. Até sábado!

Denise acompanhou-o até a saída, e, enquanto atravessavam o colégio, foram conversando. Ambos gostariam de dizer algo mais, porém sentiam-se constrangidos, até que o sargento resolveu a situação, balbuciando:

— Professora Denise, eu...

— Pode me chamar de Denise, é assim que todos me chamam.

— Muito bem, Denise. E eu não sou sargento, sou Gilberto apenas — disse rindo.

Como estivessem entrando na área de estacionamento e quase se despedindo, Gilberto apertou a mão de Denise e confessou:

— Senti imenso prazer em vê-la novamente, Denise. Sua imagem não saiu da minha cabeça desde aquela madrugada.

— Confesso-lhe que também pensei em você, Gilberto. Os policiais têm tempo para passear, ir ao cinema, tomar um sorvete?

— Sem dúvida! Também temos famílias, não somos diferentes de ninguém!

— Ah, então você é casado... — murmurou ela, a mostrar certa tristeza.

— Claro que não! — ele exclamou sorrindo. — Falei da família como um todo. Em nossa casa somos quatro: meus pais, meu irmão Roberto e eu. E você não tem família? Pai, mãe, irmãos, avós...

— Sem dúvida. Minha família se resume a meu pai, minha mãe e duas irmãs. Uma delas é casada, e tenho dois sobrinhos.

Chegando perto da viatura, Gilberto parou e, trocando um olhar com Denise, convidou-a para saírem juntos no final da semana:

— Podemos assistir a uma peça de teatro ou a um bom filme e depois jantar. Isso é, se você aceitar...

— Aceito com prazer, Gilberto.

Após Denise passar-lhe seu endereço, eles se despediram.

Denise retornou para a diretoria com outra expressão. Ao vê-la, Valéria entendeu o que acontecera. Abraçaram-se e riram bastante. Denise estava feliz como havia muito não acontecia.

Como o turno estava terminando, elas pegaram a bolsa, trancaram a sala e saíram. Valéria iria se encontrar com Maurício para tomarem um lanche e depois irem para a casa espírita. Acomodados na lanchonete, foram servidos rapidamente, e Valéria aproveitou para contar-lhe os últimos acontecimentos, deixando Maurício satisfeito:

— Querida, já era tempo de tomar uma atitude. Esses rapazes estão sob sua responsabilidade e precisam ser ajudados. Especialmente considerando-se o pensamento espírita, não podemos perder a oportunidade de socorrê-los!

Valéria baixou a cabeça, deixou o garfo no prato de salada que estava comendo, pegou o guardanapo e explicou:

— Você tem toda razão, querido. No entanto, precisávamos de um tempo para agir, saber o que eles pensam sobre o problema e, baseadas nisso, tomarmos atitudes. Foi o que fizemos hoje, após a conversa com Paulo, que deixei para o final por considerar o caso mais grave que tínhamos em mãos. Você não imagina, Maurício, como foi comovente vê-lo chorar e contar que precisa tomar cuidado com os traficantes, pois se eles notarem que não podem mais confiar nele, estará perdido! Seu olhar denotava um medo que nós ainda não percebêramos nele, sempre tão seguro de si.

— É muito grave tudo isso, querida. Tenham bastante cuidado! Se os traficantes ficarem sabendo, vocês estarão correndo grande risco!

— Eu sei. Não me assuste mais do que já estou assustada! Você não confia em Deus não, doutor Maurício?

Ele riu, mas acentuou:

— Claro que confio! Se não confiasse, nem abriria a barriga de um paciente para fazer cirurgia. Mas não é esse o problema, amor. A questão é que vocês têm de lidar com esse assunto da maneira mais delicada possível, para que eles não notem que vocês estão por trás de tudo.

— Entendi, Maurício. Combinamos com o sargento Gilberto fazer as coisas de maneira que os traficantes não percebam. Vamos agir tendo em vista o bem-estar dos alunos do nosso colégio, só isso.

Maurício comeu um bocado do sanduíche, depois tomou um gole de suco, mantendo-se pensativo. Em seguida, considerou:

— Valéria, temos de encaminhar esses rapazes à casa espírita. Estou programando um estudo com os jovens e encaixaremos os nossos três parceiros. Assim, os donos das drogas ficarão sabendo e irão encarar apenas como mais uma atividade religiosa entre tantas. Desse modo, creio que eles estarão mais protegidos.

— Talvez você tenha razão, querido. Mas, eles aceitarão ir ao centro?

— Com certeza. Já conversamos sobre esses assuntos, e eles demonstraram interesse. Fiquei de marcar um dia para levá-los ao grupo de jovens da nossa casa. E o momento é agora!

— Ótimo, Maurício. Denise vai ficar contente, embora nada saiba sobre Espiritismo. Talvez seja bom para ela também, o que acha?

— Excelente. Se ela quiser nos acompanhar, é claro!

— Ela vai aceitar. Temos um aluno bem pequeno que andou dizendo coisas estranhas, que não poderia saber de modo algum. E tivemos de pesquisar o assunto, isto é, casos de crianças que mostram faculdades e conhecimentos extraordinários, sem ligação com esta existência. É o caso do Luizinho! Eu comentei com você, lembra-se?

— Sim. Lembro-me perfeitamente, Valéria — Maurício balançou a cabeça concordando. — E Denise sabe dessa história?

— Mais do que isso. Ela participou comigo, na sala da diretoria, do episódio em que Luizinho disse-nos que era amigo de Galileo Galilei, lembra-se? Foi fantástico, Maurício! A experiência mais extraordinária que já tivemos nessa área.

— Eu me recordo. Essas experiências nos marcam para a vida toda. E o Luizinho teve outras situações como essas, de retorno espontâneo ao passado?

— Teve sim, Maurício. A mãe dele me contou que, uma noite, assistindo à televisão, ele comentou sobre o que estavam falando no jornal, como se fosse uma descoberta científica, e ele afirmou que era algo já conhecido fazia muito tempo. O médico balançou a cabeça, pensativo, e considerou:

— Interessante, mas precisamos acompanhar o caso de Luizinho, querida. É uma evidência tão clara de recordação de vida passada que temos de analisar e anotar tudo o que ocorrer com o garoto. Esses fatos poderão ser verificados, e, se lhe constatarmos a veracidade, é importante para a ciência.

— Tem razão. Vou procurar me informar mais sobre o Luizinho. Assim que a mãe dele vier buscá-lo, vou pedir para que a avisem que precisamos falar com ela.

— Faça isso, Valéria. É muito importante.

Envolvida com uma série de problemas a serem solucionados, Valéria procurava relacioná-los de modo a não se esquecer de nenhum.

O mais urgente, no momento, era a reunião que marcara para o sábado de manhã, quando iria conversar com os professores, funcionários e pais de alunos.

24

O PROBLEMA DAS DROGAS

No sábado, Valéria levantou-se bem cedo, arrumou-se e tomou o rumo do colégio, onde as funcionárias já haviam deixado tudo arrumado na sala de eventos, com a mesa ao fundo para um ligeiro lanche dos convidados. Só faltava fazer o café e um suco, pelos quais Dorinha se responsabilizara. O sargento Gilberto, assim como o médico, dr. Carlos, foi dos primeiros a chegar, entendendo-se maravilhosamente com Denise.

Na hora marcada, Valéria deu início à reunião, falando sobre seus objetivos e pedindo aos professores, funcionários e auxiliares que não omitissem nenhum fato do seu conhecimento. Na sequência, ela passou a palavra ao médico, dr. Carlos, que se encaminhou à frente, pegou o microfone e começou a falar:

— Bom dia a todos, senhoras e senhores. Agradeço o convite que me fizeram para falar algo sobre o problema das drogas, que é uma situação calamitosa em nosso país. Como médico, tenho vivenciado esse problema com meus pacientes. Confesso-lhes que a solução não é fácil, mas precisamos enfrentá-la — disse e, após uma pausa, percorrendo o olhar sobre a assistência, prosseguiu:

— O uso de drogas por jovens pode desestabilizar totalmente sua vida no momento mais importante da existência, que é sua formação física, mental e psicológica, podendo ter consequências devastadoras e permanentes, além de afetar toda a família. Então, aqui estamos para explicar, de acordo com a medicina, como funciona cada uma das drogas, compreender-lhes os mecanismos, seus sintomas e efeitos. As drogas têm sido utilizadas desde a Antiguidade para diversos fins, geralmente para curar doenças e obter prazer. A classificação mais simples seria em lícitas e ilícitas. Como a própria classificação diz, as drogas lícitas são aquelas permitidas por lei, que são compradas praticamente de maneira livre, e seu comércio é legal. Entre elas estão os medicamentos em geral, aqueles que só são permitidos com prescrição médica, o álcool e o cigarro. Também certos alimentos, como energéticos, refrigerantes, café e outros, em virtude de alterarem de alguma maneira as sensações de quem as ingere, conquanto não representem perigo para a saúde, a não ser pelo excesso. Em relação ao álcool, os últimos dados que temos são alarmantes. A Organização Mundial da Saúde considera que o álcool é o responsável pelo maior problema das drogas no Brasil. Considera também que, na maioria dos países da América Latina, o consumo de bebidas alcoólicas é responsável por cerca de 8% de todas as doenças existentes, cujo custo social é 100% maior do que nos países desenvolvidos como o Canadá, os Estados Unidos e a maior parte dos países da Europa. Em 2006, quando fizeram o primeiro estudo sobre o consumo de álcool na população do Brasil, verificou-se que 11% dos homens e 4% das mulheres eram dependentes de álcool, o que era uma situação grave, visto que esses dados nos mostraram que, em cada sete famílias, uma pelo menos tem problemas sérios com o álcool. Isso sem contar os problemas familiares gerados por essa dependência, que são muitos.

O palestrante fez uma pausa e prosseguiu:

— Mas não é só isso. Esse estado de coisas gera outras situações piores, como violência doméstica e, não raro, acidentes graves no lar, como incêndio, por exemplo. Nas ruas, acidentes sérios no trânsito, quando pelo menos em 50% dos casos os motoristas estão alcoolizados. E não podemos deixar de considerar que 50 mil mortes ocorrem todos os anos no trânsito em nosso país! Mesmo com o advento da "lei seca", ainda 25% dos motoristas dirigem alcoolizados nos finais de semana. É muito grave a nossa situação. O álcool é uma droga lícita, e qualquer um pode adquirir. A lei estabelece a idade mínima de 18 anos para comprar, porém esse não é um obstáculo para o usuário, pois um adulto compra e o adolescente ou a criança ingerem a bebida sem problema, o que, na prática, se constitui num absurdo, pela falta de consciência do adulto em relação a essa questão.

"Quanto ao cigarro, conquanto a venda seja proibida antes dos 18 anos, o adolescente não encontra qualquer barreira para comprá-lo, apesar de muito nocivo, porque gera sérios problemas para a saúde, inclusive câncer de pulmão. Uma crença popular sobre o fumo é que a nicotina do cigarro causa câncer, além de outros riscos à saúde. Porém a verdade é que a nicotina no cigarro é apenas uma das mais de 4 mil substâncias químicas que ele contém, e sabe-se que pelo menos 50 delas aumentam o risco de câncer. A nicotina é nociva sim, mas a responsabilidade pelo mal causado ao organismo humano não se restringe a ela somente. Hoje se sabe que a própria planta, o tabaco, gera doença para quem lida com ela. Pessoas que nunca fumaram são afetadas por câncer de pulmão, por exemplo. E é importante considerar que existem os fumantes passivos, isto é, aqueles que inalam a fumaça expelida pelos fumantes próximos. Tudo isso é muito grave e mostra a falta de conscientização das pessoas sobre sua responsabilidade nesse processo."

Fazendo nova pausa, o palestrante lançou um olhar pela assistência e prosseguiu:

— Estou falando sem parar! Porém, se surgir alguma dúvida, podem fazer perguntas, terei prazer em responder a elas.

O público agitou-se nas cadeiras e deu risada, sentindo que poderia ser mais participativo. O palestrante continuou:

— Bem, agora falando sobre drogas ilícitas, entre as principais estão a maconha, a cocaína, o *crack*, o *ecstasy*, a heroína etc. Existem ainda outras substâncias que causam dependência, mas são vendidas livremente para outros fins, como a cola de sapateiro e o hypnol. Há diversas outras drogas que também são utilizadas dessa maneira, e algumas delas ainda nem são conhecidas pelo Ministério da Saúde e pelas autoridades judiciais.

Uma professora levantou a mão e perguntou:

— Doutor, sobre a cola de sapateiro já ouvi falar. Mas o que é o hypnol e para que ele é utilizado?

A plateia se agitou, mostrando que também tinha interesse de saber.

— É uma substância anestésica usada para diversas situações, inclusive na área veterinária, para eutanásia.

— É muito perigoso, então!

— Sem dúvida. O uso deve ser restrito a médicos e veterinários nos casos em que haja necessidade de alguma sedação ou em cirurgias. E veterinários utilizam essa droga nos mesmos casos e quando se faz necessário matar um animal que não tenha possibilidade de recuperação, para que sofra menos.

Bem, continuando... Falávamos das drogas ilícitas, como a maconha, cujo nome é *Cannabis sativa*, uma planta da família das canabiáceas, cultivada em várias regiões do mundo, sendo que existem registros do uso dessa planta na China (2800 a.C.). Desde essa época, a planta era utilizada de diversas formas, inclusive na medicina oriental. É usada a folha da planta, da qual se extrai uma substância chamada tetraidrocanabinol (THC), muito poderosa. Dessa substância da *Cannabis sativa* em seu estado natural são produzidas duas drogas ilícitas, a maconha (também conhecida por marijuana) e o haxixe (*hash*). Para vocês terem uma ideia do perigo, dessa planta podem ser produzidas mais de 400 substâncias químicas!

Um murmúrio assustado ouviu-se no salão. Diante da reação do público, o palestrante confirmou:

— É verdade! A maconha é geralmente "fumada", e em poucos segundos os efeitos são sentidos. O haxixe é muito mais forte e perigoso do que a maconha, porque há grande concentração da substância THC, que, após ser misturado ao tabaco, também pode ser fumado usando-se um cachimbo. Secam-se as folhas e flores da planta, que são transformadas em tabletes ou bolotas, que os usuários mascam ou fumam, dependendo do interesse de cada um ou da região que habitam.

O palestrante fez uma pausa, tomou um gole d´água, depois prosseguiu:

— Uma coisa é certa, pessoal. Os efeitos são rápidos, os batimentos cardíacos são aumentados, os olhos ficam injetados, vermelhos, e a boca seca. A pessoa sente-se eufórica, relaxada e tem o riso fácil. O usuário não consegue calcular espaço e tempo; a capacidade de atenção e memória é reduzida.

Alguém ergueu a mão e perguntou se todas as pessoas tinham as mesmas reações, ao que o palestrante respondeu:

— Não. Os efeitos da droga variam de acordo com a pessoa, a quantidade da substância usada e, sem dúvida, também a qualidade do produto. Naturalmente, para obter mais lucros, conforme o fornecedor, usa-se mais ou menos THC. A realidade é que, para a saúde física e psicológica, as consequências são muito graves. Fisicamente, o usuário tem maior chance de desenvolver câncer de pulmão e garganta, vai ficar com aquela tosse crônica que incomoda muito, pode ter isquemia cardíaca, entre outras doenças, e há diminuição de testosterona nos homens.

— Bem, falta de testosterona em nós, os homens, sabemos o que é. Não é, pessoal? Mas o que é isquemia cardíaca, doutor? — perguntou um senhor, rindo.

— A isquemia cardíaca é caracterizada pela diminuição da passagem de sangue pelas artérias coronárias. Geralmente, é causada pela presença de placas de gordura em seu interior, que, quando não são devidamente tratadas, podem romper e entupir o vaso, causando angina e infarto. Alguns fatores de risco, como colesterol alto, hipertensão arterial, tabagismo, sedentarismo, diabetes, apneia do sono e crises de ansiedade, podem aumentar o risco de isquemia cardíaca, e, por isso, o controle de todos estes fatores é importante para o tratamento. No caso que estamos tratando, certamente o fator de risco é o tabagismo, isto é, a droga fumada, que se inala.

O palestrante fez uma pausa e prosseguiu:

— Continuando, temos a cocaína. A *Erythroxylon*, mais conhecida como coca, é uma planta que se encontra na América Central e América do Sul. As folhas são usadas pelo povo andino, para mascar ou para chás, com a função de aliviar os sintomas decorrentes das grandes altitudes. Porém uma substância alcaloide, que constitui 10% dessa parte da planta, chamada benzoilmetilecgonina, é capaz de provocar sérios problemas de saúde e problemas sociais. Na primeira fase da extração dessa substância, as folhas são prensadas em ácido sulfúrico, querosene ou gasolina, resultando em uma pasta de nome sulfato de cocaína. Na segunda e última, utiliza-se ácido clorídrico, formando um pó branco, que pode ser aspirado ou dissolvido em água e depois injetado. Enquanto pasta, é fumada em cachimbos, quando é chamada de *crack*. Seu uso faz o coração acelerar, a pressão aumentar, e a pupila se dilatar. O consumo de oxigênio aumenta, mas a capacidade de captá-lo diminui. Esse fator, juntamente com arritmias que a substância provoca, deixa o usuário predisposto a infartos. O uso frequente também provoca dores musculares, náuseas, calafrios e perda de apetite. A cocaína perde a eficácia com o uso, fato este denominado tolerância à droga, e a tendência do usuário é utilizar progressivamente doses mais altas da droga, buscando obter os mesmos efeitos agradáveis que conseguia no início de seu uso — o que provoca reações do organismo. Assim, dosagens muito frequentes e excessivas provocam alucinações táteis, visuais e auditivas; ansiedade, delírios, agressividade, paranoia. O *crack* é um subproduto da pasta da cocaína, droga extraída por meio de processos químicos, das folhas da coca. As reações são basicamente as mesmas da cocaína. Só que, em virtude de ser fumado, o *crack* chega rapidamente ao cérebro, e seus efeitos são sentidos quase imediatamente, cerca de dez a quinze segundos, mas seus efeitos duram em média cinco minutos, o que leva o usuário a usar o *crack* muitas vezes em curtos períodos de tempo, daí a grande dependência que o uso do *crack* causa. Após tornar-se dependente, sem a droga, o usuário entra em depressão e sente um grande cansaço, além da "fissura", que é a compulsão para usar a droga, que no caso do *crack* é incontrolável, avassaladora. O uso contínuo de grandes quantidades de *crack* leva o usuário a tornar-se extremamente agressivo, chegando a ficar paranoico. Problemas mentais sérios, problemas respiratórios, derrames e infartos são as consequências mais comuns do uso do *crack*.

    O palestrante respirou profundamente e prosseguiu:

— Estou sendo claro, pessoal? Tudo bem até aqui? Qualquer dúvida é só perguntar. Então, vamos prosseguir. O *ecstasy* é uma substância de nome bem complicado. Vou colocar no quadro. — Pegando um giz, ele escreveu: metilenodioximetanfetamina (MDMA).

— Mais conhecida como *ecstasy*, é uma droga psicotrópica estimulante sintética, produzida em laboratórios clandestinos. Seu uso é bastante difundido nos Estados Unidos e na Europa, e, nos últimos anos, o uso no Brasil vem crescendo de forma bastante acelerada, tornando-se uma das principais drogas usadas pelas classes médias, médias altas e altas. Também chamado de droga do amor, o *ecstasy* foi produzido por uma indústria farmacêutica no ano de 1914 com o intuito de ser utilizado como supressor do apetite, mas nunca foi utilizado para essa finalidade. Nos anos 1960, começou a ser utilizado por psicoterapeutas para elevar o ânimo de pacientes e, na década de 1970, passou a ser consumido recreativamente, sendo disseminado principalmente entre estudantes universitários. O uso dessa droga é proibido em vários países, inclusive no Brasil. Embora este modo de utilização não seja mais empregado, o *ecstasy* pode ser injetado via intravenosa. Atualmente o consumo ilegal de *ecstasy* tem sido realizado na forma de comprimidos via oral. Seu efeito pode durar em média oito horas, mas isso varia de acordo com o organismo. Os usuários dessa droga sentem aumento do estado de alerta, maior interesse sexual, sensação de bem-estar, grande capacidade física e mental, euforia e aumento da sociabilização e extroversão. Depois do uso da droga, ocorre uma série de efeitos indesejados, tais como aumento da tensão muscular e da atividade motora, aumento da temperatura corporal, enrijecimento e dores na musculatura dos membros inferiores e coluna lombar, dores de cabeça, náuseas, perda do apetite, alucinações, agitação, ansiedade, crise de pânico e episódios breves de psicose, entre outros. Nos dias seguintes ao uso da droga o usuário pode ficar deprimido, com dificuldade de concentração, ansioso e fatigado. Complicado, não é, pessoal?

Os professores ali presentes estavam assustados e preocupados. Continuou o palestrante:

— Bem, estamos quase terminando. A heroína, derivada da planta papoula, faz parte dos chamados opiáceos (também conhecidos como narcóticos), que são drogas poderosas, que causam uma rápida sensação de prazer, seguida por um efeito de bem-estar e sonolência. Morfina, heroína e codeína são os exemplos mais conhecidos de opiáceos. A heroína é uma droga sintetizada em laboratório, cara e pouco consumida no Brasil, se comparada com outras, como maconha e cocaína. A morfina é usada na medicina como analgésico (alivia a dor), e a codeína, em xaropes para tosse. Na forma sólida, a heroína é aquecida (em geral numa colher) até "derreter" e injetada na veia com seringa e agulha. Ela cria um estado de prazer, relaxamento e torpor, mas, como o efeito dura pouco, o usuário logo busca novas doses para obter sensação de bem-estar. O uso da heroína pode causar queda da pressão, diminuição da respiração e dos batimentos cardíacos, podendo levar ao coma e à morte. A droga interfere na atividade dos neurônios, que "se acostumam" a trabalhar com a presença do opiáceo. Por isso, quando deixa de consumi-lo, o usuário enfrenta uma crise de abstinência com calafrios, suor excessivo, dores musculares e abdominais, vômitos, diarreias, coriza, lacrimejamento e febre. Por provocar dependência rapidamente, a heroína é uma das drogas mais perigosas ao corpo humano. Por essa razão, os medicamentos que usam essa substância são vendidos apenas mediante receita médica.

O palestrante parou de falar por alguns segundos, depois prosseguiu:

— Bem, estou falando sobre drogas para que todos vocês entendam e fiquem atentos. Assim, diante de qualquer reação diferente dos filhos, de alunos, de vizinhos ou amigos, saibam como agir, tomando as atitudes necessárias. Como médico, sei que é assustador para professores e funcionários de um colégio pensar que seus alunos possam estar envolvidos com drogas. Mas a finalidade da direção deste instituto de educação é que todos tomem consciência do problema, conquanto possa não haver alunos nessa situação, alertando-os para saberem lidar com o problema, se aparecer algum caso. Alguma pergunta?

Alguns questionamentos surgiram, e o médico respondeu, esclarecendo as dúvidas. Diante da plateia que considerou ter se inteirado do assunto, o palestrante agradeceu a atenção de todos e colocou-se à disposição para conversar com quem ainda tivesse dúvidas. Ele esclareceu que na internet poderiam encontrar farto material caso desejassem mais informações. E também teria satisfação em atender em seu consultório quem assim desejasse.

Após o palestrante sentar-se, o sargento Gilberto se encaminhou para a frente, pegou o microfone, agradeceu à diretora Valéria e apresentou-se:

— Senhoras e senhores, bom dia. Sou o sargento Gilberto. Como funcionário público, da área de Segurança Pública, cabe-me colocá-los a par da real situação com relação às substâncias entorpecentes, que tantos problemas causam à nossa sociedade, às famílias, às escolas, a todos. A situação é pior do que se imagina. De certa forma, procura-se diminuir a porcentagem da incidência de casos para não gerar pânico na população. Todavia, nossa obrigação é cuidar da segurança da população de nossa cidade. Assim, não se sintam constrangidos de nos procurar, temendo divulgação dos casos, pois temos como auxiliar mais efetivamente na solução desses problemas. Nossos atendimentos só não ficam restritos ao conhecimento da corporação quando vazam pela ocorrência em público. No mais, temos o máximo cuidado para proteger crianças e jovens da divulgação do problema.

Sargento Gilberto fez uma pausa, passou os olhos pela assistência e prosseguiu:

— Desse modo, se tiverem alguma dúvida, perguntas a fazer, informações a pedir, podem nos procurar. Estamos a serviço da comunidade. Obrigado.

Como surgissem alguns questionamentos, o sargento respondeu, e, depois, o policial deu por terminada a sua parte, passando a direção a Valéria, que agradeceu a presença de todos e, especialmente, ao dr. Carlos e ao sargento Gilberto, que se colocaram à disposição de quem quisesse conversar com eles particularmente. Assim, encerrada a reunião pela diretora, permaneceram tomando um cafezinho e conversando por mais algum tempo. Aos poucos os grupos foram saindo, e logo o salão estava deserto.

Os últimos a deixarem o colégio foram Valéria, Denise e o sargento Gilberto. Estavam cansados, mas satisfeitos com o resultado da reunião e já pensando nas próximas ações.

25
REENCONTRO

Saindo da reunião cansada, mas satisfeita, Valéria se encontrou com Maurício, que acabara de chegar e estacionava o carro. Ao vê-lo, ela sorriu:

— Bom dia, Maurício! A palestra acabou há pouco.

— Que pena, querida! Pensei que conseguisse pegar o final, pelo menos. Como foi a reunião? — ele indagou descendo do carro.

— Excelente! O doutor Carlos explicou muito bem todos os tipos de droga, as alterações que provocam nos usuários e as consequências. Todos já saíram. Vamos almoçar?

— Claro. Está na hora — respondeu ele, olhando para o relógio.

Nesse momento, Valéria lembrou que precisaria passar em sua casa para pegar o remédio que estava tomando em virtude da rinite que aparecera logo de manhã. Ele concordou, sem problemas, e sugeriu:

— Podemos ir até o seu apartamento e depois almoçaremos ali por perto, em algum restaurante, ou podemos comprar algo e comermos no apartamento mesmo, já que você deve estar cansada.

— Boa ideia. Então pode ir, Maurício, que eu vou dar um recado ao segurança. De qualquer forma, temos de ir com os dois carros. Até daqui a pouco.

Maurício despediu-se dela e fez o trajeto até o endereço de Valéria, que saiu em seguida. Ao chegar defronte do prédio, antes de entrar na garagem, Valéria viu uma pessoa parada na calçada. Era uma jovem e a reconheceu com surpresa e alegria:

— Carla!...

— Valéria! — gritou a outra. — Estava esperando por você.

— Ótimo! Entre, que vou só guardar o carro e nos encontramos na recepção.

Valéria nem notou que o namorado havia chegado, estacionara e estava subindo os degraus do prédio. Alguns minutos depois, Valéria entrou na recepção, dando um grande abraço na amiga que não via havia longos meses.

— Carla! Que bom ter aparecido! Tenho tido tanto trabalho que não consigo nem ligar para as amigas. Como está, querida?

— Mais ou menos — disse Carla fazendo um gesto com as mãos, que acompanhou com uma carinha desconsolada.

Notando que a recém-chegada não estava bem, Valéria chamou o elevador e envolveu-a num abraço, confortando-a:

— Não se preocupe, querida. Seja o que for que esteja acontecendo, tudo tem remédio.

O elevador subiu, e, ao chegar ao sétimo andar, Carla estranhou ao ver que a porta do apartamento de Valéria estava entreaberta.

— Tem alguém aí? — indagou, preocupada, pois não queria ver ninguém.

Valéria abraçou-a novamente e acalmou-lhe os receios, dizendo-lhe que não se preocupasse e afirmando que era alguém que ela conhecia. Entraram na sala e, acomodado no sofá, estava Maurício. Carla levou um susto:

— Doutor Maurício?!

Com o braço ao redor dos ombros da amiga, Valéria explicou:

— Estamos namorando, Carla! Como há tempo não conversamos, não tive ocasião de lhe contar.

— Ah! Então, peço-lhe desculpas, Valéria. Não quero atrapalhar nada! Acho melhor eu ir embora... — falou com cara de quem não tinha gostado da novidade, rodando nos calcanhares e já se preparando para sair.

Valéria segurou-a afirmando:

— De jeito nenhum! Vamos almoçar juntos! Maurício estava me esperando voltar de uma reunião no colégio.

O médico, que se erguera rapidamente ao reconhecê-la, cumprimentou-a com largo sorriso:

— Carla! Que prazer tornar a vê-la. Está cada vez mais bonita! Será uma satisfação almoçarmos juntos! — e virando-se para Valéria, quis saber:

— Você que é moradora deste bairro, qual o melhor restaurante nas imediações?

— Querido, tem um que abriu recentemente e parece ser muito bom. Fica a cerca de três quadras daqui. Bem pertinho!

— Ah, excelente! Então é para lá que vamos, não é, Carla? — afirmou ele, já segurando o braço dela gentilmente, porém com firmeza, e levando-a na direção da porta, para evitar que ela fugisse.

Vendo que não conseguiria escapar daquele almoço, Carla concordou com leve sorriso. Caminharam até o referido restaurante, cuja aparência era ótima. Moderno e acolhedor. Entraram, escolheram uma mesa e acomodaram-se em lugar discreto. Após os pedidos ao garçom, enquanto esperavam, puseram-se a conversar. Valéria puxou conversa com a amiga:

— Que bom ter aparecido, Carla. Estava com saudade de você. Mas minha vida não tem sido nada fácil! Não é, querido? — disse olhando para Maurício.

— A reunião de hoje é uma prova disso, querida — ele confirmou.

E notando que Carla a fitava sem entender, Valéria explicou que haviam feito uma reunião para tratar de assunto muito atual: drogas. Como havia muitas crianças e adolescentes no colégio, precisavam de orientações mais seguras, que um médico se prontificou a dar. Por isso, eles ficaram a manhã inteira falando sobre esse assunto e haviam saído de lá havia pouco.

— Vocês estão com muitos problemas, Valéria? — indagou Carla, preocupada.

— Na verdade, não. Temos três casos que precisam de acompanhamento. Porém não podemos facilitar, não é?

E Valéria aproveitou para contar à amiga o que acontecera alguns meses antes, o ataque ao colégio, e terminou por informar que agora estava tudo bem, porém, como proprietária e diretora do Instituto de Educação Bem Viver, sentira necessidade de ter mais informações sobre o assunto, assim como os professores, o pessoal de serviço e todos os que ali trabalhavam.

— Que horror! Nunca pensei que um colégio como o seu dava tanto serviço, Val!

— Você nem imagina quanto, Carla! Mas vale a pena — Valéria concordou rindo.

O garçom trouxe o os pedidos e, como fosse tarde e estivessem com fome, começaram a comer. De vez em quando, Valéria olhava para a amiga, que comia calada e de cabeça baixa, mostrando certa inquietação. Valéria trocou um olhar com o namorado, que também havia notado o estado de espírito da jovem e perguntou bem-humorado:

— E você, Carla, o que anda fazendo?

Carla ergueu a cabeça, sem grande interesse:

— Quase nada. Terminei meu curso e, na verdade, não sei o que fazer com ele.

— Como assim? — indagou Valéria, surpresa.

— No fundo, não sei o que quero da vida, entendem? Além disso, estou com alguns problemas que não sei como resolver. Foi por isso que a procurei, Val.

Valéria ficou pensativa por alguns instantes, depois considerou:

— Você sabe que pode contar comigo, Carla e, com certeza, com Maurício também, não é, querido? Seja qual for o seu problema, nós estamos à sua disposição.

De cabeça baixa, Carla mexeu um pouco os alimentos que estavam no prato, depois, contendo o choro com dificuldade, murmurou:

— Agradeço muito a boa vontade de vocês...

— Bem, então, vamos terminar de almoçar, depois voltaremos para o meu apartamento e conversaremos sobre o que está acontecendo, certo? Agora falemos sobre coisas mais amenas.

Maurício começou a contar piadas engraçadas, algumas até sobre sua profissão, que fizeram Carla rir mesmo sem querer. O ambiente mudou, e eles acabaram o almoço em outro astral. Pediram sobremesas, o que sempre eleva o bom-humor de qualquer pessoa, comentou Maurício, falando sobre suas clientes, que, em geral, por terem peso excessivo, eram as que mais gostavam de doces.

— Não se iluda — disse Valéria. — Também adoro doce, chocolate, seja o que for! Não é, Carlinha?

— Nem me fale! Lembra-se, Val, quando nos reuníamos no fim de semana para dormir na casa de uma ou de outra e antes de dormir fazíamos brigadeiro escondido das nossas mães?

— Se me lembro! Foram tempos muito bons! Tudo era alegria, achávamos graça em qualquer coisa, e, às vezes, ninguém entendia por que estávamos rindo!

As duas caíram na risada após essa lembrança de Valéria. Maurício acabou rindo também. Perguntou se elas queriam um café, mas, rindo, Carla rejeitou, porque queria ficar com o gosto do doce na boca, Valéria concordou, e de novo caíram na risada.

E assim, alegres, deixaram o restaurante. Chegando ao apartamento de Valéria, entraram e se acomodaram na sala continuando a conversar. Em determinado momento, Maurício lembrou:

— Carla, você está tão bem-humorada que já podemos falar do que a incomoda. Ou não?

A jovem pensou um pouco, depois balançou a cabeça em dúvida:

— Nesse momento, tudo parece tão pequeno! Nem sei se merece ser considerado! Deixa pra lá!...

Mas Valéria insistiu, sabendo que, ao ficar sozinha, o mal-estar dela voltaria a atacar. Diante dos pedidos, Carla resolveu aceitar a sugestão. Acomodando-se melhor na poltrona, ela pigarreou e começou a falar:

— Parece tudo tão bobo, tão sem sentido, agora que estou aqui com vocês! Mas, como insistem, vou contar. Há algum tempo, venho sentindo coisas estranhas. Às vezes, estou em casa sozinha e, de repente, "sinto" que tem gente ali junto de mim! Pode parecer mentira, mas asseguro-lhes que é verdade! Outras vezes, com as janelas fechadas, sinto o ar se mover, como vento. Teve um dia que eu, de costas para a janela, senti um vento gelado e gritei: "Quem abriu a janela?", e então, ao mesmo tempo em que falava, eu me virei. E aí fiquei assustada. Certamente não havia ninguém, pois moro sozinha, e a janela estava fechada!

Valéria trocou um olhar com Maurício, e Carla notou. Baixou a cabeça e disse com lágrimas nos olhos:

— Não acreditam em mim, não é? Mas é a mais pura verdade, podem crer!

Valéria consolou-a, apertando sua mão com imenso carinho.

— Nada tema, querida. Acreditamos em você, sim. Vamos ajudá-la a entender o que está acontecendo, não é, Maurício?

— Sem dúvida. Carla, tudo isso pode ser explicado à luz do conhecimento e da razão.

— É verdade? Então não estou ficando louca? Nem tendo delírios? Por que o que eu vejo ninguém vê?!

Maurício começou a conversar com Carla, explicando-lhe que tudo o que estava ocorrendo com ela tinha a ver com fenômenos que sempre existiram, mas que até o século dezenove haviam passado sem explicação lógica, quando um professor muito inteligente e culto, na França, resolveu estudar os fenômenos que aconteciam na sociedade francesa e que a população de Paris encarava como uma brincadeira sem maiores consequências.

— Você já ouviu falar da brincadeira do copo?

— Certa vez fizemos isso na casa de uma amiguinha, após as aulas. É dessa brincadeira que está falando?

— Sim, dessa mesma.

— Ah! Desculpe-me, Maurício, mas não tem nada a ver com o que acontece comigo. Pode crer!

— É a mesma força, Carla. A energia que faz com que o copo ande na mesa é a mesma que faz com que sopre o vento, balancem cortinas e tudo o mais. Por falar nisso, hoje tenho uma reunião às dezessete horas, em que vamos tratar desses assuntos, que incomodam muita gente e que têm explicação científica. Gostaria de participar? A turma é composta por jovens como você.

— Claro! Que legal. Não imaginava que existissem pessoas que pudessem se interessar por esses assuntos. Além de mim, é claro.

Maurício explicou que existia muito mais gente que se interessava e que buscava informações, tanto em reuniões como em livros. Carla ficou espantada ao saber disso, pois julgava que só com ela aconteciam tais coisas. Então Valéria comentou:

— E o assunto é tão sério, Carla, que tenho no colégio criança que se lembra de ter vivido em outra época, outra que vê e ouve espíritos e que conversa normalmente com eles!

Carla arregalou os olhos e exclamou:

— Tudo isso tem a ver com gente que já morreu?

— Tem a ver com o espírito imortal, ser inteligente criado por Deus, e que é uma das forças da natureza. Mas, aguarde que falaremos sobre tudo isso na reunião — explicou Maurício.

Carla ficou quieta, agora em dúvida se deveria realmente ir a tal reunião, e considerou sobre isso para seus ouvintes. Valéria, que tinha mais liberdade com ela, disse:

— Carla, você está com problemas e precisa enfrentar a situação. Aproveite a oportunidade e nos acompanhe até lá. Ouça tudo o que for dito, analise e, se não aprovar, tem a liberdade de não voltar no próximo sábado. É livre para fazer o que quiser da sua vida, querida.

Diante das palavras de Valéria, em quem confiava plenamente, ao entender que ela também iria, Carla ficou mais tranquila e concordou em acompanhá-los.

Voltaram para o apartamento de Valéria, conversaram bastante, e, de repente, Maurício olhou para o relógio de pulso e levou um susto. Estava na hora de saírem rumo à casa espírita. Valéria tinha colocado água no fogo para fazer um café, que logo eles tomaram e, em seguida, deixaram o apartamento. Em alguns minutos chegaram ao local da reunião. Muitos jovens já aguardavam conversando do lado de fora e outros dentro do salão. Carla ficou espantada de ver tantos adolescentes e jovens ali, com objetivo de estudo. Assim, mais serena, entrou acompanhada de Valéria, enquanto Maurício foi cuidar do necessário para dar início à atividade. Um jovem, Olívio, rapidamente ligou a aparelhagem de som e testou, enquanto outra garota trouxe uma bandeja com jarra de água e copo, colocando-a sobre a mesa.

Maurício pegou o microfone e cumprimentou a todos com belo sorriso:

— Boa tarde, pessoal! Estamos aqui para estudar um pouco mais sobre assuntos que interessam muito de perto a todos nós. A Fabiana vai fazer a prece inicial, que acompanharemos em pensamento.

Uma garota deixou o seu lugar e dirigiu-se à frente. Carla calculou que ela era muito nova, deveria ter uns catorze anos. Sem qualquer inibição, a garota pegou o microfone, fechou os olhos e pôs-se a orar:

— Jesus amigo, ajuda-nos nesta hora em que nos reunimos aqui, nesta casa de oração, pela vontade que temos de aprender sempre mais para ajudar a quem precisa. Ampara, Senhor, nossa família e a daqueles que, por algum motivo, não vieram hoje, e ao nosso amigo Maurício, que, com tanta boa vontade, nos repassa os conhecimentos de que necessitamos. Agradecemos por tudo o que, embora sem merecer, estamos recebendo do seu coração generoso. Assim Seja, Senhor.

A prece, simples e envolvente, deixou Carla encantada e, ao mesmo tempo, emocionada. Em seguida, Maurício, com um sorriso e o microfone na mão, lançou um olhar abarcando os jovens que ali estavam.

26
CONVERSA COM JOVENS

Espraiando o olhar sobre a assistência, recostado à mesa e mentalmente pedindo a Jesus que o auxiliasse no socorro aos jovens ali presentes, consciente da responsabilidade do momento, Maurício começou a falar:

— Que a paz de Jesus esteja conosco! Temos um farto material de estudo, por isso vou dar uma rápida pincelada nos assuntos que podemos estudar, porém procuro sempre atender às necessidades dos jovens presentes. Nossa finalidade, vocês sabem, é explicar o que os incomoda ou o que mais os interessa. Como já conversamos anteriormente, partimos de alguns pontos que são fundamentais para entendermos a vida. Então, para os que vieram pela primeira vez, começamos de pontos fundamentais da Doutrina Espírita. Primeiramente, a existência de Deus, pois, sem considerarmos um Criador do Universo, nada teria razão de ser.

Maurício fez uma pausa, passando o olhar pela assistência, e prosseguiu:

— A imortalidade da alma é outro princípio básico. Deus criou a todos os espíritos para a perfeição; tivemos um começo, mas não teremos um fim; somos imortais, e nossa finalidade é nos tornarmos progressivamente melhores até atingirmos a perfeição. Certamente, isso demandará um tempo infinito, mas chegaremos lá por meio de outro princípio, o da reencarnação, que é o retorno do espírito a um novo corpo, sempre que necessário. Assim, nascemos, vivemos, retornamos ao mundo espiritual, depois nascemos de novo quantas vezes forem necessárias até conseguirmos essa evolução, que é relativa, pois perfeito só Deus o é. Além desses princípios básicos, temos ainda o livre-arbítrio, que, de acordo com o progresso realizado pelo espírito, vamos desenvolvendo, tornando-nos responsáveis, assim, por nossas escolhas, pelos caminhos que enveredamos no curso de nossas existências e pelo que somos perante a Lei de Causa e Efeito, ou Lei de Ação e Reação — a Lei Divina que funciona em todo o Universo e perante a qual todos somos responsáveis pelos nossos atos. Se fizermos mal a alguém, geramos uma reação que nos será cobrada; se fizermos o bem, receberemos o bem em contrapartida. Assim, seremos sempre responsáveis por nossas ações. A mediunidade, que é a comunicação entre os dois planos da vida, é outro princípio fundamental. Como somos todos espíritos, uma parte está encarnada no planeta e a maior parte no mundo espiritual. Em virtude desse fato, os encarnados se relacionam com os desencarnados, seja como amigos, familiares e pessoas simpáticas umas às outras; em virtude de termos vivido muitas existências, podemos ter gerado afetos e desafetos, e será normal que sintamos também a presença de espíritos que não nos são simpáticos, muitas vezes até inimigos e adversários do passado, que com sua presença podem gerar mal-estar, problemas físicos, emocionais e até obsessões de variada etiologia. Mas esse é um assunto para outra oportunidade.

Maurício fez nova pausa, e um garoto, pequeno e franzino, que deveria ter no máximo catorze anos, levantou a mão. O palestrante sorriu, incentivando-o:

— Pode falar, Vítor!

— Maurício, tenho problema em casa com minha irmã mais velha. Toda semana, ela fica mal, fecha a cara e olha de um jeito que até dá medo! E depois começa a falar com voz completamente diferente da que lhe é normal! É horrível! Fico apavorado, tenho vontade de sair correndo, mas algo me segura no lugar. Minha mãe, que já a levou ao médico, nesses momentos corre para a cozinha e pega um remédio que o médico receitou para acalmá-la, porém não adianta. Uma vizinha, que é crente, afirmou que esse problema é causado por "demônios" e que ela tem que ser exorcizada. É verdade isso?

Maurício fez um sinal com a cabeça mostrando que tinha entendido e perguntou se alguém mais teria esse tipo de problema em casa; mais três jovens levantaram a mão. Então, ele olhou para o pequeno Vítor e considerou:

— Percebeu, Vítor? Não é apenas em seu lar que isso acontece. São fenômenos que podem ocorrer em todos os lares, de forma diferente, mas acontecem!

— Como assim, de "forma diferente"? — indagou uma garota.

— Vamos entender o problema. O que causa esses fenômenos? A presença de espíritos! E o que são os espíritos? Lembram-se do que falamos sobre eles? São seres inteligentes criados por Deus, que povoam o espaço e que ora estão encarnados aqui em nosso planeta, ora no mundo espiritual, nossa verdadeira vida. Vocês, que confirmaram que em seu lar acontece a mesma coisa que na casa do Vítor, mas de forma diferente, o que presenciam?

Uma das garotas explicou:

— Meu irmãozinho vê outras crianças, brinca com elas e depois me conta o que ouvira delas.

Um dos rapazes comentou, enchendo-se de coragem:

— Esse problema acontece comigo mesmo. Sinto-me diferente e depois começo a falar como se fosse um irmão que morreu aos dez anos de idade, de câncer no pulmão. Só que ele não fala nada que impressione aos familiares. Ao contrário, conta como ele está vivendo, que mora com a vovó Mercedes (que já morreu há uns vinte anos, mais ou menos), que estuda e que passeia junto com o grupo do qual faz parte!

A plateia estava surpresa, inclusive Carla. Os nossos amigos, José Antônio, David Ricardo e Paulo também estavam impressionados com tudo o que fora dito. Maurício, vendo a plateia toda de olhos arregalados, perguntou:

— Notaram a diferença de comportamento nesses relatos? A que julgam se dever essa mudança? Todos são "demônios", agressivos e violentos?

— NÃO! — responderam os jovens da plateia, muitos balançando a cabeça negativamente.

— A impressão que dá é que são seres de diferentes categorias, e não "demônios", como disse alguém, Maurício — sugeriu um dos rapazes que levantara a mão.

O médico ouviu cada opinião, depois explicou:

— Percebem como as coisas são diferentes do que julgamos? Na verdade, Deus, Nosso Pai, criou a todos os espíritos simples e ignorantes, o que significa: sem conhecimentos e sem tendências. Através do tempo, vamos avançando sempre, aprendendo, crescendo e nos desenvolvendo, porque nossa finalidade é a evolução, como afirmei há pouco. Desse modo, já vivemos uma série infindável de encarnações. O planeta Terra, desde eras bem primitivas, viu o nosso crescimento a partir de moléculas primitivas que surgiram na água, gerando as primeiras formas de vida, pois fora dos oceanos, pelas altas temperaturas, não havia condição de vida; muito tempo depois saíram para os pântanos, gerando novas espécies e evoluindo sem cessar. Chegar à condição humana levou milhares e milhares de séculos, até nos apresentarmos como seres hominídeos. De acordo com o fóssil mais antigo encontrado da espécie *Homo sapiens*, habitamos o planeta aproximadamente de 200 mil a 250 mil anos, o que é pouco em relação ao nosso processo evolutivo, se considerarmos que a Terra tem de 4 a 4,5 bilhões de anos!...No entanto, a sabedoria divina trabalhou sempre no sentido de socorrer seus filhos, ainda tão atrasados. Hoje, temos uma sociedade que evolui rapidamente, que já se desenvolve moral, intelectual, tecnológica e cientificamente, rumo ao porvir.

Maurício fez uma pausa e olhou para os jovens que ouviam, impressionados. Depois, prosseguiu:

— Mas ainda estamos longe da angelitude. Nossa civilização ainda é egoísta, os homens se matam pelo ouro, pelas posições sociais, por cargos, pelo ódio que ainda carregam no íntimo e, por absurdo que pareça, até por amor! Se é que se pode chamar isso de amor. Na verdade, trata-se de egoísmo, de apego. Mas tem uma parte da humanidade que ama realmente, que se dedica ao próximo, que pensa no bem, que procura construir e não destruir. Entendem a diferença?

— Maurício, por que somos tão diferentes uns dos outros? — indagou um rapazinho.

— Pelo progresso realizado. Quem se esforça mais, cresce mais, vai à frente indicando o caminho aos retardatários. Porque temos de progredir em conhecimento e moralidade, isto é, em sabedoria e em amor. Muitos aprendem com facilidade a parte intelectual, porém a faculdade de amar ainda lhes é mais difícil. Percebem?

Vendo que eles haviam entendido, prosseguiu:

— Percebem agora por que vocês têm ligações com espíritos mais brandos ou mais violentos? É que depende de cada um! Cada ser mostra o que já conseguiu conquistar nesta trajetória espiritual. Então, existem espíritos bons, amáveis, amorosos e outros que ainda só desejam e procuram o mal.

— Quer dizer que mesmo todos sendo criados por Deus, tomam caminhos diferentes? — indagou uma das meninas.

— Exatamente! Deus, sendo Pai, criaria seus filhos para o mal? Certamente que não. Então, não existem espíritos criados para o mal, "demônios", como nos ensinaram no pretérito. Isso não é verdade! *Daimon* era a designação que no passado se dava a "ser espiritual". Não tinha a conotação pejorativa e terrível que foi acrescentada posteriormente. *Daimon*, segundo Sócrates e Platão, era apenas "espírito". Muito depois, passou, erroneamente, a significar "seres criados para o mal".

Assim, foram conversando, e, por meio dos questionamentos, Maurício orientava-os, mostrando-lhes que, na verdade, Deus é amor e quer o melhor para seus filhos. De repente, um dos jovens questionou:

— Mas então, se somos seres espirituais, por que vivemos aqui na Terra, e não no mundo espiritual?

— Roberto, nós vivemos lá, sim! Só que, em virtude da necessidade de aprendizado, intercalamos períodos encarnados e períodos no mundo espiritual. Na realidade, nossa Verdadeira Vida é a espiritual. Todavia, precisamos aprender para evoluir. Dessa forma, o Pai permite que o aprendizado que fizemos no mundo espiritual possamos exercitar na Terra, no mundo material. Além disso, nunca perdemos o contato com o mundo espiritual, visto que, ao dormir, o espírito fica livre e vai para o espaço visitar familiares, amigos... Se quiser aprender, vai fazer parte de um grupo, enfim, aproveitar o tempo; outros, cheios de ódio, vão em busca de seus inimigos, tirar satisfação. Não é interessante?

— Quer dizer que aprendemos aqui na Terra e no Além? — indagou um rapaz.

— Sim! Vejam, é exatamente como acontece na escola: os professores nos repassam conhecimentos, estudamos em casa e depois fechamos o livro e somos submetidos a provas para auferir o aprendizado, obtido ou não, dos conteúdos que recebemos e tentamos aprender. Assim, estudamos no mundo espiritual, revemos nossos problemas, o que fizemos de errado e a necessidade de nos melhorarmos. Então, renascemos e vamos tentar viver de acordo com o que programamos no mundo espiritual.

Uma das garotas balançou a cabeça de maneira enigmática, depois disse:

— Então esses espíritos que se comunicam e agem de maneira grosseira representam os de menor aprendizado, não é? Outros mostram condição bem melhor, como o irmão do nosso amigo, que conta o que faz no mundo espiritual.

— Exatamente! — concordou Maurício. — Então, a partir de agora, comecem a pensar sobre o assunto de outra maneira. Para aqueles cujo comportamento for negativo, façam uma prece, envolvendo-os com amor, de modo que sejam ajudados pelos amigos espirituais e familiares desencarnados. E àqueles que mostrem comportamento bom, amigo e amoroso, agradeçam pela presença e pela ajuda que lhes deram! Na verdade, esses problemas nos conduzem ao estudo da mediunidade. Já falei sobre ela! É uma sensibilidade que todas as pessoas possuem, em grau maior ou menor, e que favorece esses fenômenos que vocês enfrentam no lar. Mas falaremos sobre esse assunto outro dia. Em razão do adiantado da hora, convido-os à oração. Não desejo que seus pais se preocupem por chegarem tarde ao lar.

Maurício encerrou a reunião com uma prece, prometendo que no sábado vindouro falariam sobre outros assuntos de interesse de todos, inclusive sobre mediunidade. Os jovens estavam surpresos e agradecidos pelas informações recebidas. Após um agradável lanche com bolachas, biscoitos e suco, ocasião que aproveitaram para continuar conversando, despediram-se prometendo retornar na semana seguinte.

Carla estava satisfeita. Entendera o que estava acontecendo com ela e que nada havia a temer. Sentiu que, na verdade, estava lhe faltando orar mais, buscar Jesus em pensamento para sentir-se melhor. Jamais pensara que uma reunião daquelas poderia lhe trazer tanto bem-estar e harmonia. Sentia-se ótima!

Ao saírem, ela despediu-se de Valéria e de Maurício, prometendo voltar no próximo encontro e agradecida por tudo o que pudera aprender sobre esses assuntos espirituais pelos quais, na realidade, ela jamais se interessara.

Assim, Maurício e Valéria encaminharam-se de volta ao apartamento dela, para descansarem um pouco de toda a agitação do dia.

A manhã seguinte era domingo, e Valéria dormiu até tarde, descansando do sábado movimentado. Acordou com o telefone tocando.

— Alô! Carla? Ah, que bom! Sim, descansei bastante. Na verdade, acordei agora mesmo. Não se culpe, querida! Eu precisava levantar. Se combinei almoçar com Maurício? Não, nada falamos sobre isso. Aliás, acho que ele deve ter viajado logo cedo; queria fazer uma visita aos pais, que moram no interior, e iria aproveitar hoje, que não tinha nada programado. Almoçar com você? Claro que aceito! Está bem. Ficarei esperando! Beijos, Carla!

Valéria desligou o telefone, espreguiçou-se e foi tomar um banho. Olhou o relógio e levou um susto.

— Onze e meia! Não tenho muito tempo. Carla ficou de me pegar em uma hora! Tenho de correr! — murmurou para si mesma.

Quando Carla ligou, ela já estava pronta e desceu. Sorriu ao ver a amiga encostada no carro, esperando-a.

— Demorei, Carla? Vim o mais rápido que pude!

— Claro que não, Val! Esqueceu que hoje não temos horários, nem escola, nem trabalho para fazer? — disse a jovem, abraçando-a.

— Tem razão, Carla. Hoje vamos gastar o tempo à vontade. Por falar nisso, para onde iremos?

— Pensei em irmos ao *shopping*. Podemos almoçar e depois vamos ao cinema. Tem vários filmes bons em cartaz. Topa? — Carla respondeu já entrando no carro e dando partida.

— Claro! Ótimo programa, querida. Aceito com prazer. Gosto de assistir a um bom filme! É bom para relaxar do trabalho semanal.

Conversando animadamente chegaram ao *shopping*, estacionaram o carro e subiram pela escada rolante. O movimento e o barulho normal num shopping envolveram-nas. Andaram um pouco, olhando tudo, até chegarem à praça de alimentação, onde estava o restaurante onde Carla gostava de ir. Enquanto aguardavam as iguarias, conversavam. Carla olhou para Valéria em determinado momento e disse:

— Valéria, eu agradeço a você e ao Maurício por terem me levado àquela reunião. Você não imagina como me fez bem! Comecei a entender melhor como funciona esse tal de Espiritismo. E olha que sou crítica! Mas achei espetacular a lógica de tudo o que Maurício disse; tudo se casa perfeitamente. É impressionante! Agradeço-lhe por insistir em levar-me à reunião. Olha, fez-me muito bem ouvir que pessoas têm problemas como eu e que isso não era "um bicho de sete cabeças", como sua mãe diria, Valéria.

Carla fez uma pausa e, respirando fundo, considerou:

— É a segunda vez que Maurício tem a melhor sugestão a me dar. A primeira, quando não quis me operar. E agora, quando praticamente me obrigou a ir à tal reunião! — concluiu dando uma boa risada.

Valéria riu também e ponderou:

— Concordo com você, Carla. Tem momentos que surgem em nossa existência que precisam ser aproveitados. Não raro, representam a mão de Deus estendida para nos dar o socorro que tanto pedimos, e, se não tivermos empurrãozinho, corremos o risco de deixar passar a grande oportunidade da vida!

— Agora concordo com você, amiga. Mas houve tempo em que fiquei com raiva de você por concordar com "ele".

Valéria estendeu a mão, fazendo um afago na mão da amiga, enquanto dizia:

— Carlinha, era tão óbvio e absurdo o que você queria! Tão jovem, como aceitar que quisesse se submeter a uma cirurgia plástica? Para tirar o quê, mexer onde?! Você sempre foi linda, desde criança, e agora é uma moça que os rapazes se viram na rua para olhar! Não percebe isso? Deveria sentir orgulho, prazer, satisfação íntima, mas... fazer cirurgia?

— Vou lhe contar a verdade, Val. Minhas amigas me falaram tanto desse médico, que resolvi conhecê-lo. Sei lá! Talvez esperasse que ele se interessasse por mim, quem sabe? Depois, ele me tratou como uma criança caprichosa e fiquei com muita raiva. Agora, reconheço que cara bacana ele é. Não se preocupe. Não pretendo tirá-lo de você, Val. — disse rindo.

— Ai de você se tentar! — respondeu Valéria. — E ambas caíram na risada.

Almoçaram, passearam, fizeram compras e foram ao cinema assistir a um filme que estava em cartaz. Quando deixaram o shopping, já era tarde. Carla levou Valéria até seu prédio, depois se despediram prometendo repetir a dose quando fosse possível. Ambas estavam felizes. Carla por ter falado do que a incomodava, e Valéria por ver como sua amiga estava bem.

Cansada, Valéria arrumou-se para dormir, pegou o livro que deixara na cabeceira, retomando a leitura. Logo, exausta, estava dormindo.

27

AMEAÇA DAS TREVAS

Valéria dormiu satisfeita. Tivera um domingo ótimo em companhia de Carla, que não via havia longos meses. Assim, estava tão cansada que se entregou ao sono sem fazer ao menos uma prece ligeira.

De repente, viu-se em um lugar estranho e assustador. Estava cercada por criaturas de vestes escuras e aparência de criminosos. Quis gritar, porém a voz não lhe saía da garganta. De olhos arregalados, batimentos cardíacos acelerados, mãos geladas, ela tremia de medo. Olhava para os lados para ver se haveria espaço para sair correndo, mas o grupo terrificante fechou o círculo, deixando-a no meio. Com voz trêmula, gritou:

— O que desejam de mim? Quem são vocês? Por piedade, deixem-me ir embora! Não sei como vim parar aqui!

Aquelas figuras grotescas trocaram um olhar entre si, depois caíram na risada. O que parecia ser o chefe murmurou com voz estranha e nasalada:

— *Como, então se esqueceu de nós? Não se lembra de seus amigos de outrora?*

Conforme ele falava, os demais começaram a rir de maneira debochada. Então, olhando para cada um deles, Valéria ficou atônita. Era o mesmo grupo que já vira antes!

"Meu Deus! Como livrar-me deles?", pensou.

Recordou-se do namorado, que a orientara afirmando que, em momentos de perigo, quando não soubesse o que fazer nem como agir, elevasse o pensamento e fizesse uma prece. Então, Valéria fechou os olhos e, pensando em Jesus, suplicou:

"Ajude-me, Senhor! Socorra-me! Não sei o que vai acontecer! Pai nosso, que estais nos céus, santificado seja o vosso nome, seja feita a vossa vontade...".

Ao terminar a oração, notou que o grupo todo tinha desaparecido, deixando-a em paz. Ainda sob a aflição do momento que passara, Valéria respirou profundamente e abriu os olhos. Com alívio, notou que estava em seu leito, ainda com o livro aberto e a luz acesa!

— Graças a Deus! — murmurou mais tranquila.

Valéria estava com sede, mas tinha medo de se levantar, como se eles continuassem nas sombras, fiscalizando-a. Com a luz acesa, ali ficou, no leito, grata pela orientação que ouvira de Maurício, sem imaginar o quanto lhe seria oportuna. Sentou-se na cama e fez nova prece, agora de gratidão a Deus pelo amparo recebido. O resto da noite dormiu com a luz acesa, sem ânimo para ficar no escuro.

Na manhã seguinte, um tanto cansada pelo susto que tivera, acordou aliviada ao ver que já estava tudo claro. Ligou para o namorado, que atendeu prontamente.

— Maurício!

— Valéria?! O que houve para telefonar-me nesse horário? São seis e meia da manhã!

Ao ouvir a voz do seu amado, Valéria pôs-se a chorar, aliviando o coração e a mente do sufoco que havia passado. Ao notar o estado de descontrole dela, o médico acalmou-a, pedindo-lhe que ficasse tranquila, pois ele iria imediatamente ao apartamento dela. Valéria o aguardou sem sair do leito.

Como Maurício tivesse uma cópia da chave, entrou sem tocar a campainha. Ao ver a porta se abrir, ela soltou um grito de medo, e ele se identificou:

— Querida, sou eu! Avisei que viria logo! Desculpe-me, não pretendia assustá-la — disse ele, envolvendo-a com carinho e deixando-a chorar à vontade, jogando para fora o que a deixara tão assustada.

Apoiado na cabeceira da cama, ele segurou-a nos braços e embalou-a suavemente até que parasse de chorar, enquanto murmurava:

— Não tenha medo, querida. Estou aqui. Fique tranquila, acalme-se. Nada aconteceu de fato. Você está bem, só um pouco trêmula. Não a deixarei sozinha, não se preocupe... Não tenho cirurgias e já desmarquei algumas consultas sem urgência. Então, ficarei aqui com você.

Ele continuou falando mansamente de modo que ela ficasse mais tranquila. Algum tempo depois, Valéria conseguiu parar de chorar, enquanto soluços ainda brotavam de seu peito. Quase dormindo, ela murmurou que estava com sede. Maurício acomodou-a delicadamente no travesseiro e foi até a cozinha buscar um copo d´água, que lhe deu para beber. Agora mais calma, ela olhou para ele e lamentou:

— Você não sabe o que passei essa noite...

— Depois você me conta, não tem pressa. Agora descanse que eu vou fazer um café para nós. Já coloquei água no fogo, e logo estará pronto.

Valéria deitou-se e, quando ele voltou com uma bandeja trazendo o café, leite, pãezinhos, manteiga e açúcar, ela acordou e sorriu ao vê-lo com a bandeja na mão. Ele sentou-se no leito e colocou a bandeja perto dela; despejou café na xícara, um pouco de leite, passou manteiga num pãozinho e disse:

— Agora coma, querida. Não sei se o café ficou bom, porém é como gosto!

— Deve estar ótimo! Aliás, esta é a primeira vez que alguém me traz café na cama.

— Que bom! Fiquei contente de saber — ele disse, dando-lhe um beijo na testa.

Depois, serviu-se também, e, enquanto tomavam café juntos, ela riu das coisas que ele dizia, até que sentiu vontade de tocar no assunto que a deixara tão apavorada:

— Querido, tive novamente um sonho horrível! Era o mesmo grupo que vi da outra vez, fiquei apavorada! O importante é que você me ajudou muito. Lembrei-me, naquele momento, de você ter dito na reunião de sábado que, numa hora de dificuldade, é para fazermos uma prece. Eu fiz, e, graças a Deus, eles desapareceram! Todavia, eu sentia tanto medo que passei a noite com a luz acesa.

Maurício abraçou-a, cheio de piedade:

— O bom disso tudo é que você viu como a oração funciona. Sim, sem dúvida! Quando pedimos amparo de Deus, de Jesus, de Maria de Nazaré ou de algum espírito amigo, o socorro nunca falta. E agora, como está?

— Estou bem. Só que tenho medo de passar outra noite sozinha.

— É um convite? — ele indagou rindo. — Estou brincando, mas não se preocupe. Eu fico aqui com você.

— Mas o que irão dizer de mim, se notarem?

Maurício sorriu e balançou a cabeça, sem poder acreditar:

— E você se importa com o que possam dizer? Você é autossuficiente, uma diretora conceituada, paga suas próprias contas, o que seus vizinhos têm com isso?

— Tem razão, Maurício! Ninguém tem nada com a minha vida! Eu é que sou assim, meio puritana. Aceito sua sugestão. Não quero ficar sozinha na próxima noite.

De repente, Valéria arregalou os olhos e comentou:

— Maurício, eu me lembrei de algo que aconteceu na noite passada. Vi-me num local escuro, fétido, com algo que pareciam plantas estranhas, semelhantes a algas; seres que passavam de um lado para o outro, vestidos com roupas sujas e escuras com lama malcheirosa grudada. Enfim, fiquei com muito medo, imaginando como teria chegado àquele lugar. Dei alguns passos procurando uma saída, quando vi que esse grupo comentava algo relativo a pessoas que conhecemos! Então, parei e fiquei à escuta. Não me recordo de tudo o que falaram, porém lembro que, em certo momento, se referiram de forma agressiva a alguém que é amigo nosso!

— E quem é, Valéria?

— Pois é! Não sei. Eu me lembrava de quem era até acordar. Depois, esqueci-me por completo! Mas sei que é importante recordar, porque eles faziam uma clara ameaça contra essa pessoa, se não agisse como eles desejavam!

Maurício achou interessante a informação e pediu-lhe que tentasse lembrar-se sobre quem eles falavam, porque era realmente importante, o que ela prometeu fazer, passando em revista o que se lembrava do sonho.

Nesse momento, o aparelho celular tocou, e Maurício atendeu. Ouviu com atenção, fez algumas perguntas e depois deu uma ordem, prometendo chegar ao hospital o mais rápido possível. Desligou o celular, explicando à namorada:

— Querida, preciso atender uma emergência. Mas, assim que terminar, retornarei. Pode me esperar. Agora você está bem e também tem que ir para o colégio. E eu só tenho tempo para ir ao hospital e me preparar para uma cirurgia de emergência. Aconteceu um grave acidente e precisam de mim. Até a noite, querida! — ele se despediu, já saindo do quarto.

— Até mais tarde, querido!

À noite ele voltou e entrou no apartamento de Valéria sem bater. Abriu a porta e gritou em voz alta para não assustá-la:

— Olá! Alguém em casa?

Ao ouvir a voz tão amada, Valéria veio da cozinha, enxugando as mãos num guardanapo, onde estava preparando uma sopa de palmito para eles tomarem.

— Olá, Maurício! Chegou bem na hora. Estava terminando uma sopa para nós. Espero que goste! — disse ela dando-lhe um beijo.

— Com certeza vou gostar. Adoro sopas, especialmente quando o dia está fresco como hoje. Além disso, trouxe pão quentinho, saído do forno há pouco.

— Ótimo! Então, lave as mãos e venha para a cozinha. A mesa está pronta.

Voltando, ele acomodou-se, elogiando o ótimo aroma da sopa. Valéria o serviu e ficou aguardando a reação dele, enquanto servia-se também. Ele provou e respirou fundo, maravilhado:

— Está excelente, querida! Parabéns! Se eu soubesse dos seus dotes culinários, já a teria pedido em casamento!

Valéria deu uma gargalhada, ficando com o rosto todo vermelho.

— É uma proposta? — murmurou com ar de riso — Bobo! Você já me pediu em casamento, esqueceu?

Maurício também riu, concordando:

— Eu sei! Já que você não pode viver sem mim! E daí, como foi seu dia? — ele perguntou, buscando notícias.

Na verdade, Maurício desejava saber se ela havia se lembrado de quem era a pessoa sobre a qual o grupo de entidades se referira.

— Foi tranquilo, querido. Telefonei para Denise, que me passou a informação de que tudo estava em ordem no colégio. Então, disse-lhe que não havia dormido direito e que ficaria em casa. Se precisasse de mim, era só avisar. Ela concordou, porém o telefone ficou mudo. Assim, aproveitei para descansar o dia todo. Li bastante, assisti a uma comédia na televisão e dei boas gargalhadas! Enfim, o dia foi tranquilo, graças a Deus! Mas agora, com o Sol desaparecendo, começo a ficar tensa de novo, Maurício.

— Não se inquiete. Como lhe afirmei, ficarei com você, e nada terá a temer. Além disso, já aprendeu que a oração é um poderoso recurso que devemos usar sempre que tivermos problemas e, sem dúvida, mesmo sem problemas. Elevar o pensamento deve ser um hábito em nossa vida.

— Agora eu sei, querido, porém antes não me preocupava com essas coisas, que não faziam parte dos meus hábitos, pelo menos não com essa conceituação, de orar com sentimento, usando a mente e o coração para obter o amparo divino que se deseja. Realmente, fiquei atônita ante a rapidez com que fui atendida! Incrível!

Maurício sorriu, concordando com ela, e completou:

— Querida, então, como médico, você pode avaliar o quanto tenho de orar para que tudo corra bem numa cirurgia. Não esqueço nunca de pedir o amparo divino. Quando alguém me elogia como cirurgião, digo que grande parte do meu serviço eu devo a Deus, que me socorre o tempo todo. As pessoas, de modo geral, acham graça da minha colocação, julgando que é humildade, mas não é. Trata-se de pura realidade.

Continuaram conversando animadamente, quando ele recebeu uma ligação. Era um chamado urgente, e Maurício teve de atender. Valéria ficou tensa, porém ele ligou para Celeste perguntando-lhe se ela poderia vir fazer companhia para Valéria, e Celeste concordou sem indagar o motivo. Maurício nunca fazia nada sem uma boa razão e, se ele lhe pedira para ir àquela hora da noite ficar com Valéria, era sinal de que era importante. Assim, tão rápido quanto o trânsito permitia, Celeste foi para o apartamento da amiga. Maurício já havia saído, porém Valéria estava bem, sentada na sala, com a televisão ligada. Ao ouvir a campainha, Valéria correu para abrir a porta, aliviada por rever a amiga. Trocaram um abraço, e Celeste comentou:

— Adorei quando Maurício me ligou pedindo-me que viesse ficar com você! Não temos tido oportunidade de nos falar como antes, e eu sinto falta. Como está, Valéria, tudo bem?

Valéria levou-a para o sofá, e, desligando a televisão, acomodaram-se, depois respondeu:

— Ah, amiga! Nem imagina o que aconteceu comigo na noite passada! Tive um sonho horroroso!

— Entendo... Então, Valéria, vamos conversar sobre algo mais leve. Você estava assistindo a que programa na televisão quando cheguei? — perguntou Celeste sabendo que ela não deveria ficar se lembrando do que acontecera, atraindo os irmãos desencarnados para sua casa.

— Uma comédia! Parece ótima! Quer ver, Celeste? No intervalo, faço café e estouro pipocas para nós.

— Excelente ideia, Valéria! Adoro essas comédias que passam na televisão, podem ser antigas, que não me incomodo. Acho bom para limpar a mente de coisas negativas.

Ficaram assistindo ao filme, conversando, rindo, tomando café e comendo pipocas. Ambas estavam tão satisfeitas e alegres que caíam na risada por nada. Qualquer coisa era motivo para gargalhadas. Quando Maurício chegou, escutou as risadas do corredor e entrou rindo também. Logo ele estava acomodado no sofá, comendo pipocas e tomando um cafezinho. Celeste olhou o relógio e disse:

— Agora que Maurício chegou, vou embora! Tenho de trabalhar amanhã cedinho!

— Fique, Celeste! Você mora sozinha, não tem ninguém que a espere. Pelo menos, vamos assistir ao filme até terminar!

Celeste concordou e continuaram vendo o filme. De repente, Valéria gritou:

— Maurício! Eu sei sobre quem aqueles espíritos falavam no sonho que tive! Meu Deus, como fui esquecer? Agora me lembrei de tudo direitinho!

— Diga, querida. O que lembrou?

Valéria ficou com os olhos perdidos ao longe, como se as imagens que viu no pesadelo que tivera estivessem passando por sua mente. Em seguida, começou a falar como se estivesse vendo naquele momento:

— Aquele grupo assustador falava sobre Paulo! Pretendiam nos comprometer, atingindo o colégio e acabando com nossa credibilidade, nosso nome; querem que os alunos debandem para outro lugar. E diziam que, se os pais descobrissem que havia viciados entre os alunos, tirariam seus filhos da escola, levando-os para outro colégio, mais digno de respeito! Foi nesse instante que eles me viram e saí correndo de lá, voltando para o corpo! Só que eles vieram também e fiquei desesperada, com medo!

Valéria chorava copiosamente com a cabeça entre as mãos. Celeste tentava acalmá-la, mostrando-lhe que Deus é maior do que essas entidades que queriam desacreditá-la! Aos poucos, ela foi se acalmando, parou de chorar, apenas soluçava de causar piedade. Maurício pegou-a no colo e levou-a para o quarto, suavemente depositando-a no leito, com amor. Abriu sua maleta, colocou algumas gotas de um medicamento calmante num pouco de água e deu-lhe para beber. Logo Valéria estava dormindo serenamente.

28
AJUDA ESPIRITUAL

Naquela noite, Celeste permaneceu no apartamento de Valéria, dormindo ao lado dela, enquanto Maurício ajeitou-se na cama que havia no outro quarto, puxou a manta e dispôs-se a dormir. Mesmo com Celeste ali junto dela, ele não queria deixá-la naquele estado. Ao que tudo indicava, Valéria tinha mediunidade, pois sentia e enxergava as entidades desencarnadas. Quanto a Celeste, o fato de ver Valéria, sua amiga de longo tempo, naquela situação fez com que quisesse ajudá-la, caso fosse necessário.

Como Celeste igualmente fosse portadora de alguma mediunidade, sabia que os espíritos desencarnados poderiam agir por seu intermédio também, gerando ectoplasma para criar efeitos[3], e ficou alerta.

---

3. Nota da médium: ectoplasma — camada externa do citoplasma de alguns micro-organismos, como a ameba. Substância que

Após um ligeiro período de sono, Valéria acordou. Vendo a amiga ainda desperta, trocaram algumas palavras, porém estavam cansadas e resolveram dormir. Não demorou muito, ouviu-se um baque surdo na sala, como se alguém houvesse despencado do alto! Ambas acordaram e correram até o local, pensando que Maurício, talvez não se sentindo bem acomodado no quarto menor, tivesse deitado na sala e despencado do sofá. No entanto, nada de estranho havia ali. Foram até o outro quarto e viram que tudo estava em paz, e Maurício ressonava.

Sem poder acreditar, as duas voltaram para o quarto de Valéria, trancaram a porta e depois se acomodaram na cama, tentando analisar o que acontecera. Ficaram quietas por alguns minutos, depois Valéria falou em voz baixa, com medo:

— Celeste! O que será que foi isso que ouvimos?! Não é possível que nada tenha acontecido! Nós duas escutamos o barulho! Maurício não pode ter deixado de ouvir também, ele tem sono leve! E volto a perguntar: o que será que foi isso?

Celeste respirou fundo e respondeu, delicadamente, sabendo o medo que a amiga tinha de "coisas do outro mundo":

— Valéria, todos os encarnados têm uma parcela de mediunidade, que é a capacidade de ver, ouvir ou sentir os espíritos. E tem outros que até permitem que os desencarnados falem por seu intermédio ou se materializem na sua frente. Eles podem produzir efeitos físicos, por meio de uma substância chamada ectoplasma, como bater nas paredes, nas janelas, fazer barulhos, dar pancadas, toques e todo tipo de ruído.

Valéria, sentada no leito, tensa, com as pernas encolhidas, presas com as mãos, confessou:

— Estou apavorada, Celeste! Nunca pensei que fosse assunto tão sério assim. Creio que deveríamos procurar quem

---

emanaria dos médiuns durante o transe, para dar forma a materializações espirituais. (*Dicionário Academia Brasileira de Letras.* 2. ed. São Paulo: Companhia Editora Nacional, 2008.)

realmente lide com "essas coisas", para pedir-lhe que venha até minha casa para nos ajudar. O que acha?

— Entendo que esteja assustada, Valéria. No entanto, não há necessidade de buscar mais alguém, quando temos Maurício aqui do lado!

Somente naquele momento, caindo em si, Valéria bateu na cabeça e disse:

— Como não me lembrei disso antes?! Vamos acordá-lo, depressa.

Elas se levantaram, foram até a porta e, diante do corredor escuro, pararam. Celeste, encontrando o interruptor, acendeu a luz, tranquilizando-a, e foi até o outro quarto chamar Maurício, que despertou assustado:

— O que houve?

— Nada de mais, Maurício. Escutamos um barulho que acho que é efeito físico, pois tenho essa faculdade, e Valéria está apavorada. Venha, precisamos de você.

Erguendo-se rapidamente, Maurício foi até o quarto de Valéria, que tremia toda, sem coragem de sair de lá. Aproximando-se dela, ele deu-lhe um abraço, falando com voz serena para acalmá-la:

— Querida, está tudo bem, não se preocupe. Vamos fazer uma prece, e tudo isso vai passar.

Traumatizada, ela apenas balançou a cabeça concordando. Sentaram-se no leito, e, elevando os pensamentos ao Alto, Maurício orou, desejando realmente socorrer os espíritos necessitados que porventura estivessem no ambiente. Após a prece, ele abraçou Valéria com carinho e indagou se ela estava melhor após a oração. Ela apenas balançou a cabeça, concordando, mas ainda estava assustada.

— Não se preocupe, querida — afirmou ele. — Esses espíritos também são grandemente necessitados! São doentes, desencarnaram de forma trágica, estão sozinhos e também não sabem o que fazer! Precisam de ajuda, como nós.

Nesse momento, Celeste sentiu um arrepio seguido de grande peso nas costas e nos ombros. Avisou Maurício, que olhou em torno e, vendo uma poltrona, arrastou-a mais para perto do leito onde estavam sentados; depois, ergueu Celeste e ajudou-a a sentar-se na poltrona, mais confortável. Após essa providência, ele virou-se para Valéria e acalmou-a, afirmando-lhe que estava tudo sob controle, que ela ouvisse com atenção o que a entidade iria dizer. Valéria queria perguntar alguma coisa, mas Maurício não permitiu, dizendo:

— Fique tranquila. Pense em Jesus. Vou conversar com o espírito. Ouça apenas!

Diante do sinal afirmativo dela, ele foi até a cozinha e pegou um copo com água, depositando-o na mesa de cabeceira; orientou Valéria para que ficasse em silêncio, salvo se alguém pedisse a ela que falasse. Depois, começou a orar, suplicando o amparo de Jesus naquela hora em que alguém, muito necessitado, buscava socorro. Pedindo ao Senhor que amparasse a todos ali presentes, encarnados e desencarnados, sereno, concluiu: "que assim seja!".

Após algum tempo em que o silêncio era total, ouviram alguém que se mexia, agitando-se na poltrona. Celeste, sob a ação da entidade desencarnada, abriu os olhos e olhou em torno, com cara de poucos amigos:

— *O que estou fazendo aqui? Após tudo o que me fizeram, vocês ainda têm coragem de manter-me preso nesta cadeira?* — gritou.

Com suavidade e carinho, Maurício passou a conversar com a entidade:

— Seja bem-vindo, meu irmão! Vejo que você está machucado, todo ferido, a boca ainda verte sangue. Mas aqui estamos para ajudá-lo! Tenha confiança. Acabou seu tempo de sofrimento e de penúria. Jesus mandou alguém para socorrê-lo. Confie e espere.

— *Ninguém se preocupa comigo. Ninguém me atende quando falo, quando peço uma caneca de água limpa ou quando suplico um prato de comida! Todos se mostram incapazes de me ajudar, de me atender! São cruéis comigo! Deixam-me jogado no chão, enquanto outros passam felizes, sem se preocupar com o pobre desventurado que está sofrendo ali perto de sua casa. Mas, agora eu a encontrei e não vou mais apartar-me dela, dessa infeliz que após fazer-me todo tipo de maldades, ainda passa por mim sem lançar um olhar sequer ao pobre desgraçado. Mas a vingança está próxima! Logo ela sentirá o peso da minha mão!*

Estava ali um amigo espiritual, que, preocupado com a situação do desventurado espírito, aproximou-se mais para auxiliar Maurício. Estendeu as mãos sobre a cabeça deste, das quais saíram jatos de luz que envolveram a mente de Maurício. Sentindo as vibrações amoráveis, o médico passou a responder, falando com a entidade:

— Meu irmão, somos todos seus irmãos em Deus, que é o Nosso Pai, Criador do Universo! Serene seu coração. O irmão tem amigos também aqui do nosso lado. Veja! Aquela senhora não é sua mãezinha, que em tão boa hora chega para ajudá-lo? Sim, é sua mãe, meu irmão, Cornélia! Não é esse o nome dela? Procure vê-la, ouvi-la! Converse com ela!

Ouvindo essas palavras, o comunicante procura com os olhos a mãe, que não vê. De repente, ela aproxima-se mais e toca nele, que sente sua presença:

— *Mãe! Oh, minha mãe! Que alegria poder falar com a senhora! Há quanto tempo estamos distantes um do outro...*

— *Eu sei, meu querido filho. Porém era preciso que assim fosse. Você precisava melhorar um pouco mais suas condições espirituais, abrandar o coração de modo a entender toda a grandeza e misericórdia de Deus. Mas chegou o momento de sua libertação. Venha comigo, vou levá-lo até um local aqui perto, onde ficará internado até se recuperar de todos os problemas e dores que o incomodam. Prometo ficar ao seu lado até que possa vir morar comigo e com seu pai! Vamos, meu filho! E agradeça a Deus pela bênção que nos concedeu de nos encontrarmos.*

Enquanto o desventurado filho, que chorava copiosamente ouvindo a mãezinha falar, sentiu-se invadido por um sono irresistível e foi levado ao hospital onde ia iniciar sua recuperação, a mãezinha conversou com os outros que ali estavam. Dirigindo-se à Valéria, que chorava de emoção, disse:

— *Minha irmã, que o Senhor a abençoe! Meu filho estava muito atormentado com o que sofreu àquela época, e era necessário tirá-lo do ambiente em que tanto penara. Agradeço-lhes a oportunidade de poder socorrer meu desventurado filho. Agora começa para todos nós um tempo novo de renovação, de paz e de muita confiança no futuro. A esperança será nossa companheira dileta, elevando-nos de modo a entendermos e aceitarmos tudo o que se passou, cientes de que o futuro nos reserva muitas bênçãos! Recebam o nosso abraço fraterno e amigo, e que possamos sempre ajudá-los! Fiquem com Deus!*

Valéria, em lágrimas, suplica àquela mãezinha:

— Senhora, eu lhe peço perdão por tudo o que fiz a seu filho! Eu não sabia o que estava fazendo! Na verdade, não me lembro do que aconteceu!

— *Não se preocupe, minha irmã. Nós sabemos disso. Eram outros tempos, e a violência campeava em todos os lugares, em razão da ignorância em que vivíamos. Também fizemos muito mal a outrem; eram tempos primitivos e violentos. Que Deus a ampare e abençoe!*

Como tudo estivesse calmo, Maurício encerrou com uma prece, e Valéria agradeceu a ajuda que lhe deram o namorado e a amiga.

Na manhã seguinte, após uma boa noite de sono, bem-disposta, Valéria acordou e preparou um café da manhã para eles. Em seguida, despedindo-se delas, Maurício foi para o hospital fazer as visitas aos seus pacientes internados; Celeste, para seu serviço, e Valéria, para o colégio, onde teria importantes tarefas a realizar. O dia começava muito bem.

Chegando ao Instituto de Educação, Valéria encaminhou-se para sua sala, onde se pôs a examinar os papéis que estavam sobre a mesa, que chegaram no dia anterior. Denise entrou, cumprimentou-a e informou:

— Valéria, Carmen procurou-a ontem no final do expediente. Precisa falar com você.

— De que se trata, Denise?

— Não sei. Ela não me informou. Vou avisá-la que você chegou — disse pegando o telefone e ligando para a bibliotecária.

Logo Carmen bateu de leve na porta, em seguida entrou:

— Bom dia, Valéria! Podemos conversar agora, ou você está ocupada?

— Bom dia, Carmen! Entre, não estou tão ocupada, apenas vejo a correspondência que chegou ontem, mas isso pode esperar. Estou à sua disposição. Sente-se. Do que se trata?

A responsável pela biblioteca ficou calada por alguns segundos, buscando a melhor maneira de levar a notícia, depois começou a falar:

— Valéria, temo estarmos com um problema. Estou achando Paulo muito diferente, estranho, arredio. Quase não conversa mais; leva o serviço de qualquer jeito. Mesmo a leitura, que ele valorizava tanto, agora não o interessa mais. Os alunos têm reclamado que ele não os atende direito quando pedem um livro e que os trata mal; até já fez ameaças a um deles, que avisou que iria comunicar-me sobre esse seu comportamento. Enfim, não sei o que fazer! Estou desolada, pois me afeiçoei muito a ele e, realmente, estou sem saber que atitude tomar! Temo que, se for mais severa, ele abandone o colégio e volte para as ruas!

A diretora, ao ouvir tudo aquilo, gelou.

"Era verdade então! Estavam atacando o rapaz, antes tão bom e dedicado, com um futuro tão promissor", pensava ela.

Carmen, diante do silêncio da diretora, indagou delicadamente:

— Valéria, você ouviu o que eu disse?

— Sim, Carmen, ouvi. Pensava em como lidarmos com ele. Estávamos tão contentes com o progresso de Paulo, sua propensão para a música. Ele teria um excelente futuro! Precisamos pensar o que fazer, que atitude tomar. Não quero fazer nada que o comprometa. Vamos falar com o sargento Gilberto. Quem sabe ele tem alguma sugestão para nos dar. Talvez até saiba de algo que está acontecendo e que nós desconhecemos.

— Bem pensado. Depois você me avisa o que descobriu. Agora preciso voltar para a biblioteca. Não quero deixar o Paulo sozinho lá. Não é seguro.

— Certamente. Assim que tiver alguma informação, eu a aviso.

Nesse momento, Denise entrou na sala e, ao ver a expressão preocupada da diretora, quis saber o que estava acontecendo. Valéria contou-lhe o que ouvira da responsável pela biblioteca, e Denise caiu sentada numa cadeira:

— E agora, Valéria? O que vamos fazer?

— Falar com o sargento Gilberto. Ligue para ele, Denise. Diga-lhe que estamos precisando da presença dele aqui no colégio.

Satisfeita, Denise sorriu. Falar com o sargento Gilberto era uma alegria para ela. Após a ligação, ele prometeu que assim que pudesse daria uma passada no colégio.

29
O SUSTO

Não demorou meia hora, e o sargento entrou na sala da direção.

— Como vai, diretora Valéria? — cumprimentou-a, estendendo-lhe a mão.

— Não muito bem, se estamos precisando da sua presença aqui, sargento Gilberto — respondeu ela, apertando-lhe a mão estendida. — Mas, sente-se, por gentileza.

Após ser posto a par do que estava ocorrendo, o sargento respondeu:

— Outro dia cruzei com esse rapaz numa esquina... Paulo, não é? Eu o achei muito estranho, com sintomas de envolvimento com drogas. Ele abanou a mão com um sorriso, muito gentil, me cumprimentando como sempre faz, e devolvi a atenção. No entanto, ele estava diferente. Achei-o até um pouco assustado, como se olhasse para os lados, com medo de algo. Talvez de traficantes?

Não sei. Porém é provável que seja. Não pegaria bem para ele ser visto conversando com um policial. Vamos fazer o seguinte, vou colocar meus homens em campo para fazerem averiguações. Se descobrirem algo, eu aviso, mantendo-as a par do que está acontecendo. Enquanto isso, é melhor ficarem atentas! Não podemos brincar com essa turma. Eles são perigosos!

— Sim, sargento Gilberto. Vamos avisar os funcionários que lidam mais diretamente com os alunos para ficarem alertas. Obrigada.

Após a saída do policial, Denise e Valéria puseram-se a pensar o que poderiam fazer para descobrir alguma coisa. Denise sugeriu:

— E se eu falasse com o José Antônio? Como ele fica fora do movimento trabalhando no jardim, é mais difícil de alguém ver e estranhar. Além disso, posso falar com o seu Benê, nosso jardineiro!

— Talvez seja uma boa ideia, Denise. Mas muito cuidado! Se alguém desconfiar, podemos ter problemas.

— Relaxe! Confie em mim. Vou até o jardim ver algumas flores para colocar no vaso da minha sala — e, com um sorriso matreiro, Denise saiu decidida.

Chegando ao jardim, procurou seu Benê com os olhos e viu-o podando umas plantas num lugar bem mais afastado. Ele não a vira, pois estava agachado mexendo na terra. Olhando em torno, ela viu José Antônio ali perto, que se ocupava com mudas de flores, afastado do jardineiro. A oportunidade era ótima. Denise aproximou-se dele sorrindo.

— Como vai, José Antônio? Que mudas são essas?

— São gerânios, professora Denise. Acho que vão ficar lindos quando florescerem. Está procurando seu Benê?

— Sim, mas parei aqui para saber como você está. Tudo bem?

— Tudo. Bastante trabalho, o que é bom, pois não tenho tempo de pensar em coisas que não devo.

— Ah! Você ainda sente falta?

— Às vezes. Porém procuro me controlar. Não posso perder a oportunidade de continuar aqui neste colégio, onde tenho tudo de que preciso: serviço e estudo!

Denise notou que ele estava muito sério, e havia até um vinco em sua testa, que antes nunca vira, e que denotava certa preocupação. Então, ela indagou com suavidade:

— José Antônio, desculpe-me a pergunta, mas gosto muito de você. Sinto que está um pouco tenso hoje. Aconteceu alguma coisa? Soube de algo que o incomodou?

O rapazinho balançou a cabeça e respondeu:

— Não sei de nada! Não sei de nada, professora Denise. Agora preciso trabalhar — disse ele um tanto ríspido, o que era de estranhar.

Não se dando por vencida, ela abaixou-se, como se fosse tocar uma das plantas, depois pegou um cartãozinho e enfiou no bolso do jaleco dele:

— Se precisar de mim, é só me ligar. Não tenha medo. O que me disser ficará entre nós dois somente. Ninguém saberá.

Depois, em voz alta, despediu-se dele:

— Até outra hora, José Antônio!

E afastou-se, indo ao encontro do seu Benê, com quem ficou conversando e rindo por algum tempo, após o que retornou para dentro do colégio com uma braçada de flores. Entrando na sala da diretoria, sentou-se com expressão satisfeita:

— Bingo! Acho que nós vamos ter ajuda, Valéria. Achei o José Antônio muito estranho, preocupado, e disse-me que não pode perder a oportunidade de trabalhar e de estudar. Agora vamos ver o que acontece. Deixei com ele o meu cartão, com o número do meu celular. Algo me diz que ele vai ligar.

No final do dia, retornaram todos para casa, e o colégio ficou vazio, apenas com os vigilantes noturnos. Valéria e Denise foram as últimas a sair. No estacionamento ainda conversaram mais um pouco, e depois cada uma pegou um rumo diferente. Estavam em época do ano que anoitecia mais cedo.

Ainda rindo ao se lembrar de algo que Valéria lhe contara sobre um aluno, Denise tomou o rumo de sua casa. Passando por um bosque, que durante o dia era muito bonito, ainda teve um pensamento de preocupação:

"Esta região é linda, mas não acho interessante passar por aqui à noite. Devem ocorrer muitos assaltos! Não existem casas por aqui, nem lojas comerciais ou lanchonetes, barzinhos ou coisas do gênero. Se Gilberto souber, não vai gostar! Ele já me alertou e realmente deve ser perigoso, mas é o trajeto mais curto para minha casa e tenho pressa de chegar!"

Nesse preciso instante, um vulto pulou no asfalto obrigando-a a frear o carro para não o atropelar. Assustada, ela tremia de medo pensando em como agir com o assaltante. Nesse momento, o vulto tirou o boné que usava na cabeça e abaixou-se para falar com ela.

— Professora Denise, não se assuste! Sou eu, José Antônio! Abra a porta!

Ela prendeu a respiração e fez o que ele mandou. O rapaz enfiou de novo o boné na cabeça e entrou rápido, olhando em torno para ver se alguém o teria visto. Não havia ninguém.

Pondo o carro em movimento, Denise repreendeu-o, séria, soltando a respiração:

— Por que fez isso, José Antônio? Queria me matar de susto?

— Peço-lhe perdão, professora. Porém, achei que era uma oportunidade de podermos conversar mais tranquilamente. Já notei que costuma tomar este trajeto e fiquei esperando-a.

Denise olhou-o e notou que o rapazinho estava falando sério. Trocaram um olhar, e ele prosseguiu:

— A senhora deu-me o número do seu celular e entendi o que queria, porém não posso ligar. É a forma mais fácil de ficarem sabendo dos meus contatos. Se me pegarem, a primeira coisa que irão fazer é rastrear meu celular.

— Eu não sabia. Mas tudo bem. O que vamos fazer agora? Para onde vamos?

— Conheço um lugar onde ninguém nos achará. Onde estamos? — Ele olhou em torno para se situar, depois pediu: — Ah, sim! Vire à direita até o fim do parque. Depois, prossiga reto até um posto desativado.

José Antônio foi orientando-a e não demorou muito chegaram a uma rua escura, quase sem moradias, e as que existiam estavam quase apagadas, apenas uma luz ou outra bruxuleava na escuridão. Ele mandou-a parar o carro, desceu e abriu um portão. Era uma chácara. Entraram, e ela estacionou junto de uma casa de madeira.

José Antônio abaixou-se e pegou uma chave, escondida debaixo de uma tábua meio-solta no piso, abriu a porta, e eles entraram. Na escuridão, ele apalpou a parede, onde havia um armário e, passando a mão pela prateleira, encontrou uma caixa de fósforos e uma vela, que acendeu. Ao ver a luz acesa, Denise respirou mais serena. Ela não gostava de escuridão, sentia-se mal, desconfortável.

O rapaz deu um sorriso e convidou-a a sentar-se numa cadeira. Ela passou a mão, tirando a poeira, e ele voltou a sorrir:

— Lamento, professora Denise, porém foi o melhor lugar que achei para podermos conversar. Não podia expô-la de maneira alguma! Gosto da senhora e sei que também gosta de mim. Mas vamos ao que interessa! Não podemos demorar muito. Minha família pode começar a me procurar, e aí...

— Bem, em primeiro lugar, de quem é esta chácara? Parece abandonada!

— Realmente está abandonada. É da minha família, porém, como tem uma pendência de imposto que não foi pago, a prefeitura tomou a propriedade. Como não temos dinheiro, nada podemos fazer.

— Entendo. Mas vamos ao que realmente interessa. O que está acontecendo? O Paulo não está bem. Ele voltou para as drogas? Pode ser sincero, José Antônio, ninguém ficará sabendo que nós conversamos.

O rapazinho abaixou a cabeça, permanecendo pensativo por alguns segundos, depois a olhou e disse:

— Professora Denise, estamos sendo vigiados por uma gangue. Eles tiveram prejuízos com remessas de drogas vindas de fora e julgam que somos nós os delatores. Mas estamos fora disso há meses! Porém eles julgam que somos os culpados e querem nos cobrar por isso. Paulo teve de voltar a ser usuário para que eles parassem de incomodá-lo. É só o que sei! Nada mais!

Nisso eles ouviram um ruído lá fora e se assustaram, ficando de pé, com o coração a bater acelerado; o rapaz puxou-a para um dos quartos, e eles se esconderam atrás da porta. Pelo vão, viram alguém que entrou na sala e ficou visível à luz da vela.

— Essa não! É um policial! — murmurou ele, apavorado.

Ela olhou pela fresta e respirou aliviada:

— Conheço-o. É amigo e quer nos ajudar.

Puxando-o pela mão, ela saiu do esconderijo. Ao vê-la, o policial arregalou os olhos, mais tranquilo.

— Denise! O que está fazendo aqui?!

— Querido, como nos encontrou? Ninguém sabe que viemos para cá!

— Você me traiu, professora! Por que fez isso? — reagiu o rapaz, com expressão decepcionada.

Denise fitou-o e explicou com sinceridade:

— Não fiz nada, José Antônio! Eu não sabia que o sargento Gilberto, que é meu namorado, estava atrás de nós! Eu juro por tudo o que é mais sagrado! Como nos achou aqui, Gilberto?

O policial ouviu o diálogo entre eles e abriu os braços, tentando explicar:

— Querem me deixar falar? Que droga! Vou explicar. Quando você saiu do colégio, Denise, eu estava chegando para buscá-la. Queria convidá-la para jantar! Porém, antes que pudesse falar com você, eu a vi sair pelo portão e pegar aquele trecho perigoso do parque e fiquei preocupado. Por isso a segui e vi quando esse rapaz fez você parar o carro. Achei que era um bandido, mas mantive uma boa distância para que não me vissem. Depois, foi só segui-los e cheguei até esta chácara. Entenderam?

Denise olhou para o namorado e sorriu:

— Ainda bem que foi você que nos seguiu. José Antônio, o Gilberto só quer nos ajudar. Também está preocupado com o Paulo, entende? Coloque-o a par do que está acontecendo, fale sobre tudo que você já me contou. É bom que ele saiba.

O rapaz, mais calmo, repetiu para o sargento o que dissera para Denise, depois se calou.

— Bem, entendo que a situação é bastante grave, José Antônio. E se fossem os traficantes que encontrassem vocês aqui nesta chácara, o que iria acontecer? — falou Gilberto com expressão muito séria.

Depois, olhou para um e para outro e prosseguiu:

— Percebem em que enrascada estariam? Talvez mortos nesta hora! Não podemos brincar com o submundo do crime, gente! Temos de levar a sério! Vocês sempre acham que a polícia quer ferrá-los, mas nossa intenção é protegê-los!

— O que faremos agora, Gilberto? — indagou Denise.

— Vamos sair sem fazer barulho e sem acender a luz dos carros. É perigoso sair assim na rua, mas quase não há movimento agora. Vocês saem primeiro, e eu vou em seguida. Vamos!

Gilberto apagou a vela e fez um sinal. Com todo o cuidado, José Antônio, que era o menor, esgueirou-se abaixado pela porta, examinando ao redor; depois foi até o portão e fez um sinal para que Denise saísse. Ela pegou o carro e, sem acender os faróis, ligou o motor. Assustada, olhou em torno, porém estava tudo quieto. Abriu a porta, o rapazinho escorregou para dentro fechando-a, e eles saíram na rua deserta. Denise não acelerou o veículo para não chamar atenção. Em velocidade baixa fizeram algumas centenas de metros, e logo viram que Gilberto vinha atrás deles, mas mantendo uma boa distância, para que, se alguém os visse, não pensasse que estavam juntos.

Entrando em uma rua mais movimentada, Denise acelerou o carro. Conforme haviam combinado, tomando o rumo de sua casa, que ficava localizada numa rua deserta, em bairro tranquilo. Chegando perto, ela acionou o portão eletrônico, que abriu sem barulho. O carro entrou na garagem, e eles desceram, aliviados. Denise abriu a porta, e eles entraram. A casa era simpática e acolhedora. José Antônio olhava para tudo, encantado.

—Sua casa é bonita, Denise.

— Também gosto dela, José Antônio. Moro sozinha e ajeitei-a do meu gosto. Minha família mora no interior, e dificilmente eles vêm para a capital. Fique à vontade. Gilberto fez um trajeto diferente para que ninguém o veja vir para cá.

— Bem pensado.

— Aceita um suco, um refrigerante ou outra coisa qualquer?

— Para falar a verdade, estou com fome! — confessou o rapazinho.

— Vamos jantar. Gilberto ficou de passar num restaurante e trazer comida para nós. Temos de esperar um pouco. E sua família José Antônio? Não vai estranhar sua demora em chegar?

— Não, Denise. Eles estão acostumados, desde a época em que eu... Você sabe: quando eu era usuário, chegava muito tarde a nossa casa. Mas tudo isso passou e, desde que comecei a trabalhar na escola, não fumo mais.

— Fico feliz. Gosto de você, José Antônio, e ficaria triste se soubesse que continua sendo usuário. Gilberto está demorando...

Denise pegou o controle e ligou a televisão. Justo naquele horário estava passando o noticiário. Eles ficaram assistindo até que ouviram o barulho de um carro parando na porta. Denise abriu o portão eletrônico, e logo Gilberto entrou com os pacotes do jantar.

— Uau! Que cheiro bom, sargento! — disse o rapaz.

Alguns minutos depois, Denise chamou José Antônio para a sala de jantar, onde ela havia arrumado a mesa. Desacostumado de sentar-se à mesa, pois na sua casa eles pegavam o prato e se acomodavam onde dava, ele sentiu-se envergonhado, mas logo foi colocado à vontade, especialmente por Gilberto, que não era de etiqueta.

Após terminarem de jantar, Gilberto levou-o até sua casa, onde a família deveria estar preocupada. Parou o carro uma centena de metros antes, examinando a rua, para que não vissem o rapaz em companhia dele, especialmente algum amigo que poderia reconhecê-lo como policial.

Depois, tomou o rumo do seu apartamento, localizado em bairro mais central da grande metrópole.

30

ATITUDES

No dia seguinte, logo que chegou ao Instituto de Educação, Denise foi até a diretoria falar com Valéria, a quem colocou a par do que tinha acontecido na noite anterior. A diretora ouviu calada e, quando Denise terminou de falar, comentou assustada:

— Denise, mas você sabe que correu sério risco de vida, não é?

— Eu sei, amiga, porém tudo aconteceu de um jeito que não pude evitar. Foi bom, pois José Antônio entendeu que Gilberto é amigo e só deseja nos ajudar. E agora, qual é nosso próximo passo, Valéria?

A outra balançou a cabeça, mostrando dúvida e, após pensar um pouco, murmurou:

— Denise, talvez seja melhor falarmos com o sargento Gilberto. Ele é o mais indicado para nos auxiliar, pois tem a experiência a seu favor, que absolutamente não temos.

A orientadora concordou com ela. Ligaram para o policial expondo suas dúvidas, sem saber qual a melhor atitude a tomar, nessa altura do problema. O policial, que estava ocupado naquele momento fazendo uns relatórios e não poderia deslocar-se até o colégio, iria assim que terminasse o serviço. Nesse ínterim, sugeriu que falassem com Paulo. Delicadamente, sem assustá-lo, para saber qual a posição do rapaz.

Acatando a sugestão, Denise pediu a uma das funcionárias da limpeza, que estava no corredor, que fosse até a biblioteca e pedisse a Paulo para comparecer à diretoria.

Alguns minutos depois, elas ouviram leve batida, em seguida uma cabeça apareceu no vão da porta:

— Dona Valéria, quer falar comigo?

Com um sorriso, Valéria fez um sinal para que ele entrasse:

— Sim, Paulo! Estava conversando com Denise e tive a ideia de promover uma festa num final de semana para os alunos. O que acha?

Denise arregalou os olhos, surpresa, ao notar a maneira que Valéria encontrara para começar a conversa; depois, virou-se para o rapaz, que se acomodava numa cadeira e, nitidamente, soltou o ar respirando mais tranquilo:

— Excelente ideia, diretora! Como faremos? Quem convidar para fazer o som?

— Bem, pensei em você, Paulo! Já provou, na última festa, que tem muitos recursos, e todos adoraram suas músicas! Aliás, vivem me cobrando para convidar você a tocar num sábado!

Valéria virou-se para Denise, cujo semblante passou de assustado a surpreso, arregalando os olhos e sorrindo. Paulo mostrou-se lisonjeado com o convite e, ao mesmo tempo, preocupado. Ao ver sua fisionomia séria e tensa, Valéria considerou:

— Bem, isso se você aprovar nossa sugestão. Mas vejo-o tão sério, não sei se você gostaria de tocar e cantar para os alunos do colégio. Tudo isso teria uma contrapartida nossa, evidentemente, pois não ignoramos que o aluguel da aparelhagem de som é caro. Além disso, você receberia um cachê do colégio.

A fisionomia de Paulo se abriu num sorriso, mostrando que gostara das condições, mas ao mesmo tempo elas notaram que havia uma sombra por trás daquele sorriso, certamente porque ele não sabia como falar-lhes dos problemas que estava atravessando no momento. Então, Paulo balançou a cabeça, e afinal acabou abrindo o jogo:

— Estou muito agradecido pela lembrança das senhoras, pensando em mim para animar uma festa. No entanto, não sei se seria a época apropriada, entendem? Estou passando por alguns problemas... Difíceis... E não quero envolvê-las nisso, nem ao colégio que amo tanto.

Valéria trocou um olhar com Denise. Estavam emocionadas pelo apreço que ele tinha pela escola. Após alguns segundos, Denise considerou:

— Paulo, desde que chegou aqui você tem sido uma alegria para nós. Não sabemos o que está acontecendo com você, mas pense em nós como amigas que lhe desejam o melhor! Se estiver com algum problema e quiser confiar em nós e se abrir conosco, sabe que muito mais que diretora e vice-diretora, fazendo o trabalho de orientadora educacional, gostamos de você e queremos ajudá-lo. Estamos à sua disposição. Seja o que for que disser, não sairá daqui destas quatro paredes, a não ser com sua permissão.

O rapaz ouviu as palavras de Denise e, após alguns instantes, respirou fundo e desabafou:

— As senhoras sempre me trataram como amigo, mas senti muito mais do que isso; senti que falavam como pessoas que fossem da minha família. Então, vou abrir o jogo. Preciso mesmo falar com alguém, senão acabarei enlouquecendo!

Paulo calou-se por alguns segundos, talvez escolhendo melhor as palavras, depois abriu o jogo:

— Bem, o problema é que o pessoal do tráfico caiu em cima da gente com toda a força, nos ameaçando até de morte, se nós — eu, José Antônio e David Ricardo —, deixarmos de cumprir nossa parte no negócio. Até voltei a comprar e fumar, para que eles acreditassem em mim e me deixassem em paz. Todavia, eles não saem do meu pé! Por isso estou muito nervoso, inquieto e, na verdade, apavorado! Não tenho conseguido nem trabalhar direito! Ler, que era a minha paixão, nem isso consigo mais! Estou a ponto de enlouquecer, acreditem.

Ele abaixou a cabeça e fitou as mãos, que tremiam, segurando-as para não demonstrar tanta fraqueza, mas não conseguiu e pôs-se a chorar convulsivamente. Valéria e Denise puxaram as cadeiras para ficarem mais próximas, deram a volta à mesa e se aproximaram dele, abraçando-o.

— Paulo, você está debaixo de grande tensão! Não admira que não consiga trabalhar ou fazer qualquer outra coisa. Diga-nos! O que podemos fazer para ajudá-lo? Na verdade, ajudá-los, pois José Antônio e David Ricardo também estão nessa situação, pelo que você nos contou!

— Sim, mas eles são mais novos do que eu. Assim, a força do impacto da cobrança "dos caras" vem para cima de mim, como se eu fosse responsável por eles! Não sou! Não sou nem responsável por mim mesmo! E o pior é que não sei o que fazer! Que atitude tomar! Entendem? — os olhos dele mostravam um desespero que as comoveu.

Nesse ponto da conversa, elas trocaram um olhar, e Valéria indagou:

— Paulo, como responsáveis pelo colégio, você nos daria a permissão de buscar ajuda?

Ele parou de chorar, enxugou os olhos, levantou a cabeça e perguntou um tanto tenso:

— Que tipo de ajuda?

— Ainda não sabemos. Vamos pensar na melhor atitude a tomar. Mas acredito que, como responsáveis pelo Instituto de Educação Bem Viver, os pais confiam em nós e, em vista disso, podemos acionar a polícia! O que acha?

Paulo ficou pensativo, estático. Depois murmurou baixinho, como se nem as paredes pudessem escutar:

— Mas a polícia não é só feita de homens dedicados, tem aqueles que estão vinculados ao submundo do crime. Não dá para confiar!

Novamente elas trocaram um olhar, e Valéria insistiu:

— E se tivermos contato com policiais sérios e competentes, de toda confiança?

— Quem, por exemplo?

— O sargento Gilberto. Será que podemos confiar nele?

— Creio que sim. Nada ouvi contra ele. Pelo menos até agora!

— Bem, então, fique calmo. Vamos trabalhar como se você não soubesse de nada. Confie em nós, Paulo.

— Eu confio! Em vocês eu confio!

— Então volte ao seu serviço na biblioteca para que ninguém desconfie. Se perguntarem, diga que queríamos algumas informações sobre os livros mais consultados pelos alunos, porque estamos fazendo uma pesquisa.

Em seguida, elas deram um abraço nele, e Paulo saiu da sala da diretoria e foi para o banheiro, onde lavou bem o rosto, tomou um pouco de água, se recompôs e só então retornou à biblioteca. Ao ser perguntado sobre o que queriam dele, o rapaz deu a desculpa que elas sugeriram. A bibliotecária ficou surpresa, mas gostou da ideia. Fitou-o atentamente, notando seus olhos vermelhos, ao que ele respondeu que um cisco entrara em seu olho, porém já o tirara. Após essa explicação, Paulo acomodou-se em sua cadeira e pôs-se a trabalhar.

Após a saída de Paulo, Valéria e Denise ficaram pensando em como agir sem comprometê-lo. As duas eram concordes que Gilberto deveria saber do que estava acontecendo, porém tinham medo de tornar a chamá-lo ao colégio, porque havia o risco de acharem que Paulo estava dando com a língua nos dentes, o que era um grande perigo para o rapaz. Após refletir, resolveram que o melhor seria que Denise, como namorada, o levasse para algum restaurante, e, de surpresa, Valéria e Maurício aparecessem por lá. Como fosse a única ideia que surgisse, resolveram agir. Conversaram com os namorados e combinaram que eles iriam buscá-las naquela noite, levando-as para jantar fora.

Após o expediente, elas saíram normalmente, despedindo-se no estacionamento. Mais tarde, Maurício e Gilberto passaram para pegá-las em suas respectivas residências. Por volta das nove horas, Maurício chegou com Valéria ao local combinado. A sugestão fora de Gilberto, por ser estabelecimento mais afastado dos demais, com ambiente sofisticado, bem frequentado, e comida muito boa.

Era a primeira vez que Valéria e Maurício entravam nesse restaurante, com vários ambientes. Escolheram uma mesa em local tranquilo, de onde desse para ver quem chegava, e se acomodaram. Pediram sucos e ficaram conversando e beliscando tira-gostos. Cerca de quarenta minutos depois, Denise chegou com Gilberto. Ao topar com Maurício e Valéria, o sargento deu uma risada alta, característica dele:

— Que coincidência! Veja, Denise, quem está aqui!

— Mas não basta passarmos o dia inteiro lado a lado, ainda escolhemos o mesmo restaurante para jantar?!... — disse Denise, rindo da "coincidência".

— Isso é perseguição, Denise! Chegamos primeiro. Sentem-se aqui conosco. Maurício, você conhece o sargento Gilberto?

— Já nos vimos, mas nunca fomos apresentados. Como vai, sargento?

— Tudo bem. Também o conheço de nome, doutor Maurício. Muito prazer!

Após os recém-chegados se acomodarem na mesa, Maurício chamou novamente o garçom, para que eles escolhessem as bebidas, e pediu mais tira-gostos. Depois ficaram conversando, contando piadas e rindo das situações que enfrentavam na área profissional. Deram boas risadas, até que em determinado momento resolveram pedir os pratos. Consultaram o cardápio, trocaram ideias e fizeram os pedidos, depois voltaram a conversar, agora mais serenos. Gilberto murmurou:

— Denise me contou que temos um assunto importante para falar. Aqui não há ninguém suspeito. Conheço as pessoas que frequentam o local e posso garantir que nenhum deles tem algo a ver com nosso problema.

— Muito bem. Então, vamos aproveitar a ocasião. Sargento, o que sugere que façamos? — indagou Maurício, que Valéria colocara a par da situação.

— Temos de ser muito discretos, sempre. Denise comentou do medo que Paulo tem da polícia, afirmando que alguns estão vinculados ao crime. Isso é verdade, mas estamos lhes dando corda e observando-os secretamente para sabermos quem são os chefes. Porém existem aqueles nos quais podemos confiar, sem restrições.

— Se é assim, como agir? Não podemos pôr nossos alunos em risco — considerou Valéria.

— Sem dúvida. Mesmo nós, que somos da polícia, mantemos discrição quanto a esse assunto, para não perdermos a chance de desmascarar os maus policiais. É preferível mantê-los junto de nós, sob nossa guarda, a tornarmos pública a situação e perdermos a oportunidade de saber com quem eles se relacionam no submundo e como agem.

E, assim, conversando, chegaram os pratos; os garçons os serviram e, após pedirem mais sucos e refrigerantes, foram deixados a sós novamente. A refeição correu em ambiente de descontração e alegria, com delicada música tocada ao piano por um contratado da casa, excelente pianista.

Conversaram bastante e, quando a noite chegou ao fim, deixaram o restaurante, satisfeitos com a escolha, agradecendo a Gilberto pela sugestão, que pediu a Denise e Valéria que não deixassem de comunicá-lo ante uma novidade no caso. Elas concordaram, e os casais se despediram na calçada, tomando rumos diferentes, após promessa de retornarem em outra oportunidade, quando precisassem conversar.

Maurício pegou o trajeto para o apartamento de Valéria, pensando que havia um ângulo da questão que não poderia passar sem cuidados adicionais: os acompanhantes desencarnados. Ao vê-lo tão concentrado, Valéria perguntou:

— O que está pensando, querido? Está tão calado! E isso não é normal.

Ele sorriu, depois concordou:

— Tem razão, querida. Pensava que os problemas materiais sempre trazem, por outro lado, os necessitados e desafetos do mundo espiritual. Não há nada que aconteça de que eles não participem.

— Como assim, Maurício? Não entendi.

— Valéria, os desencarnados têm os nossos mesmos problemas e dificuldades. Existem os viciados em bebidas, jogos, sexo, drogas, cigarros, comidas e muito mais.

— Comidas? — ela estranhou.

— Sem dúvida! Você não conhece um comilão? Pessoa que só pensa em comer? No colégio mesmo deve haver alguns!

— Realmente — concordou ela achando graça. — Mas o que isso tem a ver com os vícios?

— Tudo, querida! O que é vício? É uma dependência física ou psicológica de uma droga, um medicamento, uma prática. Seja o que for, pode se encaixar nessa definição que os dicionários trazem.

— É verdade. Pensando assim, falar mal dos outros também é um hábito, que, pela constância, pode virar vício, não é?

— Com certeza. Estávamos falando de encarnados. No entanto, os desencarnados refletem essas mesmas dificuldades, se tiveram esses vícios quando encarnados, pois ninguém muda por um passe de mágica. Continuamos os mesmos após deixarmos o corpo físico. Assim, no outro plano também há os interessados pelo vício, que se utilizam dos encarnados para satisfazer suas necessidades.

— Meu Deus! Não pensei que o assunto fosse tão vasto. Então, nosso problema é bem maior do que parece!...

— Você tem razão, Valéria. Temos de analisar e trabalhar os dois ângulos em que a vida se manifesta. Sabe por quê? Agora, falando do nosso problema que é a droga: os desencarnados que são viciados, se perceberem que podem perder seus auxiliares ou aqueles que os sustentam no vício, irão nos "dedar" para os traficantes. Entendeu?

Valéria ficou pensativa. Maurício viu que ela não havia entendido as implicações do que falara e explicou:

— Querida, os espíritos podem chegar ao ouvido de um traficante que seja mais sensível ao mundo espiritual e dizer: *"Olha, cara, fulano está tramando acabar com o negócio de vocês!"*. O encarnado ouve, pode até não entender direito, mas "sente" mentalmente o que o espírito quis dizer. Ficará com as antenas de pé e dirá aos seus comparsas: "Não sei não, estou com uma impressão de que estão tramando contra nós! Ignoro o que seja, mas algo está acontecendo. Temos de ficar alerta". Entendeu, Valéria, como funciona?

— Sem dúvida! Não se esqueça de que tenho frequentado reuniões mediúnicas, só não havia pensado na amplitude do assunto. Você tem toda razão, Maurício. Precisamos tomar cuidado. Sobretudo pelos rapazes que estão conosco no colégio.

Maurício concordou e estacionou o carro diante do portão do prédio dela. Haviam chegado.

— Não vai subir, querido?

— Hoje não, querida. Preciso procurar ajuda com os nossos amigos da casa espírita e vou telefonar logo, já que não é tão tarde. Sei que Cícero não dorme cedo, fica lendo. Vou aproveitar para falar com ele. Amanhã nos veremos. Durma bem.

Eles trocaram um beijo carinhoso, e Valéria entrou. Maurício ainda acenou para ela, depois partiu, desaparecendo na noite.

31

SOCORRO ESPIRITUAL

Chegando a sua casa, Maurício só deixou o molho de chaves na mesinha da sala, arrancou os sapatos, acomodou-se no sofá e tirou o telefone do gancho ligando para Cícero, o responsável pela reunião mediúnica que ele e Valéria frequentavam.

— Alô?

Ouvindo a voz amiga, o médico sorriu, dizendo algumas palavras gentis:

— Cícero, boa noite! Maurício! Como está? Ainda lendo, como de hábito?

— Boa noite, Maurício! Que satisfação! Você tem toda razão, ainda estou lendo. É uma obra que me recomendaram, realmente excelente. Mas o que manda, meu irmão?

— É um problema que está havendo no colégio de Valéria, Cícero. Mas vou lhe explicar rapidamente, conquanto a situação seja complicada. Estão acontecendo algumas situações estranhas...

E passou a relatar a Cícero a situação do colégio, em relação aos três jovens que cumpriam determinação da justiça em razão do vandalismo ocorrido há meses. Explicou a condição dos rapazes, que, tendo deixado de usar drogas, agora tinham virado alvo dos traficantes. Nesse ponto, Cícero o interrompeu para perguntar:

— Entendo. Mas o que você deseja de nós, especificamente, em relação a esse problema, Maurício?

— Vou lhe explicar! É um caso muito sério e complicado. E sabemos como os irmãos desencarnados também se interessam por essas questões, em especial os ligados aos traficantes, não é? Então, gostaria de pedir-lhe que, se for possível, se lembrasse deste caso na nossa próxima reunião. Assim, pelo menos, se tivermos auxiliado alguns desencarnados, a situação material ficará bem mais fácil, concorda?

Cícero deu um sorriso e respondeu:

— Agora entendi o que você deseja. Tem toda razão, Maurício. Se pudermos socorrer irmãos desencarnados ligados a esse caso, e sempre os há, o ambiente já começará a mudar para os encarnados. Lembra-se daquela outra reunião, em que uma entidade ligada a você e à Valéria se comunicou?

— Exatamente, Cícero. Foi pensando nisso que lhe liguei, amigo. Se puder nos ajudar, será ótimo, e lhe ficaremos muito agradecidos.

— Maurício, o que pudermos fazer estou à disposição. Vai depender dos amigos espirituais, naturalmente. Porém tenho certeza de que eles nos auxiliarão. Aliás, acho que eles já estão preparando o socorro. Só o fato de você procurar-me já é indício de que estão programando a nossa próxima reunião mediúnica. Conte conosco! Jesus não deixará de nos socorrer neste momento tão difícil.

Maurício respirou mais livremente, satisfeito, e completou:

— Amigo Cícero, obrigado pela sua disposição em nos auxiliar. Que o Senhor o ampare sempre. Não quero mais tomar seu tempo. Boa noite, irmão!

— Boa noite, amigo! Pode contar conosco sempre que precisar. Um abraço!

Maurício ouviu o sinal característico do telefone sendo desligado e, após colocá-lo no gancho, descansou a cabeça no sofá, agradecendo a Deus, a Jesus e aos espíritos amigos por ter conseguido falar com Cícero, que entendera sua preocupação.

Pensou em ligar para a namorada, porém lançou um olhar para o relógio de pulso e percebeu a inconveniência. Certamente, naquele horário, Valéria já estaria dormindo. Não queria acordá-la, especialmente para falar de problemas espirituais, que se referiam também aos desencarnados, porque aí é que ela não o deixaria dormir. Então, colocou o pijama, preparou-se para dormir e acomodou-se no leito, pegando o *Evangelho Segundo o Espiritismo*, na mesinha de cabeceira, para ler. Abriu ao acaso e sorriu. Era o início do capítulo 25, que tinha por título: "Buscai e achareis". E a página trazia a lição: "Ajuda-te, e o céu te ajudará".

"Pedi e se vos dará; buscai e achareis; batei à porta e se vos abrirá; pois todo aquele que pede recebe, e quem procura acha, e se abrirá àquele que bater à porta.

Qual é o homem dentre vós que dá uma pedra ao filho quando lhe pede pão? Ou, em lhe pedindo um peixe, dá uma serpente? Se, pois, sendo maus como sois, sabeis dar boas coisas aos vossos filhos, com quanto mais forte razão, vosso Pai, que está nos Céus, dará os verdadeiros bens àqueles que Lhe pedirem."[4]

---

4. Mateus, 7: 7-11. Em: KARDEC, Allan. *O Evangelho Segundo o Espiritismo*. Tradução de Renata Barboza da Silva e Simone T. Nakamura Bele da Silva. São Paulo: Petit, 1997. p. 250.

Maurício tomou-se de intensa emoção diante desse texto evangélico que ele tão bem conhecia, que, porém, naquele momento, demonstrava, sem a menor dúvida, a assistência dos generosos amigos espirituais que os estavam ajudando nessa dificuldade. Sentindo um delicioso arrepio percorrer-lhe o corpo todo, ele entendeu que tudo seria resolvido, pois auxílio do Alto não iria faltar, em benefício dos encarnados e dos desencarnados tão necessitados, que certamente seriam socorridos.

Então, Maurício leu a página toda e, depois, fechando o luminoso livro, apagou a luz de cabeceira e, fechando os olhos, orou sentidamente:

— Querido Mestre Jesus, receba minha gratidão por tudo o que sempre tenho recebido das Tuas mãos generosas, o socorro constante que sinto no consultório diante de um paciente mais necessitado, também e especialmente no hospital, quando entro na sala de cirurgias para fazer uma operação cirúrgica num paciente. Nunca deixo de me preparar através da elevação do pensamento, com profundo respeito, consideração e carinho por aquele irmão que ali está dependendo de mim e sei que as Tuas bênçãos me envolvem com amor. Não raro, após uma cirurgia difícil, quando tinha dúvidas de que teria êxito, a extraordinária e bendita bondade divina tem me socorrido sempre, e tudo transcorre bem, o paciente se recupera, até em tempo recorde. — Ele parou por alguns instantes enxugando os olhos, depois prosseguiu, de vistas para o Alto: — Assim, só posso agradecer a Deus, a Jesus e aos espíritos amigos, que nunca deixaram de auxiliar-me nesses momentos difíceis. Mas peço-lhes também pelo problema ligado ao Instituto de Educação Bem viver, de Valéria, que tem lutado bastante para que tudo transcorra bem, a benefício de alunos, professores e suas famílias, que ela ama tanto e que fazem parte de sua vida. Por isso e por tudo o mais, muito obrigado, Senhor!

Após o término da prece, bocejou, já com os olhos pesados de sono, e escorregou para debaixo das cobertas, dormindo em seguida. Não demorou quase nada e já estava desperto em espírito, agora sem quaisquer vestígios de sono. Levantou-se, animado, saindo de sua casa, um belo casarão construído por seus pais quando ele ainda nem tinha nascido. Liberto do corpo, seguindo seus interesses, tomou o rumo do apartamento de Valéria, um pouco preocupado com ela. Lá chegando, notou que sua inquietação não era destituída de razão. Dentro do apartamento, também havia entidades desencarnadas, as mesmas que estavam envolvidas com Valéria e que a perseguiam com tenacidade.

Aproximou-se delas, que não perceberam a presença dele e continuaram a conversar. Nesse momento, estabeleciam novas atitudes para atormentarem a dona do apartamento. Preocupado, Maurício deu dois passos em direção dos desencarnados, desejando conversar com eles. Nesse instante, notou radiosa entidade feminina que surgiu e se aproximou, fazendo-lhe um sinal. Maurício a seguiu e foram para a varanda, onde ficariam sozinhos, ao mesmo tempo observando o que acontecia. Com delicadeza, a gentil senhora identificou-se como Leontina, avó materna de Valéria, e disse:

— *Não ignoro sua preocupação, meu irmão. Todavia, temos de aguardar para que outros envolvidos se façam presentes.*

Maurício estava emocionado diante da bela entidade. Acomodaram-se nas cadeiras da varanda e puseram-se a conversar. Desejando entender a situação, ele indagou:

— Irmã Leontina, então está programada uma reunião para esta noite?

Com suave sorriso, a dama explicou-lhe:

— *Sem dúvida! Não podemos esperar mais. O tempo urge. Alguns irmãos nossos, profundamente necessitados, estão preparando um ataque contra minha neta Valéria, que vai lhe provocar grande*

preocupação, com reflexos no colégio que ela dirige e com todos os demais auxiliares, sejam professores ou atendentes.

Maurício ouviu, preocupado, e, refletindo no assunto, considerou:

— Posso imaginar de que lado venha esse ataque. É através dos traficantes?

— *Exato, meu irmão. Todavia, temos elementos nossos que acompanham os irmãos do tráfico, por terem sido ligados às famílias deles. Assim, essa é uma oportunidade que não podemos dispensar. Eles devem estar chegando.*

Continuaram conversando, e, alguns minutos depois, a bondosa Leontina e Maurício viram, da varanda onde eles estavam, um grupo de entidades adentrarem a sala onde já se mantinham os demais espíritos. Maurício reconheceu dois senhores, que ele já vira na reunião mediúnica da qual participava. Um deles dera o nome de Galeno, e o outro era Aléssio. Aproximando-se, Leontina e Maurício cumprimentaram os recém-chegados, sorridentes, e Galeno explicou:

— *Fico contente de estarem aqui, caros Leontina e Maurício. Vamos começar a trabalhar tão logo nossos auxiliares tragam alguns irmãos necessitados e outro introduza Valéria.*

Puseram-se a conversar, falando da ação conjunta preparada por eles, de modo a socorrer entidades necessitadas de esclarecimento que em instantes dariam entrada no ambiente, o que aconteceu. Três servidores do plano espiritual chegaram com três entidades que, pela expressão dos olhos, não sabiam onde estavam e observavam tudo, surpresas e inquietas. Nesse instante, Galeno considerou que era o momento de dar início à reunião. Então, fez um sinal para um dos companheiros que ali estava, o qual imediatamente entrou no quarto voltando com Valéria, em espírito. Ela olhava para todo lado, estranhando aquela quantidade de pessoas ali no seu apartamento. O servidor acalmou-a, dizendo-lhe que era para seu bem.

Então, elevando a fronte para o Alto, Galeno orou, de maneira clara e sintética, para que todos pudessem acompanhar suas palavras e a intenção com a qual elas foram pronunciadas:

— *Deus, Pai amoroso e bom, Senhor da Vida e da Seara! Aqui nos reunimos com nobre intenção de socorrer alguns irmãos extremamente necessitados de ajuda espiritual, que se fazem presentes. Ampara-nos, Senhor Jesus, para que possamos realizar com amor a tarefa que nos foi conferida pela Tua bondade imensa. Que nosso coração e mente, entrelaçados no fraterno desejo de auxiliar nossos irmãos mais necessitados, possam ser induzidos a realizarmos o melhor, através do socorro às entidades necessitadas, de modo a poderem começar nova etapa de experiências, agora conscientes do que lhes compete modificar no íntimo, para se tornarem dignos trabalhadores da Tua Seara, Jesus. Que o Senhor nos abençoe os propósitos de elevação e reajuste!"*

Terminada a oração, que envolvera a todos em emanações de paz e harmonia, Galeno indagou a uma das entidades de menor condição vibratória:

— *Caro Irmão Rualdo, solicitamos sua presença nesta oportunidade, para podermos conversar sobre assuntos que o interessam muito de perto particularmente.*

Irritado por ter vindo contra sua vontade, Rualdo resmungou:

— *Não sei o que possa me interessar nesta reunião. Nada tenho a ver com ninguém que aqui está. Quero ir embora e sei que é meu direito! Por isso, solte-me, eu ordeno!*

Sem se alterar, Galeno sorriu e respondeu:

— *Como não, meu irmão? Há algumas entidades aqui que certamente o irmão conhece! Olhe em torno de si!*

Assim ordenado, Rualdo passou os olhos flamejantes sobre a pequena assistência. De repente, ele parou, tornou a olhar e espantou-se:

— *Como? Está aqui presente minha bisavó Leontina?*

A dama, sem parecer estar surpresa, aproximou-se dele com sorriso amoroso:

— *Meu querido Rualdo! Pediram-me que aqui viesse, pois você também estaria. Não ignoro que comanda muita gente, porém agora você está aqui apenas como meu pequeno e querido bisneto* — disse a carinhosa dama, que sorriu e abraçou-o com infinito amor. — *Por certo, está a precisar de melhores cuidados, meu bisneto. Vejo-o tão abatido! Venha, vamos conversar.*

Pela elevada vibração de Leontina, que o envolvia e o comandava, ele não podia negar-se ao pedido dela. Acompanhou-a, docilmente, sem titubear.

Galeno sorriu, murmurando para os que ficaram:

— *A superior hierarquia espiritual de Leontina não permitiria que ele não lhe obedecesse. Agora, podemos ficar mais tranquilos. Vejamos os outros!* — E Galeno chamou os outros três, Vírus, Mutum e Brejão, para dialogar.

— *Meus irmãos, talvez não tenham percebido, porém aqueles jovens com os quais se relacionam e que estão trabalhando no colégio que pretendem destruir são amigos de vocês, quando não familiares. É assim que tratam seus entes queridos? Brejão, não reconhece o José Antônio, que trabalha no jardim do colégio? E você, Vírus, olhe bem para o David da lanchonete. E você, Mutum, não notou na presença de Paulo algo de familiar, de conhecido? Quero que vejam quem são esses jovens que estão tentando destruir.*

Galeno fez um gesto, elevando a nobre fronte, e as três entidades arregalaram os olhos, acompanhando cenas que Galeno criara, como num processo de cinematografia terrestre. Interessante, nesse processo, é que cada um enxergava imagens relativas à própria vida passada. Aos poucos, eles foram se deixando envolver, visualizando as imagens que surgiam à sua frente. Em poucos minutos, estavam chorando de emoção e encantamento pela realidade que se patenteava aos seus olhos. Os três, que haviam sido irmãos na última existência, desencarnaram com raiva de algumas pessoas que os prejudicaram, depois os mataram barbaramente, ficando com seus haveres. Por essa razão se aliaram a Rualdo, espírito mais experimentado no mal, chefe de uma grande falange que ele usava para prejudicar os que não aceitavam sua sugestão de se filiarem aos tóxicos.

O primeiro a conseguir falar, contendo a emoção, foi Brejão, que observava as cenas com os olhos marejados de lágrimas:

— *Estou pasmo! Jamais poderia imaginar que José Antônio tivesse sido meu familiar! Lembro-me agora de quando éramos primos, em outra existência, no século 19. Ele sempre me amou, protegeu, acalmou meus receios. Como pode estar "assim" agora?*

Essa interrogação de como pode "estar assim agora" teve o dom de despertar em Brejão a criatura amorosa e digna que ele sempre fora e da qual se havia esquecido. Caindo em prantos, Brejão prometeu a si mesmo que iria mudar, queria ajudar José Antônio, primo a quem muito tinha amado em outros tempos.

Ouvindo o que dizia Brejão, foi vez de Vírus cair sentado com as mãos cobrindo o rosto, em emocionante confissão:

— *Como pode ser? Lembro-me, do David de hoje como um amigo muito querido há dois séculos. Trabalhávamos na construção de um palácio e ficamos estreitamente unidos. Recordo-me que quando ele morreu fiquei sozinho. Não tive família, pois logo cedo me aprisionaram, tornando-me cativo, e nunca mais o vi. Confesso que embora eu tivesse outras duas encarnações, nós não nos encontramos mais. E eu, sem saber por que, sentia falta de "alguém", que não conseguia identificar nas pessoas com as quais convivi depois. Obrigado, Senhor! Obrigado por teres me trazido o amigo de volta!*

Para finalizar, Mutum, que era o mais arrogante dos três, de repente lembrou-se de Paulo e, também invadido por emoção diferente e única em suas lembranças, reviu o tempo em que conhecera Paulo, com outra presença e indumentária diferente. Eles viviam numa aldeia muito pobre, e Mutum era filho de um nobre proprietário de terras, muito rico, e morava num palácio soberbo. No entanto, ele gostava de estar junto dos filhos dos escravos, uma vez que não tinha amigos na aristocracia. Assim, gostava de brincar com Paulo, que era um pouco mais velho, porém que o estimava bastante. Até que um dia, não gostando dessa convivência, seu pai mandou matar Paulo, para separá-lo do seu filho. Queria que o pequeno brincasse com crianças da sua condição social, não com o filho de um escravo. Agora, lembrando dessa passagem, Mutum entendeu por que diziam que ele era o mais arrogante dos três. Também vencido pela emoção, Mutum olhou para Paulo, sentado num banquinho, com as mãos segurando a cabeça, e disse:

— *Como pude tornar-me tão cruel com alguém de quem eu gostava tanto? Como pude esquecer-me do quanto fomos amigos? Que Deus me perdoe, e Paulo também, pelos males que lhe causei! Não quero mais ter raiva de ninguém, quero ser amigo de todos! Especialmente de Paulo, que foi meu companheiro querido.*

Nós, ali presentes, estávamos emocionados com os depoimentos dos três espíritos. Também nos emocionamos com eles abraçando os três rapazes, que não entendiam direito o que estava acontecendo, mas compreenderam que ficariam livres do vício.

Assim, Galeno encaminhou cada um para local de atendimento onde permaneceriam até estarem totalmente recuperados e em condições de auxiliar outros que, como eles, precisavam vencer o vício das drogas. Nossa cara Leontina, abraçada ao bisneto Rualdo, que se mantinha emocionado, também o acompanhou ao local de recuperação, junto com os demais. A nobre Leontina colocou-lhe a mão na cabeça, que ele mantida inclinada e pensativa, considerando:

— *Querido bisneto Rualdo, não se inquiete. Sei que está preocupado com seus companheiros, aqueles que há muito tempo lhe obedecem e respeitam. Não se inquiete! Eles também estão sendo socorridos, e logo poderá vê-los.*

Rualdo levantou os olhos fitando a bisavó querida e agradeceu, aliviado:

— *Obrigado, querida bisavó Leontina. Não queria que eles ficassem sozinhos. Apesar de tudo, ainda sinto-me responsável por meus comandados.*

Após esse momento de emoção, os encarnados retornaram para seus leitos, satisfeitos por terem podido participar do socorro aos espíritos necessitados.

Então, com a colaboração de Galeno e de nós, os jovens que o acompanhavam, tudo ficou mais fácil, e já conseguíamos vislumbrar as primeiras claridades do Sol vencendo a noite e trazendo paz para muitas pessoas.

Acompanhando Galeno, estávamos igualmente emocionados, elevando os nossos pensamentos ao Alto, suplicando a Jesus que os libertasse do vício. Assim, em ambiente de muita alegria e descontração, partimos de volta ao nosso lar na espiritualidade: Céu Azul!

32
PROGRAMANDO AÇÃO

Na manhã seguinte, Maurício despertou sentindo que algo de muito importante acontecera durante a noite, no entanto não conseguia se lembrar, por mais que se esforçasse. Não demorou muito, recebeu uma ligação da namorada. Valéria dizia, após cumprimentá-lo com carinho:

— Maurício, esta noite tive um sonho extraordinário, maravilhoso! Você não vai nem acreditar!

— Acredito sim, querida! Creio que participei do mesmo sonho, mas não me recordo de nada! Uma pena, por certo. Porém, tenho a certeza de que muitos espíritos foram socorridos — afirmou ele, sorrindo satisfeito.

— Também conservo essa certeza. Lembro-me de que muitas pessoas participaram desse encontro! Engraçado que, em determinado momento, vi minha avó Leontina! Por que ela estaria fazendo parte do "meu" sonho? Não tem lógica! — terminou com estranheza.

— Pois tenho certeza de que sua avó Leontina estaria ali para ajudar alguém. Talvez fosse até você mesma!

— Ah, mas não preciso de socorro, Maurício!

— Como não, Valéria? Quem é que tem se assustado com os sonhos? Quem é que às vezes não dorme porque ouve espíritos? Quem é...

— Chega, Maurício! Você já me convenceu. E não quero mais falar sobre isso, senão vou ficar assustada o resto do dia. Agora preciso sair correndo. Tenho reunião logo cedo no colégio. Desejo-lhe um lindo dia, querido!

— Para você também, meu amor.

Desligaram, e cada um foi para suas respectivas tarefas. Valéria chegou ao Instituto de Educação em cima da hora para a reunião, que começaria uma hora antes do início das aulas. Correu até sua mesa, pegou uma folha com anotações e foi diretamente à sala dos professores, local da reunião. Encontrou os professores tomando um café e aguardando-a.

Entrou, desejando um bom dia para todos e, pegando um cafezinho, sentou-se à cabeceira da grande mesa, tendo Denise à sua direita. Sem mais delongas, passando o olhar pelos professores, explicou que gostaria que fossem fazendo suas colocações na ordem e de modo que fossem sintéticos, gastando o menor tempo possível, para que não houvesse mais gasto de tempo do que o necessário, prejudicando os alunos.

— Bem, comecemos pela minha esquerda. Amélia, o que você tem para nos dizer, reclamar, sugerir etc.?

— Valéria, com exceção do Luizinho, que, vez por outra, tem atitudes estranhas, nada tenho a reclamar da minha turma. Mesmo ele é uma graça de garoto! Gostaria de pedir que fossem adquiridos mais livros para a idade deles. Outro dia vi numa livraria novas obras excelentes publicadas. Também estamos programando um passeio no fim do mês e gostaria de saber se há possibilidade de o colégio arcar com as despesas do ônibus.

Valéria olhou para a tesoureira, que deu sua opinião:

— Creio que esses gastos, por serem reduzidos, não irão pesar para os pais. Mesmo porque a escola perdeu muitos alunos e precisa evitar gastos — disse e, após sua colocação, olhou para Valéria, que concordou com um gesto de cabeça e, depois, fez uma ressalva, afirmando que, para os alunos de menor condição financeira, ou o colégio pagaria ou rateariam com os pais de melhor condição. Os demais professores acharam que, para quem tinha dinheiro, gastar um pouco a mais não iria pesar no bolso. Resolvido esse assunto, passaram a outro.

Assim, cada professor foi falando sobre o que precisava e, na medida do possível, foi sendo atendido. Os do 1º ano pediram que fossem construídos novos banheiros numa área mais perto das salas, pois as crianças tinham dificuldade em chegar até o local dos banheiros, inclusive, precisavam de chuveiros e tudo o mais para a higiene e cuidado das crianças. A petição foi aprovada sem reservas.

O professor Rogério, de uma sala de 6º ano, solicitou que o colégio contratasse, pelo menos por uns dois dias por semana, um psicólogo, pois ele tinha alunos que precisavam de atendimento especializado. E citou que um deles ficava alheio às aulas, muitas vezes até falava sozinho. Quando era questionado sobre o que estava acontecendo, dizia que não era nada, que estava apenas conversando com alguém.

— E estava mesmo? — indagou uma professora.

— Não. Ele falava sozinho, gesticulava, dava risadinhas. E, quando chamado à atenção, ele pedia desculpas e parava. Antes fazia um gesto, como se ordenasse alguém que parasse de falar.

Os demais professores acharam graça, porém Valéria disse que já sabia a solução para casos assim. Como todos demonstrassem estranheza, ela explicou que o namorado dela, Maurício, poderia resolver esse problema. Alguém deu risada e ponderou:

— Que eu saiba, seu namorado é médico e cirurgião plástico, não psicólogo!

Todos caíram na risada, inclusive Valéria, que explicou:

— Maurício não é psicólogo, mas entende bem desses problemas. Porém, contratar uma pessoa nessa área não está fora de questão. Podemos pensar nisso, sim. Existem alunos com outras dificuldades, que precisam de atendimento. Alguém tem algo mais a acrescentar?

Como ninguém mais tivesse nada para falar, a reunião foi encerrada, com o agradecimento da diretora a todos os presentes. Bem a tempo! Quase no mesmo instante, tocou a campainha alertando para o início das aulas.

Uma professora franzina, magra e de rosto pálido, mas simpático, segurou o braço de Valéria e disse que precisava falar com ela, ao que a diretora respondeu com certa reserva:

— Flávia, mas acabamos agora nossa reunião, e você já falou de seus problemas.

— Sem dúvida, Valéria. Mas tenho um assunto que não queria falar na frente dos demais.

Valéria balançou a cabeça e concordou, afirmando que falariam no término do expediente para que Flávia não chegasse atrasada à sua sala, e a professora concordou. Assim, ao meio--dia, logo após tocar o sinal do término das aulas, elas se encontraram na diretoria.

— Muito bem, Flávia. Pode falar, mas seja rápida, pois tenho um compromisso daqui a pouco.

— Valéria, é muito grave o que vou lhe contar e creio que deve ficar entre nós, por gentileza.

— Tudo bem, Flávia, pode falar!

A professora respirou fundo, depois disse medindo bem as palavras:

— Valéria, já fui usuária de maconha.

— O que você disse, Flávia?!...

— Isso que você ouviu. Já fui usuária de drogas, hoje não sou mais. Pode mandar fazer qualquer exame, e isso será comprovado. Nunca lhe contei porque temia que não confiasse em mim para assumir uma turma. E se você tiver algo contra meu trabalho, peço-lhe que me diga agora!

— Não. Nada tenho contra você, Flávia. Já não é mais usuária?

— Não. Há muito tempo. Foi difícil, mas consegui e estou limpa. Tenho até um médico que pode testemunhar a meu favor, pois foi ele que me ajudou até eu ficar livre do problema.

— Tudo bem. Então, prossiga, Flávia.

— É o seguinte. Há algum tempo, venho notando gente estranha por perto do colégio. Não disse nada a ninguém porque não os conhecia e não poderia fazer uma reclamação sem base sólida. Outro dia, porém, vi um desses estranhos — aliás, muito simpático —, falar qualquer coisa para um aluno meu que passou por ele. O garoto virou-se, deu risada e depois pegou algo que o estranho estava lhe dando.

— E o que você fez? — indagou Valéria, preocupada.

— Na hora, nada. Não tinha razões para julgar o que acontecera com meu aluno, pois tem pessoas que realmente gostam de crianças e são gentis com elas; se tiverem algo na mão, eles dão. Sentem prazer em agradar às crianças. Mas, nesse caso, como o aluno fosse meu, deixei que ele entrasse e, na hora do recreio, segurei-o um pouco na sala, depois lhe perguntei o que ele ganhara daquele homem antes da aula. Ele me respondeu que era uma bala! Pedi para ver, alegando que adoro balas e gosto de colecionar papéis, desculpa que inventei na hora. Ele sorriu e mostrou-me a bala. Fingi estar muito interessada por ela, dizendo que "esse papel" eu não tinha na minha coleção. Caio deu risada achando muito engraçado alguém se interessar por papel de bala. Prometi a ele que, se me desse "aquela" bala, eu lhe compraria um pacote inteiro do tipo de bala que ele quisesse.

Valéria, que ouvia de olhos arregalados, perguntou:

— E ele? Aceitou a oferta?

— Sem dúvida! Acha que um garoto iria deixar de aceitar tal proposta? Ainda mais porque o papel da bala dele nada tinha de especial.

— Continue. Estou ansiosa, Flávia.

— Ele aceitou minha proposta, deu-me a bala e fiquei de trazer o pacote de balas da marca que ele mais apreciava, que era de chocolate. Assim, chegando a minha casa fui examinar a bala e vi que, aparentemente, nada tinha de estranho, até que, pegando uma lupa, notei um furo quase imperceptível de um dos lados; a bala era macia, destas que crianças gostam de morder. Então, peguei uma faca afiada e a cortei pelo meio. Dentro havia um líquido diferente. Cheirei e era droga.

— Meu Deus!... — exclamou Valéria, ficando branca de susto.

— Também tive a mesma reação. Fiquei pasma! E muito preocupada, pensando em quantas crianças já teriam sido abordadas por aquele "simpático sujeito".

Valéria ligou para Denise pedindo-lhe que viesse à diretoria.

— Sim, Valéria. Estou acabando de resolver um problema aqui no pátio e irei em seguida.

— Venha agora, Denise! — ordenou, deixando a outra preocupada com o que estaria acontecendo. Mais do que a ordem, a voz de Valéria a impressionou.

Em poucos minutos Denise entrou na sala da diretoria. Estranhou encontrar Flávia. Nenhuma das professoras estava mais no colégio.

— Quer falar comigo, Valéria?

— Sim. Sente-se. Temos um problema grande a resolver. Ouça o que Flávia acabou de me contar. Por gentileza, repita tudo o que me disse.

A professora repetiu tudo da mesma maneira, deixando Denise de olhos arregalados e expressão de quem não podia nem acreditar que isso estivesse acontecendo debaixo de suas vistas.

— Isso acontecer tão próximo ao colégio, Flávia! Que horror!...

— Exatamente, Denise. E só desconfiei por já ter sido usuária e saber como eles trabalham. São ardilosos e não perdem oportunidade de aumentar seus dependentes. Mesmo que sejam crianças! Porque as crianças não têm dinheiro, mas roubam dos pais, de irmãos, de amiguinhos, pegam coisas de casa para vender.

Valéria estava branca como cera. Tinha a pele clara, mas agora parecia até transparente. Ela indagou:

— Quando isso aconteceu, Flávia?

— Ontem. Bem cedinho. Poucos alunos já haviam chegado. Mas entrei e não sei até por quanto tempo o homem ficou ali. Mesmo porque, o colégio tem duas entradas, não é? — considerou Flávia.

Valéria ficou pensando. É verdade! O Instituto de Educação Bem viver, localizado em uma quadra de tamanho menor, tem entrada para uma rua e saída para outra, e os alunos entram por aquela que lhes seja mais conveniente. Depois completou:

— É verdade, embora grande parte dos alunos entre pela parte dos fundos do colégio, onde se concentram os vendedores de pipocas, doces e sorvetes. De qualquer modo, temos de deixar alguém de sobreaviso. Denise, acho bom ligar para a polícia.

Imediatamente Denise ligou e lhe informaram que Gilberto estava fazendo uma diligência. O atendente a avisou que deixaria o recado na mesa dele para ligar de volta assim que chegasse. Denise concordou, mas, logo em seguida, achou que a situação exigia atitude de urgência e ligou para o celular dele, que não atendeu. Deveria estar ocupado. Então, Denise deixou uma mensagem avisando-o de que realmente precisavam dele no colégio.

Ainda estavam conversando, quando Gilberto bateu na porta. Denise atendeu surpresa com a rapidez com que ele viera, e ele explicou que a diligência que estava realizando era em local próximo do colégio. Ele se acomodou e o colocaram a par do que Flávia contara.

Gilberto balançou a cabeça, preocupado, depois quis saber como era o sujeito.

— Tinha a pele clara, bastos cabelos pretos, fisionomia simpática, que ninguém julgaria ser de um traficante. Um homem normal.

— Como ele estava vestido, Flávia?

— Calças *jeans*, camisa bem clara, quase branca, e uma jaqueta de couro.

— Tinha alguma característica especial? Um tique, um cacoete, uma marca, óculos? Algo que pudesse identificá-lo entre outros?

Flávia pensou bem, meneou a cabeça negativamente:

— Não. Ele é normal, como qualquer outro homem. Pensando bem, pareceu-me ter olhos claros, mas não tenho certeza.

— Já é um indício importante. E o que ele calçava?

— Ah, sargento! Não acha que está exigindo demais? Não sei! Como, num relance apenas, eu poderia notar todos esses detalhes?...

— Flávia, pois saiba que são esses pequenos detalhes que, não raro, ajudam a identificar alguém. Faça uma forcinha. Vamos, lembre-se de algo! Como ele estava calçado?

A professora pensou um pouco e respondeu:

— Estava de tênis. Mas não eram tênis comuns. Eram aqueles de couro, mais elegantes, que parecem sapatos.

— Ele tem gostos caros! — Gilberto comentou rindo. — Está vendo como vamos descobrindo as coisas, Flávia? Algo mais de que se recorde e que possa identificá-lo?

— Não. Acho que eu já disse tudo o que sabia.

— Onde ele estava quando você o viu?

— Quando eu estava chegando, ele mantinha-se encostado num carro. Depois, vendo a criança se aproximar, ele foi mais para o meio da calçada para abordar o menino.

— Pode me dizer qual a marca do carro?

— Creio que era uma perua Volkswagen prata.

— Ano?

— Não sei. O senhor está exigindo muito de mim. Se eu fosse homem, com certeza saberia.

Gilberto deu uma grande risada, dizendo:

— Não custa tentar, não é? Bem. Desculpe-me, professora. Você já colaborou bastante. Vamos combinar. A que horas costuma chegar ao colégio pela manhã?

— Por volta de sete horas e quarenta e cinco minutos.

— Bem. Amanhã, faça-me uma gentileza. Chegue no horário que costuma chegar e observe se o cara está no mesmo lugar. Vou deixar um policial de sobreaviso, alguém que eles não conheçam. Eu, infelizmente, sou muito manjado. Com esse tamanho não posso passar despercebido!... Entendeu, Flávia?

— Sim, sargento. Pode deixar. Se ele estiver na área, eu o identifico e aviso.

— Muito bem. Vou passar-lhe o número do policial que vai estar lá.

Ele anotou o número num bloquinho e passou o papel para a professora. Após fazer mais algumas observações para Flávia, despediu-se.

Valéria, Denise e Flávia estavam tão passadas que não conseguiam nem conversar mais. Despediram-se e saíram do colégio. Era hora de almoçar.

Nesse instante, pensando nisso, Valéria lembrou:

— Mas e o turno da tarde? Também precisa de alguém que fique em observação. Que falha a nossa!

Imediatamente ligou para Gilberto, que prometeu mandar alguém também no turno da tarde. E lhe garantiu que, na polícia, havia pessoas que ninguém sabia que eram policiais, alguns até bem jovens, facilmente confundidos com alunos.

— Não se preocupe, diretora. Vai dar tudo certo.

33
AÇÃO DECISIVA

Naquela tarde, tudo continuou normal. O policial, responsável pelo turno, nada notou de estranho. E Valéria começou a achar que talvez tivessem exagerado sobre o caso, que poderia ser apenas um ato solitário. À noite, ela e Maurício foram à reunião mediúnica. Durante o percurso, conversaram, e Valéria contou-lhe o que acontecera na parte da manhã, deixando-o muito preocupado.

— Querida, as providências têm de ser urgentes! Não podemos brincar com uma situação dessas, que é da maior gravidade.

— Eu sei, querido, e já tomei todas as precauções. Inclusive, à tarde, Gilberto mandou um policial para ficar observando. Se você o visse, não acreditaria! É um rapazinho de aparência jovial, e imagino que deve passar completamente despercebido pelos traficantes! Ele está mais para usuário do que para policial.

— Fico inquieto com você enfrentando tantos problemas, Valéria. São situações muito difíceis, e temos de ser rápidos para agir. Isso me preocupa!

— Maurício, há quantos anos fundei esse colégio permanecendo na direção? Não sou uma mocinha desavisada, que não conhece nada da vida. Sou adulta, dona de meus atos e, ao longo do tempo, tenho resolvido qualquer situação!

Maurício deu risada, completando:

— Desde que não seja aluno tendo comportamentos estranhos ou se lembrando de outras vidas, não é?

— Confesso minha ignorância a respeito dessas coisas espirituais, porém, agora, enfrento tudo numa boa!

Maurício deu uma risada gostosa e respondeu:

— Eu sei, querida. Agora você enfrenta tudo... Mesmo durante a noite, não é? Por falar nisso, quem foi que me telefonou outro dia?

— Maurício, você está insuportável! Nunca mais vou ligar pra você à noite! Vou resolver meus problemas, sozinha, entendeu?

— Entendi. Só não esqueça o telefone da sua amiga Celeste, porque aí estará mesmo por sua própria conta — disse ele, dando outra risada.

— Ai, meu Deus! Não sei como aguento você, Maurício!

— Porque me ama, querida. Só por isso.

— Tem razão. Mas um dia ainda lhe dou o troco por tudo isso.

— Não, querida, você não pode fazer tal coisa. Afinal, é cristã e espírita. E Jesus nos ensinou a não revidarmos as ofensas. Mas, afinal, não a ofendi tanto assim, não é?

— Não, meu amor. Aguento tudo porque te amo. Ainda bem que estamos chegando à casa espírita.

Após estacionar o carro, eles entraram no ambiente do centro, sentindo o bem-estar que lhes inundava a alma de paz e harmonia. Dirigiram-se para a sala de reuniões mediúnicas, àquela hora ainda quase vazia. Somente Cícero e duas companheiras se faziam presentes. Acomodaram-se no lugar de costume e fizeram uma ligeira oração particular, depois se puseram a ler uma página de O Evangelho Segundo o Espiritismo. Logo todos os lugares estavam tomados.

Cícero deu início à reunião, convidando-os à prece, que pediu a um rapaz para fazer. Depois permaneceram com os pensamentos elevados, em atitude íntima de oração, aguardando o que iria acontecer. Logo um dos médiuns levou um susto. Afundou a cabeça, como se tivesse medo de ser visto. Cícero, atento, perguntou o que tinha acontecido e por que ele estava com medo, ao que a entidade, em voz baixa, respondeu:

— *Xiiiiii! A polícia está vindo aí! Preciso me esconder! Se eles me pegarem, estou frito!*

— Não se preocupe, meu irmão. Aqui, conosco, você está seguro. Mas o que aconteceu para ter tanto medo da polícia?

— *É... que eu estava... passando... droga, e alguém chegou. E agora? O que faço? Não posso ser visto!...*

— Fique tranquilo. Aqui não tem perigo. Mas por que não arruma outra ocupação?

— *Somos obrigados a fazer, não sabe? Os "chefes" não nos perdoam, se não "trabalhamos".*

— Ah, entendi. Mas onde você está? Perto do colégio? — sugeriu Cícero, intuitivamente.

— *Sim. Ali tem muitas crianças e jovens. E os "chefes" se interessam por eles.*

— E você acha certo isso? Afinal, todas as crianças e jovens têm direito a uma vida saudável, não é?

— *Eu sei, mas somos obrigados a obedecer. Eles mandam em nós! São mais fortes e têm poder. Todos nós somos viciados. No início*

eles nos dão um pouco da droga; depois, quando estamos dependentes, exigem que trabalhemos para eles de modo a ter o que precisamos.

— Compreendo. Mas e se conseguirmos livrá-los deles? Aceitariam?

— *Não sei...*

Notando a dúvida da entidade, Cícero perguntou o nome dele.

— *Rui.*

— Muito prazer em conhecê-lo, Rui. Fazemos parte de um grupo poderoso e que protege seus amigos, entende? Assim, se quiser ficar conosco, será muito bem tratado.

— *Ah!... E quem é o chefe?*

— É Jesus.

Ouvindo esse nome, Rui sentiu um abalo íntimo. Afinal, estava trabalhando contra Jesus. Abaixou a cabeça e considerou:

— *Acho que vou participar do grupo de vocês. Afinal, não posso ficar contra Jesus, não é?*

— Muito bem pensado, Rui. Vou chamar alguém que o levará até onde estão nossos companheiros. Fique tranquilo. Você fez uma escolha perfeita e terá toda a ajuda de que precisar. Olhe em torno e verá os amigos espirituais que o ajudarão a sair dessa situação. Que Jesus o abençoe, meu amigo!

Assim, após o jovem Rui despedir-se, tudo ficou em silêncio.

Pouco depois, um senhor de uns sessenta anos começou a sentir-se mal; acusava forte dor no coração e muita tontura, temendo até cair da cadeira. Cícero, pedindo a todos os componentes a reunião que mantivessem elevação de pensamentos e de intenções, começou a conversar com a entidade.

— O que houve, meu irmão? Parece que você está doente, passando mal. O que aconteceu?

A entidade, que gritava de dor, respondeu:

— *Não vê que estou com muita dor? Chame alguém para me socorrer, por caridade!*

— Não se preocupe. O socorro já está chegando, meu irmão. Aliás, o trouxeram aqui para ser ajudado. Certamente, são amigos seus!

— *Não sei. Quando dei por mim, eu estava aqui neste lugar, que não conheço.*

— Mas o quê você pretendia fazer?

— *Não sei. Acudam-me! Acudam-me!* — gritava a entidade, de dar pena.

Cícero ouvia as palavras do desencarnado, porém, tendo dúvidas, informou:

— Meu irmão, eu vi você chegar acompanhado de muitos outros. O que pretendia fazer?

— *É verdade. Eu queria acabar com este lugar aqui! Mas, não sei o que houve, agora não posso nem me mexer, pois sinto uma dor terrível no coração. Acudam! Socorram!...*

— Está vendo, meu irmão? Você está pedindo por socorro justamente a nós, que você pretendia destruir. Percebe como são as coisas? Deus, nosso Pai, o está ajudando, quando você queria destruir este local de orações e que só tem ajudado tanta gente. Mas não se preocupe. Está chegando alguém com maca para levá-lo ao hospital. Fique tranquilo, terá um tratamento muito bom, médicos irão atendê-lo, e logo estará curado.

Vendo a maneira como estava sendo tratado, o espírito pediu desculpas e afastou-se em lágrimas. Logo em seguida, uma jovem sentiu a presença de alguém muito violento e que desejava destruir tudo o que ali estivesse. Recebido com carinho por Cícero, vomitava palavras carregadas de ódio e de desejos de vingança.

— *Vocês pensam que vão nos vencer? Temos muita gente trabalhando conosco. Pensam que ficarão livres de nós? Vocês nos prejudicaram no passado, nos tornaram viciados em ópio... E, não contentes com isso, nos roubaram e depois nos torturaram, para, enfim, nos matarem. Agora estão aí, fingindo-se de bonzinhos, de corretos, amantes da lei e da ordem!*

O espírito parou de falar por momentos, depois prosseguiu rancoroso:

— *Vocês nunca vão se livrar de nós, ouviram? Nunca! Jamais esqueceremos o que fizeram conosco. Agora vão ver o que temos preparado para vocês. Serão derrotados pelo próprio veneno! Hoje não é mais o ópio que domina aqui, porém as condições são semelhantes. Queremos ver vocês presos, atrás das grades como criminosos!* — concluiu, dando uma gargalhada.

Cícero, cheio de piedade pela infeliz entidade, murmurou:

— Seja bem-vindo, meu irmão. Que Jesus te abençoe sempre. Vejo que está ferido; você sofre, tem o peito aberto, de onde o sangue ainda escorre. Podemos ajudá-lo! Temos aqui perto um hospital, onde você poderá ser atendido por médicos, enfermeiros e terá remédios para aplacar sua dor. Temos água limpa para você e os seus tomarem, comida, leitos macios e aquecidos... Aceite nossa ajuda, meu irmão.

— *Não sou seu irmão! Sou um infeliz que sofre até agora, quando nossos inimigos estão bem e levando uma vida boa. Isso é justo?!...* — gritou, com ódio.

— Meu irmão, seus inimigos estão em melhor condição que você, porque aprenderam que o ódio só destrói a criatura. Sabem que agiram mal e suplicaram a Deus uma nova oportunidade para refazerem a vida. Querem reparar os danos que lhes causaram... — Cícero fez uma pausa, refletindo, depois intuitivamente argumentou:

— Vocês sabem que ela agora toma conta de crianças, não é? Valéria tem um colégio em que ajuda a todos que prejudicou outrora! E ele, Maurício, é um médico cirurgião que repara os danos que causou ao torturar pessoas. Percebe que eles estão procurando fazer o melhor? Somente vocês, que não conseguem perdoar, ainda os perseguem. Pense, meu irmão! É a bondade divina se fazendo presente e ajudando-os a reconstruírem tudo o que destruíram outrora.

A entidade permaneceu calada por alguns instantes, depois murmurou rancorosa:

— *Mas eu não consigo perdoar...*

— Eu sei — considerou Cícero —, e é por isso que ainda sofre. Aceite nossa ajuda. Vocês são muitos e precisam de socorro. Além disso, onde está sua família, meu irmão? Você a tem visto?

A infeliz entidade balançou a cabeça negativamente, e Cícero prosseguiu:

— *Pois sua família e as dos seus companheiros estão aqui, desejando aproximar-se de vocês. Procure observar ao seu redor! Peça a Jesus para ver seu pai, sua mãe! Diga: Senhor, quero ver minha mãe, meu pai!... Minha esposa, meus filhos!*

Nesse instante, uma luz se fez no ambiente, e, aproximando-se do desventurado espírito, uma senhora envolta em branda claridade abraçou a entidade que chorava.

— *Meu filho, graças a Jesus, me foi permitido estar aqui presente nesta noite de bênçãos!*

E a radiosa entidade o envolvia com seus braços, falando-lhe ao coração:

— *Herculano, meu filho querido, aceite esta hora bendita que lhe é concedida para sua recuperação. Estamos ao seu lado, e agora nada mais nos há de separar. Aceite a bênção desta hora, e nada mais terá a temer. Seu pai está aqui, seus irmãos e também sua esposa querida...*

— *Elaine está aqui também?!...*

— *Sim. Venha conosco!... Não perca esta oportunidade que o Senhor da Vida lhe oferece, filho meu!*

— *Estou muito cansado, minha mãe...* — a infeliz entidade murmurou.

— *Repouse, meu filho. Quando despertar, tudo estará diferente.*

O comunicante deitou a cabeça, exausto, e os benfeitores espirituais o retiraram colocando-o em uma padiola, para ser conduzido ao hospital. Nesse instante, a bondosa senhora olhou para o seleto grupo que ali se reunia, fitou o dirigente da reunião, com sorriso carinhoso, depois agradeceu a todos:

— *Meus irmãos, que Jesus os abençoe! Após longo tempo, conseguimos socorrer nosso filho Herculano, que debalde tentamos fazer que aceitasse perdoar aqueles que o haviam prejudicado outrora. Graças ao Senhor, nesta noite, finalmente exausto de tanto ódio, ele capitulou. Recebam nossa gratidão eterna! E coloco-me à disposição dos amigos para auxiliá-los em qualquer situação em que precisem de assistência. Que o Senhor os abençoe! Muita paz!...*

Doces emanações de harmonia, fraternidade e gratidão invadiam a todos os participantes da reunião, que se emocionaram até às lágrimas.

Após uma prece, a reunião foi encerrada, sob as bênçãos que desciam do Alto e envolviam em júbilo os componentes da mesa. Valéria e Maurício agradeceram a todos pelas vibrações e pela ajuda. Despediram-se dos amigos, cheios de gratidão.

Retornando para casa, Maurício e Valéria conversavam, confessando-se impressionados pela ligação que se fizera entre ambos, e até pela atividade profissional de cada um, que demonstrava a necessidade de reparação, conforme a Lei de Causa e Efeito.

O jovem casal quase não conseguia falar, refletindo sobre tudo o que acontecera naquela noite abençoada. Finalmente, Maurício virou-se para Valéria e considerou:

— Querida, você entende até onde vai nossa responsabilidade pelos atos do pretérito?

— Teve um momento da reunião em que senti que vários espíritos reencarnarão por nosso intermédio, de modo a sanarmos os débitos contraídos com eles. Herculano é um deles.

— Exatamente. Tive idêntica impressão. Então, temos de pensar seriamente em nosso casamento. O que acha?

— Concordo com você. E, diante de tudo o que ouvimos nessa última reunião, creio que não podemos perder mais tempo!

Eles se abraçaram em lágrimas, sentindo as bênçãos daquele momento, em que ainda estavam envolvidos por queridos amigos espirituais.

Nós, os componentes do grupo espiritual de Céu Azul, trocamos um olhar e sorrimos satisfeitos. Tudo caminhava bem.

34

DECIDINDO O FUTURO

No colégio, Valéria e Denise estavam muito preocupadas. Resolveram solicitar ao corpo docente que fizesse uma enquete com seus alunos, de forma simulada, para ter ideia de quantos teriam sido abordados por alguém oferecendo alguma coisa: balas, chocolates, pirulitos etc.. Naturalmente, os alunos não deveriam saber a razão das perguntas, evitando-se citar a condição dos "doadores", para não vinculá-los às drogas. O resultado da enquete indicou que mais seis crianças, de idades variadas, receberam os tais "agrados". Perguntado a cada um quem lhes dera balas ou chocolates, configurou-se que, pela descrição, eram pessoas diferentes, em número de pelo menos três.

Levado ao conhecimento do sargento Gilberto a ação da escola quanto aos "passadores", o policial reagiu com grande preocupação:

— Senhora diretora! Denise! Percebem que, por ansiedade, poderiam colocar a perder tudo o que já foi feito até agora? Se os traficantes ficarem sabendo que o colégio está alertado para esta questão das drogas, vocês poderão ter problemas!

— Como assim? Que tipo de problemas? — quis saber Valéria.

— Ameaças, por exemplo. E já vimos que, para calar a boca de alguém, eles costumam eliminá-lo. Quando não, o mantém sob pressão emocional, ameaçando a família e criando pânico.

— Mas... E agora? O que fizemos não pode ser mudado, Gilberto — retrucou Denise, preocupada.

— Eu sei. Então, vamos aguardar. Mas gostaria de saber o que vocês apuraram.

Valéria passou-lhe os dados que tinha em mãos. Gilberto examinou rapidamente e notou que o modo de operar dos traficantes era mais amplo, visto que acrescentaram pirulitos mastigáveis, chocolates, paçoquinhas, além das balas, naturalmente. E um dos garotos ganhou uma embalagem de suco.

— Interessantes os resultados. A embalagem de suco é novidade até para o Departamento de Polícia. Bem, vamos aguardar. Mas, por gentileza, não façam mais nada para nos ajudar. Deixem que a polícia faça seu trabalho. Afinal, somos pagos para isso.

As duas concordaram, prometendo não interferir.

No dia seguinte, o sargento Gilberto foi até o colégio e comunicou à direção do Instituto de Educação Bem Viver que haviam levado a efeito uma ação nas cercanias da escola e apreendido dois rapazes e um chefe ligado ao tráfico. Os detidos estavam agora na Delegacia de Polícia, prestando esclarecimentos e, certamente, ficariam presos, pois tinham sido pegos com uma quantidade razoável de drogas. Inclusive naquele veículo, citado pela professora Flávia, que fora levado para averiguações, tinha no bagageiro uma grande quantidade de drogas: maconha, *crack* e cocaína.

Valéria, surpresa, lhe perguntou se era normal transportarem tanta droga, ao que Gilberto informou:

— Não, não é normal. O veículo tem um grande espaço de bagagem, tudo muito limpo, sem nada. Mas nossos experientes policiais rasgaram com um canivete o fundo e, debaixo, encontraram as drogas. Creio que, para estarem com tal quantidade, é porque iriam repassá-la a algum traficante. Caso contrário, não sairiam assim carregados, arriscando-se a perder tanto produto.

Denise respirou fundo, elevando as mãos para o Alto:

— Graças a Deus! Felizmente estamos livres desse pesadelo que estava me tirando o sono. E agora, Gilberto? O que vai acontecer? Eles ficarão presos?

O sargento ajeitou-se melhor na cadeira e considerou:

— Nunca se sabe. Normalmente, os traficantes são muito bem instruídos por seus advogados, o que dificulta a ação da justiça. Mas vamos torcer para que, desta vez, consigamos deixá-los atrás das grades.

— E quanto ao colégio? Saberão eles que ajudamos a polícia? — indagou Valéria, preocupada.

— Não. Em momento nenhum se tocou nesse assunto. Eles sabem que estavam trabalhando em cima dos alunos do colégio, mas ignoram nossa ação no sentido de prendê-los. No momento que passamos por eles com a viatura, como se fosse uma ação de rotina, paramos. Ao abrir o bagageiro do veículo, configurou-se a criminalidade. Eles foram presos em flagrante, o que dificulta a ação dos advogados.

Denise respirou fundo, satisfeita com o desfecho da questão:

— Que alívio! Então, Gilberto, nenhum dos nossos alunos foi envolvido.

— Exatamente. Não existe nada que ligue algum aluno à droga. Especialmente neste caso.

— Mas, então, por que a polícia abordou o traficante?

Gilberto deu uma risada gostosa e explicou:

— É que, ao passarem pelo veículo em questão, os policiais notaram que havia um farol quebrado. Pararam, pediram a carteira de habilitação do motorista, que estava vencida, e o documento do carro, o licenciamento do veículo relativo ao presente ano, não fora pago.

— Quer dizer que eles foram pegos por outros problemas?!...

— Sem dúvida! Assim, nada que envolva o colégio.

Caíram os três na risada, pensando: Deus sabe o que faz!

Tirado esse peso dos ombros da direção e dos professores, tudo começou a caminhar melhor. Até o ambiente parecia completamente diferente. Em todos os lugares havia paz, harmonia e uma grande alegria.

Após os meses de trabalho compulsório, os três rapazes, José Antônio, David Ricardo e Paulo, não sabiam o que iria acontecer com eles. Haviam feito muitas amizades no colégio, e agora ninguém mais se lembrava de que eles estavam ali por terem cometido um ato de vandalismo contra a escola.

Certo dia, Valéria chamou-os à sala da direção. Os três rapazes entraram um tanto preocupados. Não sabiam o que ela queria com eles. Denise se entretinha a arrumar alguns livros quando eles chegaram. Valéria, ao vê-los entrar, sorriu:

— Acomodem-se, rapazes! Muito bem. O tempo de vocês aqui terminou, sabem disso, não é?

Os três balançaram a cabeça, tristonhos.

— O que pretendem fazer agora, isto é, quando saírem do colégio?

Eles trocaram um olhar preocupado, mas mantiveram-se calados. Afinal, Paulo limpou a garganta e disse:

— Diretora Valéria, eu, particularmente, não sei o que fazer. Gostaria de entrar para uma banda, em que poderia ganhar algum dinheiro, mas tenho dúvidas! Quando a gente sai do mercado de trabalho, logo é esquecido. Enfim... Realmente não sei o que fazer.

Os outros dois, de cabeça baixa, tinham os olhos úmidos.

— E você, José Antônio? Tem algo em vista?

O rapazinho apenas balançou a cabeça, negativamente.

— David Ricardo? Já pensou no que vai fazer?

O rapaz passou a mão pelos cabelos encaracolados e respondeu:

— Não, senhora.

Então, cheia de piedade e carinho para com os três garotos, que chegaram de uma maneira tão triste, mas ganharam o coração de professores e alunos, disse:

— Bem, pensei que vocês já haviam decidido o que fazer ao deixar o colégio. Como estão em dúvida, tenho uma solução. Que tal continuarem aqui, como alunos?

— Seria ótimo! Mas não temos dinheiro para pagar as mensalidades, diretora Valéria — respondeu Paulo, com voz tristonha.

— Não perguntei se vocês têm recursos para pagar as mensalidades. Perguntei se querem continuar aqui como alunos!

— Claro que queremos! — eles responderam surpresos.

— Pois muito bem. Vocês serão matriculados nas turmas correspondentes e, ao terminarem o ciclo básico, ficarão trabalhando aqui, tendo direito a um salário, podendo se matricular em outro colégio para fazer algum estudo pelo qual tenham preferência. O que acham?

— Acho bom demais para ser verdade, diretora Valéria! — disse Paulo.

— O que você gostaria de fazer depois, Paulo? — ela indagou.

— Ah, eu amo música, mas amo também os livros. Tenho de pensar!

Todo sorridente ao ouvir a indagação da diretora, exclamou David Ricardo:

— Nem posso crer em tanta maravilha, diretora! E já sei o que vou fazer depois. Um curso de Gastronomia! Quero aprender a cozinhar bem e, quem sabe, montar um restaurante.

Denise trocou um olhar com Valéria, e ambas riram, emocionadas.

— Tenho certeza de que você será um excelente cozinheiro, David. Parabéns pela escolha. Esse ramo está muito em evidência no momento.

Depois, olhando para José Antônio, que ainda não dissera nada, Denise perguntou:

— E você, o que deseja fazer, José Antônio?

O rapazinho pensou um pouco, respirou fundo, depois respondeu:

— Eu amo tanto as plantas, as flores, que quero trabalhar com elas. Tem algum curso neste sentido, diretora?

— Sem dúvida! Botânica. E você leva jeito para isso. As plantas, sob suas mãos, ganham mais vida! — exclamou Denise.

Ele baixou a cabeça, envergonhado:

— Será, professora Denise? Quem tem mãos boas é o nosso jardineiro, seu Benê. Mas, eu?

— Engano seu, José Antônio. O próprio seu Benê, outro dia, me confidenciou que você tem mãos mágicas! Tudo o que você planta, cresce e se desenvolve com rapidez e beleza.

— Ele disse isso mesmo?
— Disse sim. Por isso, pode acreditar. E sabe o que faz tudo crescer em suas mãos e brotar com rapidez?
— Não.
— É AMOR. Na vida, tudo em que pusermos amor com certeza prosperará.

José Antônio sentiu que as lágrimas brotavam de seus olhos e reconheceu:
— Pois coloco mesmo muito amor nas plantas. E quero aprender a cuidar ainda mais delas. Obrigado, professora Denise. Muito obrigado.

No término dessa conversa mantida com os três "problemas" que haviam recebido há meses, após um ato de vandalismo que julgara ser o pior que lhe poderia acontecer, Valéria sorriu e confidenciou:
— Vocês entraram aqui através de uma situação que me tirou o chão, literalmente. Para mim, foi insuportável, terrível, porque causou destruição no meu colégio, e ver aquilo que amamos destruído, sujo, é algo que nos marca bastante. No entanto, vocês se mostraram jovens excelentes, nada tendo a ver com aquela destruição toda.

Valéria olhou para cada um dos rapazes que tinha à sua frente e prosseguiu:
— Com o tempo, apeguei-me a vocês, que sinto como se fossem meus filhos do coração. Assim, podem contar comigo sempre, para o que precisarem. Não importa a hora, a razão ou o quê estejam precisando. Contem sempre comigo. E tenho certeza de que Denise pensa da mesma forma.
— Exatamente! Aprendi a amá-los e a querer o melhor para vocês, como se fossem meus irmãos ou meus filhos. Contem comigo também.

Os três estavam tão emocionados que as lágrimas desciam pelo rosto deles. Mas nem se preocupavam. Sabiam que aquilo era natural, resultado do amor que sentiam, eles também, por essas professoras.

Valéria levantou-se, contornou a mesa e, abrindo os braços, disse:

— Agora, quero um abraço de cada um!

Eles abriram os braços e se abraçaram às professoras, felizes e aliviados. E tiveram certeza de que nunca, mesmo que os anos passassem, eles se esqueceriam daquele momento.

Tudo caminhava bem. A paz parecia envolver a todos, alunos, professores e funcionários.

O ano estava caminhando para o fim. Era preciso programar a festa de encerramento das atividades, como sempre faziam no fim do ano letivo.

Com a aprovação de todos, escolheram realizar um *show*, do qual Paulo seria o organizador, além de músico e cantor. Quando comunicaram essa decisão ao rapaz, ele ficou eufórico! Nem podia acreditar que confiassem nele a tal ponto de colocá-lo como responsável pelo evento. Consultado se aceitaria, ele respondeu:

— Caramba! É claro que aceito! E sinto-me muito agradecido pela confiança que a direção colocou em mim. Farei o melhor possível!

Deram autorização para que ele contratasse uma banda e cuidasse de tudo o que fosse necessário para a ocasião, o que Paulo fez com extremo carinho.

No dia da colação de grau para os alunos que haviam terminado o primeiro e o segundo graus haveria também a festa de encerramento. Tudo preparado, começaram a chegar as famílias dos alunos e demais convidados, que se acomodaram nas cadeiras, que haviam sido colocadas na quadra de esportes, ao ar livre.

A noite estava maravilhosa. O céu limpo deixava ver uma lua cheia esplêndida. A temperatura mais quente era quebrada por branda aragem, tornando o momento bastante agradável. Na hora aprazada, Valéria subiu ao palco e, dando as boas-vindas a todos e desejando-lhes um boa-noite, deu sequência à cerimônia de colação de grau, para satisfação dos alunos. Ao término da parte formal, desfez-se a mesa, e os professores desceram do palco. Valéria, com o microfone na mão, disse com muita alegria e descontração:

— Paulo, agora é com você!...

O rapaz, que se mantinha discretamente num canto do palco, aproximou-se, pegou o microfone e deu início ao *show*. Os músicos da banda subiram, se posicionaram, e Paulo cantou algumas músicas, depois, foi chamando alunos que tinham se candidatado a também apresentar algum número. Para finalizar, Paulo chamou uns trinta alunos, que subiram ao palco e, posicionando-se em duas fileiras, cantaram lindas melodias, em três vozes, que Paulo ensaiara e que agora dirigia como maestro. Encerraram com a "Canção da América", de Milton Nascimento.

Ao término, a emoção era tanta que muitos choravam, e o auditório todo aplaudiu de pé a apresentação. Paulo também tinha os olhos nublados de lágrimas, assim como José Antônio e David Ricardo. E, para concluir, entregaram um ramalhete de flores para Denise e Valéria, que os abraçaram com muito amor.

Valéria, com o ramalhete no braço, agradeceu a todos pela presença, afirmando:

— Certamente, esta festa de fim de ano ficará em nossas lembranças como a melhor que já tivemos! Obrigada, Paulo! Obrigada aos nossos alunos pela apresentação! Desejamos um Feliz Natal e um Ano-Novo repleto de amor e paz para todos!... E felizes férias! Vocês bem merecem, pelo esforço realizado durante todo este ano!...

Todos se abraçaram, satisfeitos, muitos trocando endereços para se reencontrar durante as férias. As famílias dos três jovens agradeceram ao colégio pela oportunidade que lhes tinham dado, de continuarem na escola, agora como alunos.

Era tarde quando, aos poucos, os participantes foram saindo, até que só permaneceram os responsáveis pelo colégio e pela festa. Valéria e Denise se despediram dos três rapazes com muito carinho, colocando-se à disposição deles caso precisassem de algo no período de férias. Ao que Paulo respondeu pelos três:

— Obrigado por tudo, diretora Valéria e Denise! Mas já nos deram mais do que precisamos. Agora, podem ter certeza de que sabemos como agir e nunca mais vamos errar novamente. Não como erramos no início do ano. Podem confiar. Hoje, somos diferentes daqueles que as senhoras conheceram um dia na Delegacia de Polícia.

Trocaram longos abraços, e, emocionados, Paulo, José Antônio e David foram embora. Maurício, Gilberto, Denise e Valéria respiraram profundamente, felizes pela bênção daquela noite, pelo trabalho realizado durante o ano, pelas suas vidas e pelo Ano-Novo que iria chegar e que lhes traria novas experiências.

Despediram-se do vigilante, que apagaria as luzes e que permaneceria fazendo a segurança do colégio. Depois, cada um retornou para sua casa, com a tranquilidade da missão cumprida.

35

EPÍLOGO

Uma onda de paz envolvia a todos os personagens desta história. Contentes com a solução encontrada para ajudar os rapazes, Valéria e Denise respiravam aliviadas.

Teriam agora um abençoado tempo de férias, de modo a repararem as energias gastas durante o ano letivo, que fora diferente em muitos aspectos, exigindo análise criteriosa dos fatos e abrindo-lhes o entendimento para um justo exame das situações. Com a Doutrina Espírita, agora lhes clareando a mente e iluminando-a por meio dos conceitos com vistas ao entendimento de Deus, como perfeição absoluta, criador do Universo e, sobretudo, como amor infinito para com toda a criação, pai de bondade para com seus filhos, imperfeitos, mas criados para a perfeição, não importando o tempo gasto nesse trajeto. A Lei da Reencarnação mostrava-lhes que cada espírito retorna sempre para o meio no qual errou, com o objetivo de reparar os danos causados e aproximar-se daqueles aos quais prejudicou no passado, segundo a Lei de Causa e Efeito ou Lei de Ação e Reação. Dessa forma, fica mais fácil entender os problemas familiares, as diferenças entre irmãos, pais e filhos, mães e filhas, vice-versa, e até entre alunos e professores. E, para mudar esses relacionamentos, só usando o recurso do amor incondicional que, um dia, aprenderemos a utilizar nos aproximando das pessoas.

Sob esse ponto de vista, viam agora a espiritualidade não apenas como os dicionários conceituam, como "qualidade do que é espiritual; grande religiosidade; misticismo", mas como a crença das doutrinas na sobrevivência da alma e na comunicação entre os encarnados e os desencarnados, mediante a mediunidade.

Mas vai além. Entendiam também como espiritualidade ou mundo espiritual a região que se estende da Terra e avança pelas esferas do espaço infinito, mostrando ao espírito liberto outras realidades, consoante suas condições morais e espirituais.

Abaixo, ficam as regiões inferiores, conforme o pensamento do ser espiritual que se lhe vincula pelos sentimentos nocivos exteriorizados e pela emoção desequilibrante com que atinge àqueles que se envolvem em baixas faixas vibratórias, passando a conviver com os seres com os quais tem afinidade, pois semelhante atrai semelhante.

Assim como aqueles que buscam a Luz se iluminam pelas vibrações amorosas, positivas, agradáveis, que expandem o amor que já adquiriram, através do socorro, da ajuda que dão aos espíritos mais necessitados, que ainda vivem nas trevas, alijando de si as vibrações magnéticas nocivas que trouxeram da última encarnação no planeta.

Agora, elas viam tudo sob outro prisma, não mais considerando alunos e professores como pessoas cheias de defeitos e problemas, porém como seres em estágios evolutivos diferentes e que, não importa o tempo gasto nesse esforço, seriam melhores no futuro, mais conscientes, mais responsáveis e mais amorosos.

No início do novo ano letivo, após o descanso das férias, Valéria e Denise aguardavam, com as professoras, os pequenos alunos para vê-los chegar. O objetivo era que as crianças, vindo pela primeira vez, pudessem conhecê-las e se tornassem amigas desde o início. Brincavam com elas, conversavam e, vez por outra, notavam alguma diferença em algumas delas.

Chegando uma garotinha de quatro anos, Luísa, reclamou da sua colega Marta, de cinco. A mais velha queria mexer nas coisas da mais nova, que reagiu:

— Tia Valéria, diga para Marta que ela não pode mexer nas minhas coisas! Ela pode quebrar, e eu não gosto. Se ela insistir, vou comunicar à mãe dela! Afinal, todos nós temos os nossos direitos, não é?

A pequena falou com tanta firmeza e seriedade, que Valéria ficou perplexa. Achando-a diferente, chamou-a num canto para conversar. Sentou-se com Luísa num banco e, notando-lhe certa maturidade que não condizia com sua idade cronológica, perguntou-lhe, sem se preocupar com a idade dela, o que gostaria de estudar quando crescesse, e a garotinha respondeu:

— Eu quero ser médica, para aprender a curar doenças.

— É mesmo? E você vai fazer cirurgia também? — indagou Valéria.

— Vou, sim. Mas o que quero mesmo é trabalhar num laboratório para descobrir remédios que curem as pessoas.

— Ah!... Muito bem, Luísa. Tenho certeza de que você vai conseguir. Parabéns!

A pequena desceu com dificuldade do banco, que era alto, e correu para onde estavam seus coleguinhas. Valéria, perplexa, pensou que este ano com certeza seria movimentado e cheio de experiências novas. Resolveu que faria uma enquete com as crianças menores, indagando o que elas gostariam de ser quando crescessem.

Daquele momento em diante, passou a conversar com cada uma delas, de maneira bem descontraída, fazendo-lhes perguntas. Grande parte respondeu conforme via na vida real ou na televisão. No entanto, várias delas deram respostas extremamente interessantes: "Quero estudar música, pois eu nasci para ser pianista." (Lorena, quatro anos). "Quero construir prédios para as pessoas morarem. Vou ser engenheira." (Marta, quatro anos). "Vou ajudar os indígenas. Eles precisam de escolas, e vou morar com eles na mata." (Renato, cinco anos). "Nasci para ser maestro. Da outra vez que 'aqui estive', não consegui porque fiquei doente e morri. Agora, vou conseguir." (Pedro Hugo, quatro anos e meio).

Uma das crianças, garoto de quatro anos, afirmou: "Vou ser matemático. Gosto de trabalhar com números". Ao que Valéria, mostrando-se interessada, perguntou-lhe se tinha facilidade com continhas, se já aprendera alguma coisa, ao que ele respondeu: "Meu irmão, que está no 8º ano, quando precisa de alguma resposta de matemática, ele pergunta para mim. Ontem mesmo, ele queria saber sobre a raiz quadrada de um número, e eu respondi, porém depois mandei que ele estudasse em vez de me perguntar". (Cláudio, quatro anos).

Estas foram algumas respostas que obtiveram de crianças dentro da faixa etária de quatro a seis anos. Elas mostraram saber o que desejavam e que se esforçariam para realizar o planejado. Algumas, inclusive, citaram encarnação anterior.

Ali presente, o nosso grupo de jovens de Céu Azul encantou-se com os meninos e meninas, especialmente com aqueles que já demonstravam uma condição espiritual melhor, e, pelo olhar, mas especialmente pela coloração da mente, podíamos detectar a elevação desses espíritos.

Os nossos irmãos encarnados têm de estar abertos às novas necessidades das crianças. Espíritos preparados estão renascendo para trazer novas luzes ao planeta Terra. São crianças especiais, chamadas crianças índigo, em virtude da coloração da aura que apresentam quando vistas por médiuns videntes.

Assim, acreditamos em um mundo melhor e que a Terra está passando por uma transição de modo a ascender na hierarquia dos mundos, deixando de ser Mundo de Provas e de Expiações para ser Mundo de Regeneração. Temos de colaborar com as nossas condições de modo a auxiliarmos nas mudanças que são aguardadas neste Terceiro Milênio.

Que Jesus nos auxilie de modo a podermos ajudar com nossas condições aos que precisam de socorro e de assistência, seja na condição de encarnados ou desencarnados. Unamos os nossos esforços, por meio dos conhecimentos que a Doutrina Espírita nos trouxe, para sermos criaturas válidas no auxílio aos necessitados, estejam eles onde estiverem.

Uma Nova Era se descortinava aos olhos dos nossos amigos encarnados. Não apenas à Valéria e Denise, pessoas muito especiais, mas também ao sargento Gilberto e aos rapazes, José Antônio, David Ricardo e Paulo, que entenderam, através do estudo, a riqueza que o Espiritismo trouxe ao mundo, pelas mãos do grande Codificador, Allan Kardec, que tão bem soube entender a mecânica dos conhecimentos que se abriam diante de seus olhos maravilhados, mas também as consequências que essas informações trariam à humanidade.

Nosso coração se alegrava ao vermos as mudanças que haviam se operado desde que eu fora atraído pelos pensamentos de Valéria, desesperada diante da destruição do colégio que tanto amava e incapaz de entender como três rapazes tinham podido tomar tais atitudes. Na realidade, tudo fazia parte de uma ajuda maior, de modo que ela e sua fiel amiga e companheira, Denise, pudessem enxergar a situação de forma mais ampla, gerando, com suas decisões, o amparo de que os três rapazes tanto necessitavam e que tinham direito a receber, pelos relacionamentos mantidos com elas no passado, quando os prejudicaram, e agora haviam se comprometido a ajudá-los.

A amiga Celeste, que perdera o emprego no qual estava havia anos, foi convidada a trabalhar no colégio, sendo de grande utilidade com crianças, pela sua compreensão das verdades espirituais. Assim, tudo caminhava como deveria ser. Entendendo essa realidade, Maurício e Valéria resolveram se casar, assim como Gilberto e Denise, visto o amor que sentiam um pelo outro.

Alguns meses depois, voltamos ao planeta num dia muito especial. Era o dia do casamento das duas amigas, que haviam decidido se casar no mesmo dia, completando a felicidade que sentiam. Mas, para ausentar-se do Instituto de Educação Bem Viver, Valéria tinha um problema sério a resolver: quem se responsabilizaria pelo Instituto? Pensou bem e decidiu: Flávia seria a mais indicada. Após o episódio com o aluno da professora, elas passaram a ter um melhor relacionamento, e Valéria, conhecendo-a mais intimamente, pôde valorizá-la como deveria.

Os três rapazes, agora alunos do colégio, sentiam-se orgulhosos pela confiança que a diretora depositava neles e satisfeitos por estarem na mesma situação de jovens de famílias boas e respeitáveis. No fundo, creditavam àquele ato de vandalismo a situação em que estavam agora, procurando valorizar a oportunidade que Valéria lhes dera. No fundo, a ligação que tinham com Denise e a diretora parecia-lhes mais familiar do que com a própria família.

Pelas ligações com Valéria e Maurício, Denise e Gilberto, interessaram-se mais pela Doutrina Espírita, passando a uma frequência maior à casa espírita. Com o tempo, em virtude da necessidade das famílias, todos acabaram sendo frequentadores das reuniões, obtendo bastante benefício através das palestras que ouviam e dos passes, que lhes faziam muito bem, o que provocou grande melhoria nos relacionamentos e no comportamento de todos, até dos pais que faziam uso de bebidas alcoólicas.

O tempo passou rápido para os três rapazes. Terminando o curso médio, prepararam-se para o vestibular com devotamento, pois não queriam desapontar as suas "tias", como passaram a chamá-las. Logo, já na universidade, vinham contar-lhes as novidades, desejando compartilhar suas conquistas e, ao mesmo tempo, ver os sorrisos de prazer com que Valéria e Denise os recebiam. Especialmente José Antônio frequentava muito o colégio, pois escolhera fazer o curso de Ciências Biológicas, que classificam e estudam as manifestações da vida. Englobando também conhecimentos sobre a biologia humana e a natureza. Assim, ele estava sempre na escola, conversando com o jardineiro, seu Benê, falando-lhe das novidades que ele descobrira sobre Botânica, que o jardineiro ouvia encantado, além de explicar-lhe outras coisas ainda, que seu Benê ignorava e que o fazia dizer maravilhado:

— Veja só, menino José Antônio! Fico muito contente quando vem me visitar. Todas as coisas novas que me ensina, eu as guardo na cabeça, pra não esquecer. Venha sempre visitar este velho que lhe quer como a um filho.

Tudo caminhava bem. Maurício agradecia a Deus pelas oportunidades que lhe permitiam atender a tantos necessitados dos seus cuidados, devotando-se a cada paciente com profundo carinho e respeito, sabendo que estava, através das suas mãos, resgatando parte do seu passado de erros. Os trabalhos na casa espírita continuavam sem interrupção, cada vez com mais devotamento da sua parte, assim como de Valéria e Denise. Só Gilberto abstinha-se de frequentar as reuniões mediúnicas na casa espírita, por não entender direito ainda os ensinamentos dessa Doutrina. No entanto, ele gostava de ler o Novo Testamento, e Denise presenteou-o com um exemplar de *O Evangelho Segundo o Espiritismo*, de Allan Kardec, que o satisfez plenamente.

No início, Gilberto ficava só olhando para o livro, que Denise deixava à cabeceira da cama do casal, ao lado dele. O policial arrumava-se para dormir e sempre lançava um olhar enviesado para a obra, que parecia querer saltar ao seu encontro. No entanto, não queria que a esposa o visse com o livro nas mãos. Assim, levou-o para a viatura que usava sempre que estava de plantão. Certo dia, montando guarda em determinado endereço, cansado de não ter o que fazer, viu o livro e teve vontade de abri-lo. Como estivesse sozinho, não teve maior problema. Abriu ao acaso, e as palavras de Jesus vieram ao seu encontro:

"Vinde a mim, vós todos os que andais em sofrimento e vos achais carregados, e eu vos aliviarei. Tomai sobre vós o meu jugo e aprendei de mim, que sou manso e humilde de coração, e achareis repouso para vossas almas. Porque o meu jugo é suave, e o meu fardo é leve."[5]

Gilberto sentiu tamanho bem-estar com aquelas palavras, que continuou lendo as linhas subsequentes: "Todos os sofrimentos: misérias, decepções, dores físicas, perda de entes queridos, encontram consolação na fé no futuro, na confiança na justiça de Deus, que o Cristo veio ensinar aos homens. Porém, para aquele que não espera nada após esta vida, ou que simplesmente duvida, as aflições pesam muito mais, e

---

5. Mateus, 11: 28-30. Em: KARDEC, Allan. *O Evangelho Segundo o Espiritismo*. Tradução de Renata Barboza da Silva e Simone T. Nakamura Bele da Silva. São Paulo: Petit, 1997.

nenhuma esperança vem suavizar sua amargura. Eis o que fez Jesus dizer: 'Vinde a mim vós todos os que andai em sofrimento, e eu vos aliviarei'".

Lendo estas linhas, Gilberto sentiu tal emoção, como se elas fossem endereçadas especialmente a ele. E sentiu mais: como se alguém que ele muito amava passasse a mão sobre sua cabeça, com imenso carinho. E a resposta veio na mesma hora:

— Minha mãe! Sinto que é a senhora que está aqui comigo! Ajude-me a crer, a conhecer as realidades espirituais, como minha esposa Denise, que tanto se beneficia da religião! Socorre-me, minha mãezinha!...

Nesse instante ele viu, à sua frente, a imagem da sua mãe como no passado: pequena, magra; um lenço na cabeça que lhe deixava à mostra os cabelos castanhos; com vestido de chita estampado com pequenas flores em cores azul-escuro, azul-claro e branco, ela sorria, e seu rosto resplandecia de uma luz que ele jamais vira. E ela lhe disse, com muito amor:

— *Aproveite, meu querido filho, as oportunidades que tem na existência, pois o ajudarão bastante estes conhecimentos. Veja, não morri! Estou viva, seu pai está vivo, e nos vemos sempre! Aqui, eu que era muito ignorante, por não ter conseguido aprender a ler e escrever, hoje posso ler e escrever tudo o que quiser. Não era o "espírito" que não sabia, mas a condição com a qual renasci, que não me permitiu ser alfabetizada, visto morarmos numa fazenda que não tinha escola!*

Como a mãezinha parara de falar, ele pediu a ela que continuasse a conversar com ele, porém ela respondeu:

— *Agora não posso, filho meu. Tenho tarefas a executar que são importantes para o nosso bem-estar. Seu pai manda-lhe um abraço. Até outra hora, se Deus assim o permitir.*

Desse dia em diante, Gilberto passou a ir às reuniões mediúnicas na casa espírita e, quando Denise perguntava a razão, ele afirmava:

— Quem sabe? Tenho aqui no íntimo comigo que talvez um dia eu possa falar com minha mãe!...

Denise sorriu e balançou a cabeça, pensando intimamente que ele acreditava, finalmente, que a mãe continuava viva no Além e tinha esperança de que ela pudesse vir trazer-lhe notícias dos familiares já desencarnados.

Assim, cada vez mais nossos amigos se interessavam pelo conhecimento que o Espiritismo veio trazer ao mundo no século XIX, conquanto as realidades espirituais fossem conhecidas de longo tempo.

E esse grupo de espíritos encarnados tem trabalhado bastante para divulgar a Doutrina Espírita, sem medir esforços, sabendo que cada um, segundo aprenderam, era um dos Trabalhadores da Última Hora, aqueles que, recebendo os ensinamentos de Jesus, deveriam divulgar a Boa-Nova, pois, no falar de Jesus:

"Assim, os últimos serão os primeiros, e os primeiros serão os últimos, porque muitos são os chamados e poucos os escolhidos".[6]

Rolândia (PR), 15 de setembro de 2015.

Paulo Hertz

---

6. Mateus, 20:1-16. Ver também "Muitos os chamados e poucos os escolhidos. Parábola da Festa de Núpcias". Em: KARDEC, Allan. *O Evangelho Segundo o Espiritismo*. Tradução de Renata Barboza da Silva e Simone T. Nakamura Bele da Silva. São Paulo: Petit, 1997. p. 202.

Ao terminar a leitura deste livro, talvez você tenha ficado com algumas dúvidas e perguntas a fazer, o que é um bom sinal. Sinal de que está em busca de explicações para a vida. Todas as respostas de que você precisa estão nas *Obras Básicas* de Allan Kardec.

Se você gostou deste livro, o que acha de fazer com que outras pessoas venham a conhecê-lo também? Poderia comentá-lo com aquelas do seu relacionamento, dar de presente a alguém que talvez esteja precisando ou até mesmo emprestá-lo àquele que não tem condições de comprá-lo. O importante é a divulgação da boa leitura, principalmente a da literatura espírita. Entre nessa corrente!

Às vezes não temos outra escolha a não ser tentar novamente

Preparando para voltar à Terra...

Essa obra traz para o leitor a temática da reencarnação com muita sensibilidade, já que o autor espiritual nos apresenta esse tema destituído de todo o misticismo que costuma cercá-lo e o revela com toda a graça divina. Prestes a reencarnar, Maneco está angustiado por não saber como será recebido pela família na Terra nem as contas que terá de acertar para resgatar seus erros e faltas de existências passadas.

Lançamento da Petit Editora!